明治神宮

「伝統」を創った大プロジェクト

今泉宜子

新潮選書

まえがき

昭和二十七年（一九五二）十一月二十一日。雨模様のこの日、明治神宮社務所の一室で行われていた会議は、開会直後から紛糾していた。神様が燃えてもよいというのか――。木造檜造の明治神宮社殿は、昭和二十年四月に渋谷方面を直撃した空襲により、灰燼に帰した。それから七年後の二十七年四月、前年に調印されたサンフランシスコ講和条約が発効し、進駐軍の占領解除に至る。独立回復後はじめて迎えた秋の一日、明治神宮復興を期した協議の場で焦点となっていたのは、新社殿は木造かそれともコンクリート造であるべきかということだった[1]。

社務所やその他の施設は不燃性材料でよいが、せめて社殿は「創建当初」のように木造にしたいという主張への反論が、冒頭の「では、神様は燃えてもよいのか」である。このようなコンクリート派の訴えの背景には、大震災と大空襲を経験した我々が、社殿を二度と焼くことがあってはならないという悲痛な思いがある。「新時代に沿う」ことを旨とした創建当初にならい、学者を総動員して研究をなし、現在の技術で万全を期すべきではないのか。再建をめぐる激しい議論の応酬は、三十年四月の会議で社殿は木造檜造という合意に達するまで続くことになる。

ところでこの一連の過程で、木造派・コンクリート派、両者がともに繰り返し口にしたのが、「創建当初」の事情という言葉だった。終戦後の明治神宮を預る人々が範をとろうとした、明治神宮造営時の営みとはどのようなものだったのか。

現在、年間約一千万人の参拝者が訪れる明治神宮は、大正九年（一九二〇）十一月、明治天皇とその后・昭憲皇太后を祀る神社として創立された。しかし明治神宮の歴史、その始まりをたずねるなら、今からほぼ百年前の時点まで遡らねばならない。その夏、四十五年の長きにわたり一つの時代を導いた明治天皇が崩御。明治四十五年七月三十日のことだ。その後、御亡骸が京都の伏見桃山陵に葬られる一方で、東京に誕生することになったのが天皇の御霊をお祀りする明治神宮だった。

――今日、明治天皇は日本の二つの都にその御息所をしっかりと定め給うた。

駐日フランス大使であり詩人でもあったポール・クローデルは、御陵と明治神宮の二つを明治天皇の「御息所」と称した。彼は、大正十五年発表の「Meiji」と題したこのエッセイで、当時の人々にとっての明治神宮を記して次のように続けている。[2]

東京には明治天皇の御名が、大文字の御名が残されている。それは精神の足跡であり、精神の支えである。それはその人を呼び出し、それによってその人とわれわれの間に思い出がよみがえり、対話が行なわれ、認識や理解が生じるような、まさにそのようなものである。

「明治」とは、天皇の御名であり、近代の幕開けとなった一つの時代であり、そしてその時代を生きた人々の足跡そのものだ。いったい近代日本を象徴する明治天皇を祀る神社、「明治神宮」とはいかにあるべきか。その理想の姿を追求し実現することこそ、明治神宮造営に携わる人々の至上命題であった。彼らは近代知の最善を尽くして、是非とも歴史の正当なる形を現出せねばならないと考えていた。本書は、この命題に挑んだ造営事業の主要な担い手たちに焦点をあて、近代と伝統のせめぎ合いによる明治神宮誕生の力学を解き明かすことを主眼とする。筆者が特に着目するのは、神宮造営に従事した主要人物のほとんどが洋行経験者であったという事実である。

本書では海を渡った造営者たち、その代表的な人物として十二名をとりあげる。さらに彼らが明治神宮創建で成し遂げた仕事をテーマに、全体を大きく四つのテーマに分けた。第一章では、明治神宮造営を実現に導いた運動の担い手に焦点をあて、その運動体がどのように展開していったかを追いかける。次章からは、造営者それぞれが手がけた領域あるいは分野ごとに章を設けた。第二章は、「大都会のオアシス」とも称される明治神宮の広大な森を築いた林学者たちが主人公である。

ところで欅並木で知られる原宿の「表参道」が、明治神宮の表の参道としてつくられた道路であることはご存知だろうか。「表」があるなら当然、「裏」の参道もあるわけだが、それについては第三章をご覧いただくとして、では「神宮球場」ほか各種スポーツ施設が充実している、通称「外苑」が明治神宮の一部であることは、どれほど知られているだろうか。この「外苑」に対し先述のいわゆる大都会の森は、正確には明治神宮「内苑」と称する。つまり、内苑・外苑、そして両者をつなぐ参道空間、これらすべてから「場」としての明治神宮は成り立っている。逆に言えば神宮造営とは、このような複合的な空間からなる「場」の創造行為に他ならなかった。

そこで第三章では、参道及び外苑造営計画の立案者とその計画変遷の諸相に、第四章では外苑のなかで最も重要な施設と意図されていた美術スペース、聖徳記念絵画館の成り立ちに迫る。

このように本書は、造営運動の萌芽から内苑・外苑そして参道の誕生に至るまで、いわば明治神宮造営の歴史を縦軸に、各専門領域を通して「空前絶後」の神社づくりに没頭した人物たちの群像劇、あるいは人物史とでも呼ぶべきものを横軸として構成されている。また計画の変遷過程を伝える図面を紹介したり、あるいは現地調査で出会った造営者たちの洋行時代の資料を採録したりと、章ごとに趣向も変えた。全体を通して、今から百年前の日本人が手がけた明治神宮造営プロジェクト、その規模の大きさと、また何より造営者たちそれぞれの人間的スケールの大きさを、少しでも感じていただければと願う。

明治神宮造営者たちが見た西洋――。このテーマが切実なものとして迫ってきたのは、他でもない。筆者自身、奉職する明治神宮からの派遣で、欧州に居を置き、研究に従事する身であることによる。彼の地のそこかしこに先達の足跡を見出しては、国をまたいで多岐にわたった彼らの活躍に驚かされた。

登場人物中もっとも早く異国の地を踏んだのは、幕末慶応三年（一八六七）、パリ万国博覧会出席を目的とした徳川昭武の欧州視察に随行した渋沢栄一だ。帰国後、近代日本の経済・実業界を牽引する渋沢栄一は、明治四十五年の天皇崩御直後から終始、明治神宮造営事業をリードした人物でもある。渋沢とその娘婿である東京市長・阪谷芳郎らが中心となり、東京の有志による民間団体として設立されるのが、造営運動の母体「明治神宮奉賛会」だ。都市・東京に民間の献費で神宮を造営することにこだわったのはなぜか、彼らが明治神宮に描いた理想とはなんであったか。これが、「運動体としての明治神宮」と題した第一章のテーマだ。

大都市・東京に人の手で永遠繁茂する杜をつくる。この難題に挑んだ専門家達が辿り着いた、常緑広葉樹を主木とする百年規模の林相遷移計画は、その後明治神宮を鎮守の森の規範の一つとし、かつ森作りの手本とする原動力となった。第二章「永遠の杜」に登場する森の専門家の一人、林学者・本多静六が明治二十三年（一八九〇）に海を渡り学んだ地は、ドイツである。経済的な事情により苦学の末、本多は通例の半分の年月でミュンヘン大学からドクトルを取得した。明治二十五年三月十日、晴れて学位授与式を迎える。来賓約五百名を前に五十分にわたったというドイツ語のスピーチでは、「私の一身はもとより、日本の名誉を落とさないように心に誓った」[3]。今、イザール川を前に佇めば、本番にむけて数日間、独り下流を望み、声の立つ限り発音して演説の練習をしたという、二十五歳の日本青年が目に浮かぶ。

造営の際、彼らが西欧技術と文化に意識的であったことは、明治神宮奉賛会の嘱託として欧州視察に人物を派遣したことからも明らかだ。その一人が、大正八年（一九一九）に外苑造設のため渡欧した折下吉延だ。各国の都市計画を調査した折下は、公園が散在するロンドンの「散在式公園計画」に対し、並木道で公園間を結ぶパリの「連絡式公園計画」を評価する。八ヶ月の視察後、折下が手がけたのが外苑の銀杏並木だった。「吾々も大に散歩を稽古し真の散歩を奨励しなけれぱならぬ」[4]。シャンゼリゼを歩き、折下が痛感したという並木道の意義とは、その利便性だけではないのだろう。第三章では、折下のほか工学分野の専門家の活躍をも手がかりとして、都市計画と明治神宮計画の接点に迫ることになる。

シャンゼリゼの先、ルーブル美術館にも、奉賛会が派遣した先人の足跡がある。第四章の主役である外苑聖徳記念絵画館建設のために調査を依頼され、ヴェネツィアを拠点に活動した画家・寺崎武男だ。その期間は、大正八年末から三年に及んだ。壁画の保存法から陳列法まで、八度にわたる長大な報告書が、当時の『明治神宮奉賛会通信』に収録されている。その寺崎が絵画館の「好参考」と掲げたのが、ルーブル美術館「ルーベンスの間」であった。「今ヤ壁画館ノ如キ国家的芸術カ起サルルニ至ラハ一大動機ヲ得テ其芸術ハ時代ヲ永久ニ飾ル境遇ニ達セラル可キテアル」[5]。

林苑、公園、歴史、芸術……。西欧を通過して彼らが明治神宮に思い描いたものは、決して一つではないだろう。しかしそのせめぎ合いから、確かに一つの明治神宮が生まれた。筆者を惹きつけるのは、この誕生の力学だ。造営者たちの物語を追いかけたい。

文化に根ざしてきたと思われる「伝統」が、実は近代になってからの創造物であるとは、「創られた伝統」として昨今の歴史家が等しく指摘するところだ。しかし、明治神宮の造営とはむしろ、神社とは何か、伝統とは何か、「新時代の要請」とは何かという問いに、真っ向から対峙する営みだった。その意味では、創建から戦後の復興へと続く明治神宮の「伝統」とは、「創る伝統」にこそあるのかもしれない。

造営運動の立役者・阪谷芳郎は、明治神宮とはどうあるべきかを審議するまさにその会議の場で、次のようにメンバーに語りかけている。「幾千年ノ後ニ、明治神宮ヲ建設シタルトキニハ其当時ノ学者カ如何ナル大議論ヲナシタルカト云フコトハ、歴史ノ記録ニモ遺ルコトト思ヒマス」[6]。
本書は、明治天皇崩御から百年の後に試みる、或る「歴史ノ記録」である。

【凡例】
資料引用に際しては、以下の通りとした。
・原則として旧字を新字に改めた。また旧仮名は新仮名に直したものがある。
・明らかに誤記・誤植と思われる箇所は、筆者の判断で適宜これを訂正した。
・読み仮名や句読点の加除、踊り字の置き換えなど手を加えたところがある。

明治神宮――「伝統」を創った大プロジェクト　目次

第二章　永遠の杜

明治神宮——「伝統」を創った大プロジェクト

第一章　運動体としての明治神宮

一、「明治」の終焉

＊天皇崩御

「聖上陛下御重態」。明治四十五年（一九一二）七月二十一日、『東京朝日新聞』が明治天皇の病状を伝えた。これは、前日の『官報』号外に公表された「御容体書」に基づくものだった。「御容体書」によれば、天皇は明治三十七年から糖尿病を、三十九年以降は慢性腎臓病を患っていたが、十九日午後に「御精神少シク恍惚ノ御状態」に陥り、二十日朝に尿毒症と診断されたという。[1]当時、東京朝日新聞の記者だった生方敏郎は、この発表が市民に大きな驚きと憂いを与えたことを記憶している。[2]天皇が重体であることが国民に初めて伝えられたのがこの時だった。そして以後、「旧来の風習を破って」、天皇の容体は日に数度にわたって宮内省から発表されることになる。

【図1－1】皇居前で病気平癒を祈る人々　秋好善太郎編『日本大紀念写真帖』（東光園、大正元年）

二重橋前には、昼夜を問わず病気恢復を願う人々の群れが続いた【図1－1】。その様子を当時の新聞各紙が伝えている。▲跪坐して音禱黙禱を捧げて居る行者、小学生、女学生、法印、山伏、紳士書生の背後から廻つて傘を翳しかけ、団扇であふぎ、扇子であふいで遣て居る大人、子供、少女、老婆がある▲平生立入るを禁じある芝生も此頃警察にても黙認の形にて松の木蔭にも三五人の祈禱者ありて松の幹には不動明王の古き軸を掛たり（以上、三十日『東京朝日新聞』）。▲今度は本所石江町、宮崎おてつと云ふ老婆が不動像に御百度を踏み初めたので、フロクコートの紳士、学生悉く其の殊勝の心掛けに感心して見てゐた（三十日『都新聞』）。暑い夏の日だった。生方は振り返って言う、「一日一日と曇り日のような心持が日本国民全体の上に拡がって行った。今考えて見て、あの時分のような心持を経験したことは、私の生涯において後にもない」。

七月三十日午前零時四十三分、明治天皇崩御。

御年は満にして五十九歳。直接の死因は心臓麻痺だった。宮中では直ちに皇位継承の儀式が執り行われ、午前一時、皇太子・嘉仁が践祚した。新天皇はまもなく改元の詔書を発し、元号を「大正」と改める。午前一時二十分、宮内省は明治天皇崩御を発表した。

その報せは、早朝の新聞号外を通して人々に届けられた。作家の田山花袋も代々木の自宅で、いつもの朝のように郵便受けを覗いた。

> 崩御の号外がそこに入っていた。
> 「ああ、とうとう御かくれになったか。」
> こう思うと、なんとも言われない気がした。いろいろなことが胸に一緒にごたごたと集って来た。
> 西南の役、そこでは私の父親が戦死した。つづいて日清の役、日露の役には、私は写真班の一員として従軍して、八紘にかがやく御稜威の凜とした光景を眼のあたりに見て来た。
> 「……」私は思想としてはFree-thinkerであるけれども、魂から言えば、やはり大日本主義の一人である。私は明治天皇の御稜威を崇拝せずにはいられなかった。それであるのに……。
> 私は黙然として立尽した。親しみの多い、なつかし味の多い、恐れ多いが、頼りにも力にもし申上げた私たちの明治天皇陛下は崩御された！[3]

明治天皇崩御のニュースは瞬く間に世界を駆け巡り、各国の新聞が相次いで報道するところとなった。[4]イギリスの『タイムズ』紙は、七月三十日付けで「天皇・睦仁の死により、日本はほとんど神のごとく崇敬し給うた君主を失い、世界は最も卓越した英傑を失い、吾が大英帝国はここに忠実にして信篤すべき一盟友を失った」と、その死を悼んでいる。また、アメリカ『ニューヨーク・ヘラルド』は、ホワイトハウスでのタフト大統領の弔詞を紹介している。「日本天皇陛下崩御の報に接して錯愕舍く所を知らず。余は六回の多き陛下に謁見し、且つ吾等相互の間には個人的友誼の存在を感知するに至れる程陛下の賓客として親密なる関係を生ずるに至りたるは余の幸運とするところなりき。〔……〕近代に於ける日本の歴史を親しく知悉せるものは何人も、陛下を以て其臣民の真正なる指導者と為し奉るを拒否するもの非らざるべし」。[5]

当時、滞在先のフランス、パリで訃報を知った歌人・與謝野晶子は、その胸の内を歌に詠んだ。「晶子女史の哀歌」二十首が、八月十九日の『東京朝日新聞』に掲載されている。

小雨降り白き沙漠にあるごとし　巴里の空も諒闇に泣く
ひんがしに真広き人の道あるも　この大君の御代に初まる

*明治という時代

同じ月、東京帝国大学法科大学が発行した『法学協会雑誌』に「明治天皇奉悼之辞」が掲載された。[6]「過去四十五年間に発展せる最も光輝ある我が帝国の歴史と終始して忘るべからざる大行天皇去月三十日を以て崩ぜらる」で始まるこの短文は、当時奉悼文中の名文として、一体誰が書いたのだと人々の間でしきりに話題となった。同雑誌の編集委員だった法学博士山田三良に依頼され、この執筆を引き受けたのは、夏目漱石だった。山田三良に原稿をあずける際、漱石は「自分は響きだけがあつて意味のない、従つて西洋の言葉には翻訳の出来ないやうな文字は、一つも使はなかつた」と言い、「ただ率直に誠実に、奉悼の意を表現した」とその心境を伝えたという。[7]

明治四十五年七月のその日、慶応三年一月五日生まれの漱石は満四十五歳。すなわち、漱石が生まれ育った四十五年間はそのまま、與謝野晶子がいう「大君の御代」、「明治」の御代に重なる。「すると夏の暑い盛りに明治天皇が崩御になりました。其時私は明治の精神が天皇に始まつて天皇に終つたやうな気がしました」――漱石が大正三年に発表した小説『こゝろ』のなかのこの有名な一節は、漱石にとって明治天皇の死が、同時に明治という「時代」の死であり、かつその時代の「精神」の死として、のっぴきならない事件だったことを示している。維新以後、文明開化に突き進む近代日本にたいし、夏目漱石は相容れない孤独を感じていた。しかし、その生き死にがそのまま時代であった明治天皇の崩御は、彼にとっても大きな喪失として迫るものだった。平成十三年に上下巻からなる大作の伝記『明治天皇』を完成させたドナルド・キーン氏は、明治の終焉における漱石の心の揺れを、次のように表現している。

全国のほぼすべての人々と同じように漱石は、天皇の治世の間に起きた大変革に終始揺るがぬ支持を与え続けてきた天皇に哀悼の言葉を捧げたのだった。漱石はその作品が示しているごとく、これらの変革の多くに慨嘆していた。しかし同時に漱石は、他に取り得る道が無かったことにも気づいていた。近代化の醜い側面は耐え忍ぶべきものだったが、東洋の伝統を受けつけず、次第に押しつけがましくなってきた世界の中で、日本が独立を保持し、威厳を維持するためには致し方のないことだった。[8]

明治天皇が誕生したのは嘉永五年。ペリーが黒船で浦賀に来航するのはその翌年のことだ。嘉永七年、幕府がアメリカとの間に結んだ日米和親条約により、二百年余り続いた鎖国体制が終わる。そして、明治維新。慶応四年、十五歳で即位した明治天皇の「時代」は、しかし、田山花袋が顧みるように、西南の役、日清・日露の両大戦をあいついで経験し、内にも外にも困難を抱えていた。日本が開国以来のいわゆる不平等条約の改正に成功し、独立国として関税自主権を回復するのは、実に明治四十四年のことであり、明治の御代はまさに激動の時代だった。

＊大喪と二つの「御息所」

明治天皇大喪の儀は、九月十三日夜、青山練兵場で執り行われた[9]【図1－2】。午後八時、御柩を載せた轜車《じしゃ》が五頭の駿牛に引かれて皇居を出発。沿道を埋める一般市民に見送られ、葬送の列が進む。十時五十六分、轜車は式場である青山練兵場に到着し、場内に設えた葬場殿に御柩が安置された。間もなく、天皇、皇后、皇族および各国特派使節の参列のもと式典がはじまる。十四日午前一時四十分、御柩は葬場殿から霊柩列車の特別車両に移された。行き先は京都。同日夜半、明治天皇は伏見桃山に設けられた陵墓に埋葬された。これが伏見桃山陵である。

「まえがき」でポール・クローデルによる「Meiji」の見事な描写を紹介したが、明治天皇の「御亡骸」が京都に葬られた一方で、天皇のもうひとつの「御息所」が東京につくられた。明治天皇の「御霊」を祀る神社、それが明治神宮だ。のちの大正三年四月に明治天皇の后である昭憲皇太后が崩御すると、やはり、その御亡骸は桃山に、その御霊は明治神宮にそれぞれ奉祀されている。

【図1－2】御大喪。御柩を載せた御轜車を見送る　前掲『日本大紀念写真帖』

東京・代々木に鬱蒼と広がる約七十万平方メートルの鎮守の森【図1－3】。「代々木の杜」とも称される明治神宮は、崩御から八年後の大正九年十一月一日、明治天皇と昭憲皇太后を祀る神社として創建された。「代々木の杜」とは、正確には明治神宮「内苑」と称する。この内苑の中央に、両祭神の御霊が鎮座する本殿がある。「内苑」と対になるのが、現在、ヤクルトのホームグラウンド「神宮球場（明治神宮野球場）」を擁すること

【図１−３】明治神宮内苑「代々木の杜」と表参道　明治神宮所蔵

でも知られる「外苑」―明治神宮外苑だ。そして、神宮への参道としての原宿「表参道」（さらに、現在のＪＲ中央線沿いを走る内苑外苑連絡道路、通称「裏参道」がある）。つまり、明治神宮とは、内苑・外苑とその参道、これらすべてを表している。明治神宮の造営事業とは、この明治神宮コンプレックスとも称すべき複合的な空間を創造する一大プロジェクトだった。

　明治神宮の造営過程やその歴史については、公式記録として『明治神宮造営誌』『明治神宮外苑志』『明治神宮五十年誌』『明治神宮外苑七十年誌』等がある。[10] また近年、近代史・近代宗教史の方面から山口輝臣氏の『明治神宮の出現』、佐藤一伯氏の『明治聖徳論の研究―明治神宮の神学―』等、新しい研究成果も多数発表されている。筆者は、平成二十二年から明治神宮史の総合的・学際的研究をテーマに、他の研究者の方々と共同研究会を開催している。その研究会メンバーである建築学が専門の青井哲人氏、歴史学者・畔上直樹氏、そして神道学の藤田大誠氏らによる最近の業績は、明治神宮史研究の最前線といってよいだろう。本書は、これらの先行研究に多くを拠っている。[11] これから第二章で「代々木の杜」の誕生を、第三章で外苑及び参道計画の変遷を、そして最後の第四章で記憶の場としての「外苑聖徳記念絵画館」の成立過程をそれぞれ議論するが、先学の業績についてはその都度該当箇所で紹介していきたい。

第一章では、明治神宮を完成に導いた造営運動の展開とその主導者たちに焦点をあてる。先に明治神宮は大正九年創建と述べたが、これはあくまで内苑の話で、参道及び外苑を含めた明治神宮コンプレックスがすべて完成するのは昭和十一年のことだ。明治神宮造営とは一つの事件、イベントではなく、長期にわたり自ら変化を生じていくようなダイナミズムを持った営為だった。

今をさかのぼること百年前の大いなる喪失から、この稿ははじまる。

二、民間有志の神社請願――渋沢栄一

大正元年八月一日　青淵先生・阪谷市長・中野会議所会頭ハ御陵墓ヲ東京ニ御治定ニナルヤウ当局ニ陳情スルコトヲ協議ス[12]（「各個別青淵先生関係事業年表」）

＊陵墓から神社へ

明治天皇崩御から二日後のこの日、後の明治神宮造営運動へとつながる重要なある会合が開かれた。場所は東京商業会議所。集まったのは、青淵先生こと実業家の渋沢栄一、東京市長の阪谷芳郎、そして商業会議所会頭の中野武営の三人だ。この章で筆者が取りあげたい人物三人のうちの二人が、この日に登場する渋沢栄一と阪谷芳郎だ。彼らの人となりについては改めて触れることにして、ここでは先を急ぎたい。確認しておくべきことは、彼らの動きは、東京に陵墓が治定になるよう陳情をおこすところから始まったということだ。

この「東京に御陵を」という動きは、実は七月三十日の崩御その日から始まっている。阪谷芳

郎の『東京市長日記』では、七月三十日の記述は次のように始まる。

七月三十日　零時四十三分天皇崩御、皇太子嘉仁親王殿下践祚。夜参内し天機を奉伺す。夫より市役所に至り、午前八時参事会及区長召集、十時市会召集のことを訓示す。[13]

「天機」を伺うとは天子の機嫌を伺うの意だが、阪谷は七月二十日に天皇御重体が伝えられて以後ほぼ毎日、天機伺いに宮内省に参内していた。近代神道史を専門とする『明治聖徳論の研究』の著者、佐藤一伯氏の調べによれば、崩御の報をうけ、三十日に阪谷が参内したのは午前一時。このときに河村金五郎宮内次官に対し、阪谷が市長として哀願したのが東京への陵墓選定のことだった。[14]阪谷は、午前十時からの緊急市会終了後、十一時半に再び「市会の決議を携へ」て参内しているが、この市会決議もやはり陵墓選定の件だと推測される。「「東京」ノ文字ヲ冠スル地域内ニ御陵墓ヲ定メテ、御遺骸ヲ安置シ奉リ、永久陛下ノ英魂ヲ守護シ奉ランコト」[15]。阪谷及び東京市会の思いは、明治維新当初に江戸が東京と改称され、天皇が京都から東京へと居を移したことで、以後東京が帝国の首都たる名誉を担ってきたというところにある。この思いは、他の東京市民も共有するところだった。阪谷の日記を見ると、三十日夜中には早くも、麴町区会の高羽惣兵衛らが「御陵墓を東京に定むることに付」、陳情のため阪谷市長宅を訪問している。[16]

同じ日、日本橋区会議長の柿沼谷蔵もやはり陳情のため渋沢栄一のもとを訪ねている。[17]兜町にある渋沢の事務所に突然あらわれた柿沼は、「大帝の崩御は申すも畏いことであるが、それについて御陵墓を是非関東に御とどめ申し度い。之れは日本橋全区民の希望であるから、誰か重立つた人に奔走をお願し度いと思つて居つた処、幸貴方が此区に御出になるからと思つて参つた」と言い、渋沢に陳情の陣頭指揮を執ってくれるよう訴えた。これを聞いた渋沢は、「日本橋区民の意向を申して見やう」とさっそく、懇意であった当時の総理大臣西園寺公望、宮内大臣渡邊千秋と面会し、東京への陵墓治定を願い出ている。三十一日、阪谷芳郎も松方正義、井上馨のもとへ足を運んでいた。

このように崩御当日から翌三十一日にかけて、渋沢や阪谷を駆り立てた東京における動きは、奠都《てんと》以来のお膝下である東京に陵墓を設けてほしいということにあった。八月一日に東京商業会議所を拠点として渋沢らが集ったのは、まずもってこの陵墓のための陳情をどのように展開するか協議するためだった。ところが、日を同じくして出向いた宮内省で、御大喪は東京の青山練兵場で行うが、御陵は「先帝の御遺志」により京都府下の旧桃山城址に内定していることを告げられ、彼らの動きは天皇奉祀の神社創建運動へと大きく舵を切ることになる。この日、阪谷らは河村宮内次官との面会で、先帝が生前に宮内大臣に語った言葉として、「己は京都に生れて又京都で育つたから京都は大変好きだ、京都へ行くと東京に帰りとも無い気持ちがする、夫故に己は京都へ行かぬ、東京は帝都にして大切の地だから東京の地は離れない、国家の為めにも離れてはならぬ」という強い気持ちがあったことを聞く。死後に京都に還り桃山の地に眠りたい、それが天皇みずからのご希望であったとするなら、「それぢや何うも致方が無い、左程迄に京都が御好きであつて御陵地も京都に暗に御極めになつて居られる、さうして御在世中は斯く迄お好きの京都へ御出でにならないで東京に居つて頂いたのであるから、此上御願申上ぐる次第も御座いませぬ」と引き下がるより他になかった。[18]

かくなるうえは、なんとか御陵に次ぐようなもので、大恩を受けた先帝の「御遺物御記念」を東京の真ん中に作ることはできないか。陵墓から神社へ、東京に明治神宮造営を求める民間有志の運動がここから本格化していく。

＊東京有志による運動の萌芽

八月二日、東京商業会議所に渋沢、阪谷、中野ほか近藤廉平日本郵船社長ら財界有志が会合し、「取敢えず宮内省其他の当局者を歴訪して請願を為す」ため、渋沢・阪谷・中野・近藤を臨時委員にすることを協議する。以後西園寺首相、渡邊宮内大臣はもとより、井上馨、山縣有朋らのもとへ、神社創建を請う彼らの日参が始まる。

八月九日、東京商業会議所には渋沢らの呼びかけにより、実業家・東京市当局者・各区会代表者・代議士等総勢百十四名が参集した。明治天皇を奉祀する神社を東京に建設することを主眼とする、有志委員会が正式に発足する。委員長には渋沢栄一が選任され、また先の臨時委員を引き継ぐかたちで、阪谷らが特別委員に指名された。

ここに、八月二十日の委員会において満場一致で可決された、「覚書」と称する案文がある。在京有志によって作成された最初期の明治神宮計画案だ。これは、委員会発足の前日八日に渋沢が渡邊宮内大臣を訪ね、何度目になるか分からない陳情をしたところ、宮相から「未だ何等の詮議無き」状況ゆえ、とにかくその「実行方法」等を「覚書」としてまとめ、参考として示すようにと指南があったことによる。これを受けて阪谷・中野らが草案の作成にとりかかり、既に十四日の段階で特別委員会に提示され承認を得たうえで、二十日の会議にかけられたものだ。

おそらく本書を読み進めながら幾度となく立ち戻ることになるであろう、明治神宮構想のいわば源流として重要であるので、ここに全文を引用しておきたい。[19]

神宮ハ内苑外苑ノ地域ヲ定メ内苑ハ国費ヲ以テ外苑ハ献費ヲ以テ御造営ノ事ニ定メラレ度候

神宮内苑ハ代代木御料地外苑ハ青山旧練兵場ヲ以テ最モ適当ノ地ト相シ候　但シ内苑外苑間ノ道路ハ外苑ノ範囲ニ属スルモノトス

外苑内ヘハ頌徳紀念ノ宮殿及ヒ臣民ノ功績ヲ表彰スヘキ陳列館其他林泉等ノ設備ヲ施シ度候

以上ノ方針定ツテ後諸般ノ設計及ヒ経費ノ予算ヲ調製シ爰ニ奉賛会ヲ組織シ献費取纏メノ順序ヲ立テ度候

国費及ヒ献費ノ区別及ヒ神苑御造営ノ方針ハ速ニ決定セラレ其国費ニ関スル予算ハ政府ヨリ帝国議会ヘ提出セラルル事ニ致度候

青山ニ於ケル御葬場殿ハ或ル期間ヲ定メ之ヲ存置シ人民ノ参拝ヲ許サレ候事ニ致度候

前項ノ御葬場殿御取除ノ後モ該地所ノ清浄ヲ保ツ為メ差向東京市ニ於テ相当ノ設備ヲ為シテ之ヲ保管シ追テ神苑御造営ノ場合ニハ永久清浄ノ地トシテ人民ノ参拝ニ便ナル設備ヲ施シ度

候（「明治神宮建設ニ関スル覚書」）

現在、社殿が建つ内苑と、「神宮球場」等の施設を擁する外苑が一対になった、明治神宮内外苑の青写真が既にこの時点で描かれている。さらに「覚書」は内外苑の敷地として、代々木御料地と青山練兵場をそれぞれ候補にあげている。当時、東京府下豊多摩郡代々幡村にあった代々木御料地とは、江戸期には彦根藩井伊家の下屋敷が置かれていた場所で、明治に入り宮内省に買い上げられ、明治二十二年からは世伝御料に編入されていた。そして、青山練兵場は、大正元年九月十三日に執り行われた明治天皇御大喪の場である。実は、この内外苑候補地は、明治天皇即位五十年を記念し、明治五十年に開催を期していた日本大博覧会の会場予定地でもあった。幻の博覧会構想を踏襲するかたちで明治神宮の空間構成が検討されたことになる【図1－4】。

【図1－4】明治神宮外苑。左奥に広がる森が明治神宮内苑、右手前は赤坂御用地、右奥が新宿御苑　明治神宮所蔵

　ここで特に注目を促したいのは、第一に造営方法について内苑は国費によるのに対し、外苑は一般の献金

でつくるとはっきりと区別していること。そして、外苑に関してはその設計、予算策定、献費とりまとめに至るまでを実行する民間団体として、「奉賛会」を組織することを提言していることだ。

＊諒闇あけて陳情また陳情

大正二年四月八日の『国民新聞』は、「明治神宮建設委員長たる青淵先生」の直話として、有志委員会委員長・渋沢栄一の近況を伝えている。「(外苑に関して) 建設地其他費用等は第一着に内務省神社局に於て之を決定して、宮内省よりの御沙汰を待つて始めて吾等民間建設委員の活動に移る訳なり、然れども目下諒闇中にして何に依らず神事を行ひ難き事情あるを以て、愈々明治神宮奉建の儀は来る七月大喪期の明くるを待ち凡て確定を見るに至るべし[20]」。

時の大正天皇は、明治天皇崩御から一年間、喪に服していた。渋沢は、その諒闇が明ければ神宮造営のはなしが本格的に動き出すはずであると述べている。この見通しは、前年のうちに有志委員会が政府側に確認していたことだった。御大喪が終わった元年九月二十三日、渋沢・阪谷始め委員会の面々は打ち揃って西園寺首相を訪ね、予て提出してある「覚書」についての首相の意見を糾している。彼らはこの日までに、首相及び原敬内相等各大臣はもとより、大隈重信、山縣有朋、桂太郎、井上、松方ら政界有力者のもとに「覚書」を持参し、神宮建設を政府案として議会に提出するよう働きかけていた。この日首相は「諒闇中は、御上に於ても神事御遠慮の御思召あり、進んで相談するも如何かと多少差控へたる」と、時期尚早であることを伝えていた。
諒闇明けの二年八月初頭、有志委員会は首相・宮相・内相宛に『御諒闇一年ノ光陰モ実ニ矢ノ如クニ経過シ申候、唯々片時モ忘レ難キハ　先帝ノ御事ニ御座候」で始まる陳情書を、渋沢栄一委員長名で提出した[21]。

当時不肖栄一誤リ推サレテ委員長トナリ、他ノ有志者ト共ニ奔走致シ、数次諸公ヲ訪問ニ及ヒ候処、毎次御懇情ヲ以テ御傾聴ヲ蒙リ候、〔……〕今ヤ、先帝御一年祭ト相成リ、栄一等ノ熱情抑止シ難ク茲ニ書中ヲ以テ重ネテ陳情申上候、何卒市民一同ノ願意速カニ貫徹致候様御詮議ノ程偏ニ奉願上候（『明治神宮造営誌』）

渋沢が言う「栄一等ノ熱情」も、決して誇張ではないだろう。大正元年以来、新聞各紙は彼らの動向を連日のように伝え、世間の注目を集めていた。明治天皇崩御直後からの新聞・雑誌等の記事を丹念に分析した佐藤一伯氏は、天皇奉祀の神社造営をめぐる賛否両論、鎮座候補地等誌上におけるさまざまな議論が、渋沢・阪谷ら在京有志委員たちの動向を追いかける形で進展していったことを指摘している[22]。事実、彼らの陳情につぐ陳情によって、大正二年三月末までには、貴族院・衆議院両議会にそれぞれ神宮建設に関する請願及び建議が提出され、いずれも満場一致で可決を見ていた。これらは両議会から政府、内閣総理大臣にあてて送られている。特に、衆議院で可決された「明治神宮建設ニ関スル建議案」は、東京府市選出代議士有志らによるものだったが、その中心となった議員、星野錫、関直彦は、在京有志委員会の委員でもあった。
民間の声で国を動かす――それは、この時すでに七十歳をゆうに上回っていた渋沢栄一が、維新からこのかた半生をかけて追求し続けた命題だった。

＊民間実業家の誇り――パリにおける渋沢の転回

本書で取り上げる「造営者たち」十二名のなかで抜群の知名度を誇るのが渋沢栄一であろう。その生涯は、城山三郎氏や童門冬二氏、津本陽氏らにより小説にもなっている。[23] また、西洋体験を主題の一つとする本書の登場人物のうち、渋沢ほど早く、そして渋沢ほど足繁く渡欧した者もいない。なんといっても最初の洋行が、幕末の慶応三年のことである。将軍慶喜の名代としてパリ万国博覧会に出席する、徳川昭武に随行して訪れた先がフランスだった。栄一が、二十七歳のときのことだ【図1－5】。

渋沢栄一は天保十一年（一八四〇）二月十三日、武蔵国榛沢郡血洗島村（現埼玉県深谷市血洗島）で、父市郎右衛門、母えいの間に生まれた。[24] 家は代々農作を本業とし、農閑期には藍玉を製造して紺屋へ売りさばいていた。幼い頃から利発で、七歳からは従兄の尾高惇忠に「四書五経」「日本外史」などを習っている。尾高が水戸学に傾倒する人物であったことから、栄一も感化を受け尊皇攘夷を掲げていた。文久三年には、仲間総勢七十人ほどで密かに討幕を期し、まず高崎城を乗っ取って兵を挙げ、然るのち横浜外国人居留地を焼き払うべしと計画をするほどだった。

【図1－5】徳川昭武一行、マルセイユにて（後列左端が渋沢栄一）　渋沢史料館所蔵

しかし、その年七月の薩英戦争等を経て攘夷決行の無謀さを知るようになる。この後、従兄の渋沢喜作とともに京都に逃げた栄一は、一橋家の用人・平岡円四郎の推挙で一橋家の家臣として仕えている。開国か攘夷かで揺れる幕末に、農家の倅から侍へと変貌を遂げる栄一の二十代には逸話も多いのだが、略して話を進める。

弟・昭武の随員に栄一を抜擢したのは、将軍慶喜自身だった。その理由は、攘夷思想に凝り固まった水戸藩士らが昭武のお守り役として随行することを心配し、予てから見込んでいた栄一の才気と裁量に期待したからだという。会計係である勘定格陸軍付調役を命ぜられた栄一は、万博視察後も留学を予定していた昭武とともにパリに残り、滞在中の経理を担当している。この約二年にわたる遊学は、やがて幕府の瓦解により明治元年（一八六八）九月末にフランスを離れるまで続いた。「外国は総て夷狄禽獣であると軽蔑」していたちょんまげ姿の侍が、ヨーロッパで髻《もとどり》を切り成長していく過程は、『渋沢栄一、パリ万博へ』（渋沢華子）、『青年・渋沢栄一の欧州体験』

【図1－6】パリで洋装姿になった渋沢栄一　渋沢史料館所蔵

（泉三郎）等に詳しい[25]【図1－6】。ここでは、神宮奉祀の民間有志運動を主導する大正元年の渋沢に繋がるエピソードとして、栄一の四男秀雄氏が指摘する「栄一が肝に銘じることになった三つの驚き」をあげておきたい。[26]

その第一は銀行家フリュリ・エラールに学んだ、フランスの株式会社組織だ。会計係として一行の滞在費を捻出する必要があった渋沢は、日本名誉総領事でもあったエラールに資金運用の指導を受けた。このとき買った公債や鉄道会社の社債から実際に利益を得る経験もし、西洋の金融制度を学んでいく。渋沢はとりわけ合本（株式）制度に着目した。個々の小さな投資が大きな資本になり、それが産業を興し、国を富ませることに繋がる。これこそ資本主義の本質でもあった。

第二の驚きは、フランスには日本のような官尊民卑がないことだったという。昭武一行の補佐役には銀行家エラールの他に陸軍大佐のヴィレットがいたが、士農工商の感覚からすると、町人とお武家様である二人だ。「早い話が民部公子［昭武］の教育監督ビレット氏は政府の役人であり、コンセル・ゼネラルを依頼したフロリヘラルド氏は銀行家で純然たる民間の人であるが、此の二人の交際振りを見るに全く対等の交りであつて、階級的観念は微塵もなく、頗るよく調和して居る[27]」。この官・民平等という関係の認識はその後の渋沢に大きな影響を与えることになった。

第三の驚きはベルギー国王レオポルド二世に謁見したときの言葉だった。昭武から自国の製鉄所を見学したことを聞いた国王が、ベルギーの鉄は生産量が豊富で、品質も良好であるから、「是非我国の物を用ゐるやうにせられたい」と自ら売り込んできた。「当時に於ける私共の思想としては、苟《いやしく》も一国の帝王として商売の事にまで言及されるのは、余りに如才なさ過ぎ且つ商売気があり過ぎるやうに思はれたが、其の言はれる事は全く同感であり、且つ其の態度の頗る平民的であるのには大いに感心した。国王にして既に此位の考へがあるから、一般国民は勿論産業に対して冷淡であらう筈がなく、小国に似合はず同国の産業は当時なか〳〵盛んであるのにも感服の外なかつた[28]」。

経済活動を活発にし国力を増進する、民間経済人の地位を向上させる、そして官民平等の社会を実現する。この三つの課題はその後、渋沢の大きな活動指針となった。

帰国翌年の明治二年、渋沢は井上馨、大隈重信らの要請を断りきれず明治政府大蔵省に出仕する。株式会社を作る前に、まず日本の金融制度を作ることになった。五年十一月には国立銀行条例を制定し、これにより日本初の銀行、第一国立銀行が誕生する。明治六年、大蔵省を辞す。その後の人生を通して渋沢が官職に就いたのは、この五年間だけだった。「就中私が最も達成せんと欲したのは合本組織を国内に普及すると共に官尊民卑の弊を根本的に除去せんと欲するにあつたのである」[29]。

民間実業家として、渋沢が生涯に関わった会社は五百以上にのぼると言われる。「日本資本主義の父」と称される所以である。自ら率先して「株式会社」の何たるかを示したわけだが、しかし実業界の社会的地位向上のためには一人の力では限界がある。そこで明治十一年に設立するのが、現在の東京商工会議所の前身、東京商法会議所だった（明治二十四年から東京商業会議所、昭和三年から東京商工会議所）。渋沢栄一はその初代会頭である。東京商工会議所編『渋沢栄一日本を創った実業人』によれば、実業人の地位向上という目的とともに、商法会議所設立の背景には、不平等条約改正の問題があったという[30]。とくに一国として関税自主権の回復を主張するためには、商工業者の世論機関が必要となっていた。日本が不平等条約の改正に成功するのは明治四十四年のことで、その間、商法（業）会議所は民意を形成するための中枢として大きな役割を果たす。

大正元年の夏、明治天皇奉祀のことで在京有志が商業会議所に集ったのは、決して偶然ではないのだ。

＊ノブリス・オブリージュ——先駆者の使命感

渋沢栄一における明治神宮造営を考える上で是非考慮が必要なのは、造営運動の骨格づくりに奔走した大正初期には、渋沢は己の軸足を社会公共事業に移していることだ。まず明治三十七年に、当時関連していた八十余種の事業のうち、約半数の役職を辞任している。さらに明治四十二年に古稀を迎えたのを機に、第一銀行頭取等いくつかの団体重役を除いて凡ての役職から身を引いた。残りの人生を「公共事業」に捧げたいと決心してのことだった。「即ち外交又は社会政策の如き其の根源は財政経済にあるを以て、之れに付いては相談に預り、又進んで関係し尽力する為めには、倒れて後already止まん決心をしたのである」[31]。彼が外交及び社会政策に余生を投じる覚悟を決めた背景には、明治三十五年、栄一にとって二度目の欧米行（米国は初）があった。

この視察で彼が痛感したことの一つは、日本人の商業道徳の問題だった。帰国後に欧米視察談を披露した席では、繰返しこのことに注意を促している。「亜米利加・英吉利でも日本の商業道徳といふことに就ては非難の声を聞きました、〔……〕資本といふものは低い所に流れる性質を有つて居るものである、〔……〕商業道徳といふことは資本其ものに対して蓋し関係の強いものであるといふことを忘れてはなりませぬ」[32]。実はこの米国視察中、渋沢はサンフランシスコの金門公園プールで見た「日本人泳ぐべからず」の掛札に衝撃を受けていた。アメリカで日本人移民の排斥が問題となるのは明治四十年頃のことだが、渋沢はその萌芽を感じ取っていた。そこで明治四十一年、実業人同士の民間外交によって日米間の摩擦を解消し、さらに日本実業家のレベルアップを目指して、米国太平洋沿岸都市から商業会議所の実業家の訪日を実現させている。そして翌四十二年、全役職を退いた渋沢は、約五十名からなる渡米実業団を組織し、その団長として約三ヶ月間アメリカ各地を訪問、民間の立場で両国経済界のパイプづくりに努めていた[33]【図1－7】。

【図1－7】渋沢栄一と渡米実業団　渋沢史料館所蔵

ノブリス・オブリージュ。この言葉にフランスで出会っていたかどうかは分からないが、古稀を迎えた渋沢は「社会的地位あるものの責任」を自覚し、それを全うしようとしていた。東京有志を代表して神宮造営に立ち上がった彼には、民間リーダーとしての使命感が確かにあった。そして、商業会議所に集う名士、富豪、日本実業界の担い手たちにも自ら範を示しながら、「徳高き」紳士たれと呼びかけようとしていたのではないだろうか。

三、神社奉祀調査会から造営局へ

＊神社奉祀調査会の創立

渋沢栄一という時代のリーダーを得た、在京有志らによる粘り強い請願活動に後押しされ、大正二年八月十五日、内務大臣は「明治天皇奉祀ノ神宮ニ関スル件」を閣議提出、十月二十八日に決定を見た。さらにこの閣議決定では、天皇奉祀に関するさまざまな事項について審議調査が必要であるとして、「明治天皇奉祀ノ神宮創設調査委員会」を組織することが掲げられた。これが、十二月二十二日の官制公布により、内務大臣の監督に属する組織として設置される「神社奉祀調査会」である。時の内務大臣原敬を会長とするこの委員会には、渋沢栄一、阪谷芳郎も委員に任命されている。

神社奉祀調査会には、さらにその下部組織として神社奉祀調査会特別委員会が、大正三年四月三十日付で新設された。この特別委員会は、専門的知識を必要とする事項について学術的調査に基づいた審議を行うため、各界の学識経験者・専門家らで構成されたが、阪谷芳郎がこの特別委員会委員長を兼務している。ここに、神社奉祀調査会が審議した項目を書き出してみると、およそ一つの神社を創立するために必要なありとあらゆる事項について検討したことがわかる――祭神、社名及び社号、社格、鎮座地、例祭日並例祭日勅使差遣、神宝及装飾、社殿、宝物殿、境内、外苑、参道、造営費及維持法。このうち一つ目の祭神については議論の余地がないかに思われるが、これは調査会活動中の大正三年四月十一日に昭憲皇太后崩御の報に接したことで、天皇とともに皇后も祭神として祀ることについて審議したことを示している。

特別委員会は、大正三年五月から十月にかけて計十一回にわたって審議、その調査報告をうけた神社奉祀調査会総会はその年の十一月まで続く。この会議における渋沢栄一たちの発言を中心にたどりつつ、彼らの主張が明治天皇奉祀に関する国の基本方針策定にも大きく寄与したことを確認していきたい[34]。

＊鎮座地東京の決定

先述の「覚書」は、東京に内外苑を建設するとしたその発想の先駆性故に、また阪谷・渋沢らが終始明治神宮造営運動を牽引していく主要人物であったという事実故に、重要であることは疑いない。ただし、先にも触れたが佐藤一伯氏が指摘する通り、この「覚書」は「必ずしも奇抜で独創的な提案」ではなく、当時の「世論を踏まえてよく総合したもの」だった[35]。事実、当時の新聞各紙は阪谷らの動きを逐一報道し、さらに、それに対する「青山より井の頭御料地にせよ」

「拝殿を青山に神殿を代々木に」といった各方面からの意見も連日紹介している。[36] 注目すべきは、東京に神宮をというこれらの主張の他に、全国各地を候補地とした請願が同時期に数多くあったという点だ。

『明治神宮造営誌』には、内閣総理大臣や内務大臣らに宛てて提出された十三候補地三十九件の請願が紹介されている。[37] 東京以外では、筑波山（茨城県）、箱根山（神奈川県）、宝登山（埼玉県）、飯能朝日山（埼玉県）など「山紫水明」「風光明媚」を誇る地が多かった。なかでも二十二件と陳情が多かったのが富士山だ。静岡県加島村長ほか六十四名の請願書によれば、「神霊ノ位置ハ森厳ニシテ高潔ナル」ことが必須であり、「天下ノ名嶽富士山ヲ以テ最モ適切至当」であるという。一方、筑波山への請願は三件報告されているが、うち筑波山社司ほか八十八名からの請願書では、理想的な候補地として筑波山の他に富士山があるが、富士は帝都から遠いのに対し、筑波は交通の便もよく近距離にあると優位性をあげる。また、「江戸ニ御遷都アリ東京ト改メサセラレテヨリ四十有五年」、いわばお膝元の東京市民が神宮を招致せんとするその「赤心」は理解できるが、市内外の何処にも「崇高森厳ニシテ山紫水明ノ勝ヲ占ムルノ地」は望むべくもないと批判している。このように明治神宮の創立については、各地各レベルからの動きがまずあり、それに国が突き動かされて事態が前進するということが常であった。

「明治天皇奉祀の神宮」鎮座候補地がかくも乱立する状況で、神社奉祀調査会がまず着手すべき審議事項がこの鎮座地の確定であった。もっとも第一回調査会で、会長である内務大臣原敬自らが、「従来ノ実例ニ徴スルニ官国幣社ノ鎮座地ハ概ネ祭神ニ由緒深キ土地ヲ択ヒ単ニ形勝風致ノ如何ノミニ依リテ定メラレタルモノニアラス」と挨拶していることからも、調査会の意向が、富士や筑波の「形勝風致」より奠都以来の東京の「由緒」重視であったことは明らかだ。[38] すると、東京批判に対し如何に整合性のある理由付けができるかが問題になる。

第二回調査会の席で口火を切ったのは、委員の一人だった渋沢栄一である。渋沢は、「形勝ノ地ト云フダケヲ主義ニスルカ、或ハ土地ニ対スル縁故ヲ主義ニスルカ」、鎮座地選定の「大方針」を先ず定めて欲しいと述べ、「願クハ縁故ニ依ルト云フコトヲ先ニ定メテ戴キタイ」と、自らの東京・縁故主義を顕わにする。[39]

斯ウ云フ有様ニ選択方針ヲ御極メヲ願ツタラ如何デゴザイマセウ、先ヅ神宮ヲ建設スルニ付テ、勝道上人ガ日光ヲ開イタトカ、伝教大師ガ叡山ヲ開イタトカ云フヤウナ意味デ、唯、単ニ形勝ノ地ト云フダケヲ主義ニスルカ、或ハ土地ニ対スル縁故ヲ主義ニスルカト云フコトヲバ一ツ大体御極メヲ願ヒマセヌケレバ始終説ガ動キハ致シマセヌカ。ソレデ私ハ自身ノ意見トシテハ第二ニ申シマスガ、是非其大方針ヲ先ヅ定メテ戴キタイ。ソレガ定マリマスレバ自ラ場所モ定マリ易クナリハセヌカト思ヒマス。自分等ノ意見ヲ申シマスト、ドウモ、唯単ニ形勝ノ地ト云フテ漠然ト何所デモ選ムト云フコトニナリマシタナラバ、甚ダ広クナツテ何レガ是デアルカ、到頭分ラヌコトニナリハ致シマスマイカ。願クハ縁故ニ依ルト云フコトヲ先ニ定メテ戴キタイヤウニ考ヘマス[40]（傍線、筆者）

渋沢に賛意を示し、東京選択の妥当性について言及した委員の一人、奥保鞏の発言に注目したい。奥によれば、「神聖、森厳」を旨とするなら富士山や筑波が適地だが、明治天皇の御徳を「万古」に欽仰するには、参拝者が訪ねやすい場所でなくてはならない。とすると、東京を鎮座地とし人為で森厳性を確保する他ないとの主張だ。「今ハ曝露シタ平地デモ幾百年ノ後ニハ伊勢ノ大廟ノ如キ状態ヲ移シテ来ル。是ハ人ノ為ス上ノ事デアル」。続き、蜂須賀茂韶委員も「今日ヨリ数年数十年数百年ヲ経テ森厳ニ尊崇申上グルコトガ出来マスナラバ」、全く遺憾に思う必要はないと同趣旨の議論を展開。既存の景勝地に神社を建てるのではなく、むしろ人為で数百年後に向けた神聖な森を作ってはどうかという、積極的な理論展開の萌芽がこの辺に見える。これらの意見は容れられ、鎮座地は東京府下に全会一致で可決された。奠都以来の由緒を主張する東京への誘致運動の優位性に着目した山口輝臣氏の優れた分析によれば、まさに「風致（景勝主義）」に対する「由緒（縁故主義）」の勝利である。[41]

調査会の次の検討事項は、森厳な風致を人工で創るのに東京府下で最適な地はどこかということになる。大正三年二月一日の第三回調査会では、東京誘致運動で挙がった候補地から、陸軍戸山学校敷地・白金火薬庫跡・青山練兵場・代々木御料地の四つを取上げ、図面資料等をもとに議論が行われた。八日、内苑敷地候補として、特に戸山学校と代々木御料地を実地視察。その結果十五日の第四回調査会で、代々木を鎮座地に可決するに至る。しかし、四つの候補地には「両手ヲ挙ゲテ賛成」できるものがないという委員の発言がある如く、規模や土地取得の難しさ等消去法で決定した感も否めない。代々木が最適とはしたが、隣接する代々木練兵場の砂埃、近郊の淀橋浄水所・渋谷発電所の煙害は、神聖さを脅かすと懸念されていた。また「人工デ高低ヲ造リ森林ヲ造ルト云フコトニナリマスト、ナカナカ費用ガ掛リマス」と経費の問題も指摘されていた。

神社の森として、その「森厳」「幽邃」なるイメージを優先するのなら、富士山や箱根を鎮座地とすればよかった。しかし東京府下代々木に決定を見たのは、一つには東京鎮座を強く望む渋沢たちを中心とする東京有志の動きが大きかったからであり、そしてその動向に注目する世論の後押しがあったからといえる。都市の平地に天然の如き森を作る。神宮造営の必要条件はここから生じたものだ。しかしこの理屈を実現するには、煙害・煤煙等都市特有の問題や、曝露した土地を森に変えるに必要な費用等、克服すべき問題が山積していた。この難事業を成功に導いた大きな要因として次の二点をあげたい。第一に理念を実現するため、先端の学知と技術を導入した専門家の活躍があったこと、第二に人工林造成の人的・経済的困難を軽減するため、献木と造営奉仕という全国規模の運動が展開されたこと。このうち、第二の全国規模の造営奉仕運動については、明治神宮誕生の原動力となった運動体の一つとして第五節でとりあげる。第一の林苑造成の専門家の活躍については、次章を御覧いただきたい。

明治神宮が作られるなら日本のどこでもよいのではなく、なんとしても東京である。この思いの強さは渋沢栄一だけでなく、東京市長・阪谷芳郎にも共通していた。『阪谷芳郎伝』によれば、市長としての阪谷芳郎が何より重んじたのは、「帝都の品格」を向上させることだった。[42] 首都の品格が、その国家の品格を代表する。そのように阪谷が思い至る契機は、市長になる直前に経験した外遊だったと伝記著者は指摘する。明治神宮を擁する品格ある帝都を目指して――阪谷芳郎における明治神宮東京論の成り立ちを、その生い立ちと洋行体験から次に検討してみよう。

＊帝都の品格――阪谷芳郎と都市の精神

阪谷芳郎は、文久三年（一八六三）一月、備中国後月郡西江原村（現岡山県井原市西江原町）に、父阪谷素、母恭子の四男として生まれた[43]。阪谷家は、明治五年に一家で東京に移っており、芳郎は九歳から東京で育った。明治十七年、東京大学文学部を卒業後に入省した大蔵省では、主計局長・次官を経て、四十四歳という異例の若さで大蔵大臣を拝命している【図1－8】。在省時代は、日清・日露両大戦の戦費を調達するなど、明治政府の財政運営を中心となって担った。蔵相時代の阪谷に秘書として仕えた人物は、「非常に用意周到な方」であったと阪谷を評し、その一例として、戦争が始まると、戦費の調達とともに戦後経営までを見越して増税計画を実行したことを挙げている[44]。また、蔵相は「非常に几

【図1－8】東京大学予備門時代の阪谷芳郎　故阪谷子爵記念事業会編集発行『阪谷芳郎伝』（昭和26年）

帳面」でもあった。先を見通して用意周到に計画し、几帳面に実行に移す。明治神宮奉賛事業における阪谷芳郎像も、まさにこれに一致している。

また、阪谷の几帳面さを如実に示しているのが彼の日記である。市長時代の『阪谷芳郎東京市長日記』は既に刊行されているが、明治神宮造営奉祀については、市長日記とは別に『明治神宮奉賛会日記』として綴っている。[45] 時代、職責に応じて日記を分けて記していたことが分かる。明治神宮には、阪谷芳郎の遺族から寄託された『阪谷芳郎明治神宮関係書類』全九部がある。そのうちの一部が先の奉賛会日記だ。本書の議論も、几帳面な阪谷芳郎が遺してくれた記録に負うところが大変大きい。阪谷は、明治四十一年に大蔵省を退官。次に就いた公職が東京市長だが、就任は明治四十五年七月十二日のことだ。市長拝命から間もなくして、明治天皇崩御を経験したことになる。

阪谷芳郎と渋沢栄一には深い縁がある。まず芳郎に嫁したのが渋沢の次女琴子であること。このことで阪谷は渋沢同族会の一員となり、また栄一を中心とした人脈に加わっていく。しかし、もっと遡れば一橋家御用人時代の渋沢と芳郎の父・素との出会いがある。阪谷素は、岡山興譲館の督学として名を知られた儒者で、朗廬と号した。一橋領内の農兵を募集するため備中を訪ねた渋沢は、助力を乞わんと朗廬と面会する。

その時阪谷先生が開港論を主張するから、自分はこれに反対して是非とも攘夷しなければならぬと駁撃の矢を放って、しきりに開鎖の得失を討論した。ところが阪谷先生がナンボ役人でもこの事ばかりは役人外で話をせねばならぬというから、勿論それが面白イ、十分に議論しましょうといって互いに城府を開いて痛飲縦談に時を移し、いわゆる唾壺の挫けるをも覚えぬほどで、誠に近頃の愉快であった。[46]

朗盧は、洋学への志もあり幕末儒者でありながら尊王開国派だった。維新後には、福沢諭吉らが創設した「明六社」に儒者として唯一人参加してもいる。渋沢はこの後、朗盧を一橋慶喜へ論語を講ずるように推挙するなど、生涯親交を結ぶことになるが、なにより攘夷論者だった渋沢の視点を外に転ずるのに大きな影響を与えた人物が芳郎の父親だった。

朗盧は一家で上京後、満十歳の芳郎を、当時有数の洋学者だった箕作秋坪が主宰する英仏学塾、三叉学舎に入門させている。その後、芳郎は開設されたばかりの東京英語学校に進学。開明的儒者だった父の影響を強くうけ、阪谷芳郎は早い時期から「ヨーロッパの先進諸国に遊学して自分の学問を大成する」ことを強く希望していた。父朗盧が明治十四年に逝去したため、家計を預かる母が苦労するのを見てきた芳郎は、東大卒業後、当時総長だった加藤弘之に、官費留学の斡旋を直談判さえしている。が、大学の予算を理由に断られた。また、大蔵省に入省後も意を決し、朗盧を通じて縁があった旧広島藩主浅野長勲あてに上申書をしたためた。[47]「敢非独計一身之営利有為国家所大患也」――自分が洋行を希望するのは、自分一人のためだけではない、国家の利益を考えてのことなのだ。この上書は実際は提出されずに終わるのだが、それほど止み難い熱情があった。しかし、その後は官務に追われるようになり、念願の洋行がかなうのは、明治四十一年一月に大蔵省を辞して後のことだった。

一月十七日に官舎を引き払い、阪谷は翌十八日には早くも兜町事務所に渋沢を訪ね、洋行について助言を求めている。四月十五日、同行者に柳生一義（台湾銀行頭取）、馬越恭平（大日本麦酒会社社長）等十一名を得て、新橋駅を出発した。四十五歳、加藤弘之総長に掛け合った時から、実に二十余年を経てのことだ。一行は、五月一日にまずシアトルに上陸。米国内各都市を回り、その後英国リヴァプールに渡った。イギリスをはじめ仏独ほか欧州各国を訪問し、最後はシベリア鉄道で帰路につく。新橋駅に着いたのは十月二十四日、ほぼ半年にわたる外遊となった。[48] この欧米行は全くの私的旅行だったが、各国では「日本財政の巨人バロン・サカタニ」として大変な歓迎を受けたという。ワシントンではルーズヴェルト大統領に謁見したのを始め、鉄道王ハリマン、グレート・ノーザン鉄道会社社長ヒル等財界の要人たちと会見している。ヨーロッパでも同様で、英国では国王エドワード七世に拝謁、フランスでは首相クレマンソーらと面会の場を設けた。

阪谷は、このあと明治四十四年に二度目の洋行を果たしている。その詳細は後に述べるのでここでは触れないが、その二度にわたる欧米諸都市での体験が、東京市長となって活きてくる。就任後間もなく、彼は明治天皇崩御に直面、御大喪ではイギリスのコンノート殿下、ドイツのハインリッヒ殿下、アメリカのノックス国務卿ら各国特派使節を市長として迎えることになった。すると彼らはきまって東京市長を自ら表敬に訪れる。そこで今更ながらに実感されたのが、欧米では市長が大変な尊敬の対象となっているということだった。市長を重んずるということは、その都市を重んずるということだ。さらにロンドンやパリに匹敵する首都ということで、東京市長の存在はそれほど重い。ところが、当の東京市・東京市民の側には、その自覚、「都市ノ精神」が欠けていると阪谷は嘆いている。[49] ここで彼は欧米で見聞した例として、例えば議事堂や公会堂をあげ、国家に功労があったり国民が崇拝する人物の金言や肖像が掲げられていることで、自然に公徳心が涵養されるような場が都市には必要であると説く。建物ばかりでなく、公園であっても道路であっても、市民に「無言ノ教育」を与える場となるべく計画されている。これこそが阪谷が理想とする品格ある都市で、明治神宮は「一方ニハ公園ノ用ニ足ル、一方ニハ市民ノ心ヲ統一スル上ニ於テ新シイ設備」として、是非とも首都東京につくられるべきであるというのが、東京市長阪谷芳郎の主張だった。[50]

＊「内苑は国が、外苑は我らが」

大正三年二月十五日の第四回神社奉祀調査会で、鎮座地を東京代々木にある御料地とすることが内定したことで、東京有志メンバーの当初の希望は既に聞き届けられたかに思われる。しかし、明治天皇を祀る神社を国費によって東京に創建すること、この決定だけでは彼らにとっては道なかばだった。かつてあの「覚書」の冒頭に、「神宮ハ内苑外苑ノ地域ヲ定メ内苑ハ国費ヲ以テ外苑ハ献費ヲ以テ御造営ノ事ニ定メラレ度候」と掲げたのが彼らである。民間としては外苑もつくりたい、内苑外苑が一つになってこそ明治神宮だという提案は、まだ調査会で決議されていなかったからだ。このことが東京有志委員会委員長であり神社奉祀調査会の一員でもある渋沢栄一には気がかりだった。渋沢は、第四回調査会の席でも「外苑ト云フコトニ付テノ問題ハドウデス」と議論を促すのだが、外苑を作った場合は将来の維持経営の問題についても余程考慮せねばならないといった意見も出たことから、当面「外苑ノ問題ハ暫ク今迄ノトコロデハ評議セズ」、社殿を擁する神苑（内苑）についての審議をもっぱらとしていた。

そこで四月二十九日の第五回神社奉祀調査会で、渋沢は、調査会の委員ではあるけれども外苑奉賛を請願した立場として是非発言させてくれと断り、市民による外苑創立について切なる願いを訴えた。[51]

［外苑の］問題ニ付キマシテ委員トシテ申上ゲルノト、以前ニ希望シテ居ッタコトヲ併セ述べマスルノハ、少シ混淆スル弊害ガゴザイマスケレドモ、此委員タル栄一モ、請願シタ委員長ノ栄一モ、同ジ人間同ジ希望デゴザイマス、勢ヒ此場合ニ其事ヲ申上ゲマスルヲ便宜ト存ジマス、［……］其時ニ凡ソ案ヲ設ケマシタノハ、東京ニ於テ成ベク森厳ノ保チ得ラレル土地ヲ選ンデ、神社ノ建設ハヤハリ［……］政府デ御遣リナサルヤウニ致シタイ、［……］同時ニ、ドウゾ市民モ必ズ相当ノ力ヲ尽シテ、［……］市民挙ツテ至誠ヲ表スルト云フヤウナ挙ニ出デタイト、吾々共希望致シタノデアリマス、ソレデソレハ本社デナシニ外苑ト云フヤウナモノヲ置キタイノデアル、［……］自分ノ希望トシテハヤハリ以前請願者ノ一人タリシ時ノ考ト、今日ノ委員トシテモ同様ニ御調査ノアルヤウニ致シタイ。（『神社奉祀調査会会

議録（第五回）』傍線、筆者）

実はこの第五回会議は、新設されたばかりの特別委員会（正式には翌日四月三十日付）委員が同席のうえ開催された最初の委員会だった。これ以後専門事項についての具体的な調査会が特別委員によって進められることになる。そのような場だからこそ、東京有志として外苑創設についての強い意志を示したかったのだ。

大正三年六月十九日、特別委員会は熟議の末全員一致で決定を見た審議結果について「特別委員会報告書」をまとめ、神社奉祀調査会に提出する。十五項目ある決議事項のうち、十三番目に「青山旧練兵場跡附属外苑設備ニ関スル件」があった。[52]

明治天皇奉祀神宮創建ニ伴ヒ国民奉賛ノ誠意ヨリ資ヲ献シ頌徳記念ノ建造物及外苑ヲ設ケントスルノ請願アリ。政府ハ之ヲ容レ其ノ献納ノ資ニ依リ、大体左ノ方法ニ依テ経営スルヲ適当ナリト認ム

青山旧練兵場ハ之ヲ神宮附属外苑トナシ先ツ多少ノ整理ヲ施シ林地並芝生地ヲ設ケ其ノ一部ハ将来頌徳記念ニ相当ナル建造物建設ノ予定地トナサントス。而シテ其ノ経営並維持ノ費用ハ全部奉賛金ヲ以テ支弁セントス（『神社奉祀調査会特別委員会報告』）

さらに七月二日及び六日に開催された第六、七回神社奉祀調査会は、特別委員会報告をもとに

再度審議、その結果全会一致で原案のまま可決するに至る。ここにおいて、「神宮附属地」としての外苑を国民の奉賛金で設けることが内定した。

＊造営局の設置と奉賛会の組織化

神社奉祀調査会がすべての審議を結了したことをうけ、大正四年三月四日、内務大臣は明治神宮創立について奏請、ついに四月二十日御裁可となった。五月一日、役目を終えた神社奉祀調査会に代り、内務省に明治神宮造営局が設置される。内苑造営のための国による工事専門部局である。総裁に伏見宮貞愛親王（後に閑院宮載仁親王）を戴き、副総裁は歴代内務大臣がつとめることになった。神社奉祀調査会に引続きこの造営局にも、渋沢栄一と阪谷芳郎はともに評議委員として参画している。

五月一日、内務省告示第三十号により下記の通り発表される。

一、明治神宮
　　祭神　明治天皇
　　　　　昭憲皇太后
　右東京府下豊多摩郡代々幡村大字代々木ニ社殿創立社格ヲ官幣大社ニ列セラル旨仰出サル

内苑は国費により明治神宮造営局が工事施工を行うことが決まるのと軌を一にして、民費による外苑造営のための組織作りも進められていた。大正三年十一月十六日、神宮奉賛有志委員会にあて内務大臣大隈重信から、「外苑計画進捗方」について通達があった。かねてより申し出があった「明治天皇奉祀神宮ノ外苑トシテ青山旧練兵場ヲ経営献納ノ儀」について、神社奉祀調査会の審議が結了したこと。ついては「献納ニ関スル資金募集法等」、外苑計画を具体的に進めてほしいという、待ちに待った報せである。

有志委員らは東京商業会議所に集まり、いよいよ全国規模の奉賛団体結成に乗り出した。十二月十四日、明治神宮奉賛会創立準備委員会を開催、渋沢栄一がその委員長に、阪谷、中野ら二十七名が準備委員となった。準備委員会は内務当局との協議及び外苑予定地の実地踏査等を重ね、四年五月、「明治神宮奉賛会趣意書」と「明治神宮外苑計画考案」を議決し、大隈内務大臣にあて明治神宮奉賛会成立に関する復申書を提出する。この時までに準備委員が全国に募った発起人は七千余名、発起協賛者をあわせると八千六百余名を数えた。「明治神宮奉賛会趣意書」は、次のように同志の融資を募っている。[53]

> 是に於て某等敢て自から揣《はか》らす同志胥謀りて明治神宮奉賛会を組織し頌徳感恩の微意を以て広く献資を募り之に由りて神宮の外苑を経営し内苑と相俟て宮域の規模を大成せんことを期す。冀くは普く大方の賛襄を得て此の事を成就し上は以て御追孝の叡旨を副ひ奉り下は以て

国民忠誠の微哀を表するあらんことを。（『明治神宮外苑志』）

大正四年六月十七日、準備委員会の内願がかない、奉賛会総裁に伏見宮貞愛親王殿下が就任した。九月六日、副総裁に公爵山縣有朋、公爵松方正義、奉賛会会長に公爵徳川家達など各役員を総裁宮が委嘱することにより、明治神宮奉賛会がここに設立を見るに至る。奉賛会副会長に渋沢栄一と阪谷芳郎がそれぞれ就任している。

その後、大正六年二月、明治神宮奉賛会は同会が策定した外苑計画綱領に基づき、内務省所管の造営局に外苑の設計及び工事の施工を委嘱することになる。まさに、内外苑一体、すなわち官民一体となって明治神宮造営事業が進められる。

四、奉賛会の使命感――阪谷芳郎

*基本財産へのこだわり

阪谷芳郎は、明治神宮造営計画の初期段階ですでに、事業を財政面から推進する「明治神宮基金」設立構想を抱いていた。大正三年四月二十九日の第五回神社奉祀調査会は、特別委員会委員長に就任することになった阪谷が、初めて出席した調査会議だったが、ここでの彼の発言は、造営経理に一般会計ではなく特別会計を設けるべきという主張に費やされている。すなわち、一定の金額を二十年なら二十年出すという決定をし、それに市民の寄付や皇室からの御下賜を加えれば、立派な明治神宮の「基本財産」が創出できるのではないかという提案だった。この阪谷案は結局特別委員会の大勢とはならず、六月に作成された特別委員会最終報告書は、内苑造営経費は一般会計で、完成後の維持については普通会計で運用するのが妥当であるとする審議結果を伝えている。

ここで興味をひくのは、この報告書が、阪谷委員による「明治天皇奉祀神宮資金特別会計法案」を「参考」として付していることだ。法案は十二条からなり、第一条で「明治天皇奉祀神宮ニ資金ヲ置キ其ノ歳入歳出ハ一般ノ会計ト区分シ特別会計ヲ設置ス」ることを唱っている。[54] この資金は、一般会計からの二十年間毎年五十万円の繰り入れ金と奉納金からなり、資金に余裕があるときは公債証書等を購入し、利子を資金に編入していく。神宮造営完成後は、「神宮基本財産」として運用するという構想だった。さらにこの法案の最後には、なぜこのような資金算出法がふさわしいのか、その「理由書」が添えられている。これによると阪谷は、神宮基本財産を将来にわたって管理するために、「財団法人組織」をつくることが理想であると考えていた。このように内外苑の造営経費だけでなく、完成後の維持管理の資金繰りについても思いをめぐらし、そのための仕組みづくりを常に模索していたのが阪谷芳郎だった。

この節では、民間による明治神宮奉賛会を核として、阪谷がどのような事業展開を思い描いていたのか、その理想と現実の両面を追いかけていく。渋沢栄一は各種事業における自らの仕事を、「余は文鎮の役目なりき」と表現する事があった。[55] 風が吹いても紙が飛ばぬだけの程よき重みで「平生は自動せず」、一朝事が起り文鎮でなければ解決できぬことがあれば凡て引き受ける。そして、直接の業務は「適任者に託し」たという。東京に民間の手で明治神宮外苑をという在京有志の請願を、渋沢が奉賛会設立という形まで整えたとすると、阪谷芳郎は先を見つめた緻密な組織運営を実践する、まさに「適任者」だった。

【図1－9】スイスでのベルン会議に出席（後列左端が阪谷芳郎）　前掲『阪谷芳郎伝』

＊ファンデーションという発想

阪谷にとって、「基金」による永続的活動の実践モデルとなったうちの一つに、彼自身も関わっていた「カーネギー国際平和基金」があった。阪谷二回目の洋行とも関連するので、ここで言及しておきたい。[56]

カーネギー国際平和基金は、「鉄鋼王」と呼ばれたアメリカの富豪アンドリュー・カーネギーの資産の一部である一千万ドルを基金として、明治四十三年十二月に設立された。この基金は、戦争の原因および戦争を防止する方法を科学的に調査し、世界平和に寄与することを目的とし、その運営母体の下に国際法、交流と教育、経済と歴史という三つの調査部会を設けた。明治四十四年八月、この経済と歴史部門の国際会議がスイスのベルンで開催されたが、これに日本側代表として出席したのが阪谷芳郎だ【図1－9】。

ベルン会議への参加は、時の小村寿太郎外相から阪谷に要請があったことによるが、実は明治四十一年の外遊時に見聞したカーネギーの言動が、阪谷に大きな影響を残していた。それは、カーネギーがワシントンに寄贈した平和館建築式でのことで、式ではまずルーズヴェルト大統領が「世界の平和は武力に依つて保たねばならぬ」と演説した。ところが後に続いたカーネギーは、「ルーズヴェルトはマダ若い、ルーズヴェルトの言ふ戦闘艦をヨット（遊覧船）に売つて仕舞へば、世界の平和は保てるのである」と、大統領に真っ向から反論する演説をぶったのだ。阪谷が驚いたのは、「それで二人の間はどうかと云ふと、交際上に何のことは無い」ということだった。[57]「是れ等は日本などに於ては見られぬ事実」であり、「何も彼も腹蔵なく議論を闘はして国運を進めて行く」ことの必要を思い知ったのだった。立場を越えて議論しあう西洋人をみて「これが民主主義精神か」と衝撃をうけるという体験は、さきに紹介したフランスにおける渋沢栄一と相似である。「何も彼も腹蔵なく議論を闘は」す、この姿勢を阪谷自身が明治神宮造営で率先して心がけたことは、次章以降で見る通りである。

余談めくが、渋沢栄一もカーネギーを高く評価した一人で、明治四十五年に発表した談話集『青淵百話』でも、「国家的観念の権化カーネギー氏」と題して一話を費やしている。渋沢がカーネギーに感服したのは、彼の「富に対する観念」で、カーネギーがその巨万の富をいかに使用すれば国家社会の為になろうかと考え、莫大な寄付や保護、奨励事業に費やしていることだった。「斯の如き人が多数あつたなら、其の国は必ず黄金国となるであらう。由来拝金宗の国民と称せられたる米国に於て、斯の如き人を見ることを得るは実に余が痛快に感ずる所である。此等の人こそ真に渾身国家的観念の権化として称揚すべきであらうと思ふ[58]」。

渋沢自身は、これまで二度の洋行で残念ながらカーネギーと対面の機会を得なかったが、カーネギー没後の大正十年四度目の渡米では、その未亡人を自宅に訪問し、会見を果している。さらに、翌十一年には、自ら人に翻訳を依頼し『アンドルー・カーネギー自叙伝』を刊行しており、その序文では国際平和基金とベルン会議についても触れて、財産を挙げて人類永遠の幸福に捧げるカーネギーの実践を賞賛して止まなかった。[59]

富豪の国家的使命感という観点で、渋沢がカーネギーに共鳴したのだとすれば、阪谷の場合はその善意の資金の運用法に感化をうけた。ベルン会議から帰国後の視察団で、阪谷はカーネギー国際平和基金の成り立ちについて次のように述べている。[60]

何の為めに会議を開きましたのかと申せば、一昨年の十二月の十四日にアンドリユー、カーネギーと云ふ人が手紙を附けて二千万円の株券等にして一箇年五分以上利益のある財産を吾々学者に呉れられました、呉れられたと云ふと分り悪いか知れませぬが、詰り研究費としてそれ丈け出されたのであります、それ丈けから一箇年百万円の純益がある、其二千万円の財産は元本でありますから是は使はないやうにして呉れ、それからして生ずる所の百万円と云ふもの、即ち私が昨年ベルヌに参りました費用も其百万円の中から出たのである、で是はカーネギーと云ふ人の極めて特志なことでありまして、自分の死んだ後は誰も出す者が無くなつてはならぬからと云ふので、其二千万円と云ふものは財団法人にして管理委員ができました。(「国際平和運動の現況」)

平和基金はカーネギーの意思により、一千万ドルの寄付金から生ずる年間利子五十万ドルを使って平和促進の研究事業に充てることになっていた。阪谷が言及しているカーネギーの手紙とは、その希望を基金の管理母体に伝える書簡のことだった。

阪谷芳郎はベルンでの会議終了後、カーネギーからスコットランド・スキボーにある別荘への招待を受け、同じく会議に出席したコロンビア大学のバトラー総長と阪谷とカーネギーの三人で四日間を過ごしている。帰国後は、この平和基金の日本調査会を設立して、自ら会長となり組織の運営を長く預かっている。このように明治の終焉直前に交流が始まり、明治神宮奉賛運動と並行して関わることになったカーネギーの基金及び財団構想は、阪谷のよき指針となったように思われる。大蔵官僚時代から、先を見据えた用意周到な計画づくりは阪谷自身の得意とするところだったが、国家財政を担ったこともある自分のなすべきことは、ファンデーションとでもいうべきものを創立して、明治神宮の永続を保障することだと肝に銘ずるところがあったのではないだろうか。

＊物価高騰による苦労と工夫

奉賛会設立当初、外苑造営事業のための目標資金は最低限度で四百五十万円としていた。当時、大卒銀行員の初任給が四十円という頃のことだ。大正五年十二月末の第一次献金申込締め切り時点で、合計金額は六百二十四万七千余円に達した。その後、献金事務が完結した九年十二月には、七百三十万三千六百四十円にまで至り、全国的な奉賛運動は所期の目標を大幅に上回る実績をあげたといえる。[61] ところが、問題は当時の経済情勢だった。第一次世界大戦による好景気で物価が高騰したため、当初の工費予算では到底計画を遂行することが困難になったのだ。この時、景気変動の沈静を待つことにして、多額の経費を要する工事を一次停止したのは、国民からの献金をできるだけ有効に使いたいという奉賛会の判断からだった。大正十年に至り工事を再開するが、工費不足の問題は依然解消せず、奉賛会は大正十二年三月、予算を七百二十六万円に補正すること、さらに工事竣成を大正十三年末に延期することを決定する。[62]

このような状況にさらに打撃を与えたのが関東大震災である。大正十二年九月一日正午前、相模湾を震源とするマグニチュード七・九の激震が関東一円を襲った。大正九年十一月に鎮座祭を迎えた明治神宮内苑は、すでに工事が竣功していたが、外苑は造営の真っ最中に震災に見舞われたことになる。この大震災により、奉賛会は事務所を全焼。奉賛会に関して大正十二年九月以前の資料が少ないのは、多くの記録がこの時焼失したことによる。建設途上の外苑敷地は罹災者に開放された。明治神宮造営局も奉賛会も未曾有の事態にただちに対応し、六千四百人余りの罹災者を受け入れることになる。外苑造営工事と関東大震災の関係については、第三章で扱うのでここでは詳しく触れないが、震災による物価の高騰が再び奉賛会の献金計画を圧迫した。十四年九月、造営局が奉賛会に工費五十万円を追加請求するにいたる。さらに、複数のスポーツ団体からの要請により野球場・相撲場を新設することが決まったため、その費用等で五十六万円の追加が必要になり、最終的に総工費は八百三十三万円に達した[63]。

ところで奉賛会では、第一銀行、十五銀行、横浜正金銀行等、全部で十三の銀行に口座を設け、献金を受け入れたが、この預金は六ヶ月定期とし期限に到達すると利子を元金に繰り入れた。また、外苑の設計施工は明治神宮造営局に委嘱したことは先述の通りだが、官庁に委託の場合は工費の総額前納が慣例となっていた。しかしこれも、阪谷らの尽力により、各工事の費用は毎月支払うべき金額の内示を受け、預金期限到達の範囲でその請求に応ずるように努めている[64]。

＊奉納後の維持管理のために

明治神宮奉賛会は、外苑の工事施工を内務省明治神宮造営局に委嘱するために、組織を法人に改める必要が生じ、大正五年八月に財団法人明治神宮奉賛会設立許可願書を内務大臣に提出。九月二十六日付で設立が認められた。この法人化に伴い、渋沢・阪谷は同会理事に、さらに阪谷は理事長に指名されている。この法人化の際に奉賛会が定めた「財団法人明治神宮奉賛会寄附行為」では、会の目的を次のように規定していた。「第二条　本会ハ明治神宮外苑ヲ造設シ之ヲ明治神宮ニ奉献スルヲ以テ目的トス[65]」。奉賛会本来の趣旨からいえば、外苑奉献をもって会は解散することになる。しかし、それで目的は果たしたとして活動を終了してよいものか。先行きが見えない経済状況下で、内苑外苑ともにその維持管理は充分にしていけるのだろうか。折からの物価高騰の煽りをうけ、外苑造設資金の工面にも苦労を強いられる状況であったが、阪谷たちはさらに先の完成後を見据えていた。

実は、「第二奉賛会」と彼らが呼んでいた、もう一つの奉賛会構想があったのだ。いわば、造営後も明治神宮をサポートしようという運動体の計画だ。これは、昭和十二年に明治神宮奉賛会自体が最終的に解散するまで、奉賛会内で幾度も提議され、検討されることになる。この知られざる「第二奉賛会」構想について当時の資料を辿りつつ、その主導者でもあった阪谷が奉賛運動の将来像をどのように描いていたのかうかがってみたい。

明治神宮奉賛会理事会等の場に提議された「第二奉賛会」の草案は、確認できるところで大正十一年十月作成のものが最初である。これは、阪谷奉賛会理事長の求めに応じて理事の水上浩躬が作成したもので、十月十日付で阪谷が落手している。この草案をもとに翌年にかけて、阪谷、水上、他に為貝敬昌主事のあいだで改定を重ね、十二年四月の理事会に諮っている。[66]「第一条　本会ハ明治神宮ノ尊厳ヲ欽仰シ~~神宮ノ~~［削除］祭儀ヲ奉祝シ兼テ社務ヲ翼賛スルヲ以テ目的トス」。草案は、「財団法人明治神宮奉賛会寄附行為」の改定という体裁をとっているが、先に引いた会の目的に関わる第二条と比較すれば、彼らが意図するところは明確だ。第二奉賛会は、外苑造設までを支援した（第一）奉賛会を継承し、内外苑両方の維持経営までサポートしようとする計画である。この新しい会の目的を達成するため、草案は以下の三つの事業を行うと明記する。

一、例祭ニ当リ余興ノ奉納、沿道装飾其他ノ神賑ヲ為スコト

二、庶衆ヲシテ一層神宮崇敬ノ誠ヲ致サシムルニ適切ナル施設ヲ為スコト

三、神宮参拝者ニ利便ヲ与フル施設ヲ為スコト

「神賑《かみにぎわい》」とは、祭神を慰めるため、神職による祭典のほかに執り行う催事一般をいう。そのための資金造成から実施までを事業として手がけようというのだ。

この案が作成された大正十一年は、四月の理事会及常議員会で、外苑工費不足が問題になっていた時期でもある。困難な状況にありながらも、むしろ目下困難を経験しているからこそというべきか、内外苑の将来的な維持管理に万全を期そうとするところに、彼らの使命感を感じずにはいられない。

この時期、大正十一年七月には外苑の聖徳記念絵画館計画に進展があった。絵画館誕生までの詳細は第四章に譲るが、計八十点の絵画館絵画については、それまで歴史考証担当者らが中心となって画題を検討してきたのだが、それが七月十五日に最終決定を見たのだ。八十の画題が決まったことで、今後は揮毫を委嘱された画家達がそれぞれの絵画制作に取り掛かった。ところが絵の完成に時間がかかり、総てを絵画館に掲示するのに昭和十一年四月までかかっている。

ところで、関東大震災の影響等で竣功時期の変更を重ねてきた外苑工事も、いよいよ大正十五年には競技場、絵画館その他土木事業については完了する見込みとなり、同年十月二十二日に、奉賛会から明治神宮へと外苑を奉納する外苑竣功奉献式を執り行うことになった。そのため前年七月には、阪谷と一戸兵衛明治神宮宮司との間で、外苑引渡し後の維持費について打合せを始め

ている。ここでも阪谷は、外苑維持の方法について内務大臣及び宮内大臣らとよく協議を重ねるべきこと、そして「第二奉賛会ノ必要アラン」ことを宮司に説いている。[67]

結局、大正十五年十月開催予定の奉献式の時点で、野球場・相撲場等、計画途中から設置が決定した施設の工事が継続中であったこと、またなにより、絵画館については建物は完成したものの、肝心の絵画そのものが未だほとんど制作中の状況であったことから、これらが完了するまで既存の明治神宮奉賛会が存続することになった。すなわち、外苑計画の遂行については従来どおり奉賛会が、そして奉賛会から奉納された外苑の管理については明治神宮内に管理部署を新設するというかたちだ。奉献式の前日の十月二十一日、勅令により明治神宮外苑管理職員制が公布、官幣大社明治神宮に外苑管理署が設置され、江見清風権宮司が初代の署長となった。さらにその半年後の内務省訓令で、外苑管理に関する重要事項を調査・審議する機関として明治神宮外苑管理評議委員会が組織された。会長には宮司が就任、評議員は関係各庁の高等官、学識経験者で構成されたが、阪谷芳郎もその一員に任命されている。[68]

大正十五年十月二十二日の外苑竣功奉献式は、聖徳記念絵画館正面玄関及び絵画館前広場を会場にして挙行された。式典には、内閣総理大臣以下各大臣、奉賛会会員、造営局・奉賛会・明治神宮の各職員が参列するなか、摂政宮殿下（昭和天皇）、奉賛会総裁閑院宮殿下、高松宮殿下の臨席を見た。式では、まず引継目録が工事を担当した造営局副総裁浜口雄幸から奉賛会会長徳川家達へ、続いて外苑奉献目録が奉賛会会長から明治神宮宮司一戸兵衛に手渡された。

＊果たすべき「新使命」

「財団法人明治神宮奉賛会寄附行為」の規約改正については、昭和五、六年頃に作成された草案も確認できる。これも、阪谷や水上浩躬理事らにより作成された試案で、絵画館絵画が揃いすべての奉賛会業務が終了した暁に、「解散カ又ハ定款改ムカ、何レカヨキヤ更ニ研究」を重ねた結果だった。[69] 阪谷は、昭和五年三月二日、草案を携えて王子の渋沢邸を訪問、寄付行為改正について相談している。その二日後、三月四日に新たに起草された第二奉賛会案がある。これは、三月十一日に開催予定の奉賛会理事会及常議員会に提議するためのものだった。[70]

会の目的に関しては二つの改正条項が記されている。「第二条　本会ハ明治神宮内外苑ノ建築造園及絵画館壁画ヲ完成スルヲ以テ目的トス」。この改正は、「本会ハ明治神宮外苑ヲ造設シ之ヲ明治神宮ニ奉献スルヲ以テ目的トス」という従来の条文が、奉献式後の実情にそぐわないことを考えれば妥当といえる。注目したいのは、もう一つの条項で、この改正案には赤字による削除・訂正の書き込みがある。

> 第三条　内外苑追加建造資金及神宮祭典基金ヲ募集利殖シ必要ニ応シテ之ヲ支出ス　追加建造其他内外苑施設ニ付神宮当局ノ諮詢ニ応答シ又ハ意見ヲ提示ス　壁画ニ付管理保存ノ方法ヲ調査シテ神宮当局ノ参考ニ供シ又ハ委嘱ヲ受ケテ管理保存ノ任ニ当ルコトヲ得

削除された部分を見ると、今後の奉賛会事業が、内外苑両方にまたがるべきなのかどうか、また祭典資金の造成までを含むか否かという範囲の問題に関して、起草者の間にもゆれがあったことが推察できる。同様な訂正は、同改正案説明書にも見られる。

本会尚存在スルヲ幸、壁画完成ノ傍献金ヲ追加募集シテ、内外苑~~ノ追加建造並ニ維持ノ策ヲ講シ併セテ永遠祭典ノ基礎ヲ確立~~〔ヲ完成〕スルヲ得ハ本会トシテ始メテ有始有終ノ美ヲ成ス

本文は続けて、この際今後の目的事業に関する「寄附行為」条項を一新して、奉賛会の「新使命」を果たすべきではないかと提議している。

しかしこの案は、三月十一日の会議では提議されるに至らなかった。これは、八日に関屋貞三郎宮内次官を訪ね、意見を求めたところ、現奉賛会は絵画館壁画完成後に一旦解散し、再度仕切りなおして新奉賛会を設立してはどうかとの回答を得たことによる。このため、第二奉賛会をめぐる議論は、絵画館壁画制作の進捗状況に応じてまたしばらく保留となった。

＊「永遠奉祀ノ基金」

昭和十年、ついに絵画館事業結了の目途が立った。この年の末に作成された「明治神宮奉賛会

寄附行為定款改正ノ議」及び改正条項案には、これまで推敲に推敲を重ねてきた第二奉賛会構想、その一つの理想が見事に凝縮されている。

第二章　目的及事業

第二条　本会ハ旧明治神宮奉賛会ノ企図ヲ継承シ明治神宮永遠奉祀ノ基金ヲ募集シ之レヲ明治神宮ニ奉献シ其元利ヲ以テ御祭礼費、神宮内外苑幷同両苑内諸建設物ノ維持拡張費ニ充ツルモノトス

但　奉献金中永代資金ニ編入シタルモノハ其利子ノミヲ使用スルコトヲ得ルモノトス

新しい会は、東京有志の会から出発した明治神宮奉賛会を引継ぎ、さらに明治神宮が永久にその創建の理念を発揮できるよう、「明治神宮永遠奉祀ノ基金」を確立しようとする。そして、その基金とは、元金には手をつけず、利子のみを利用して祭礼費及び維持管理等の費用にあてる。永代基金のこの発想こそ、阪谷がカーネギー国際平和基金の運営概念に感銘をうけたときの、あのファンデーションの考え方に他ならない。

建議文には、奉賛会事業が終結を見るにあたり、世人からは更に内苑・外苑建造物の増設及び拡張の要請が相次いでいると現状が述べられている。また、今後内外苑維持費支弁のための資金造成も必要である。しかし、これらの事務を明治神宮社務所自身が取り扱うことは、「甚ダ不便ニシテ且ツ穏当ナラズ」。よって、本会のような「氏子同様ノ一団体」が今後必要なのではない

か。阪谷たちの真意は、造営がすんだら後は国に任せて終わりということではなく、完成後もやはり官民一体となって内外苑を動かしていくべきではないかということだった。このことは、本人達が奉賛会という組織に執着していたということではない。むしろ、この時期に阪谷は、第二奉賛会が発足しても自らはその運営には関わらない旨、発言している。[71] 永遠の明治神宮奉祀運動、その継承者を彼は求めていたのだ。

この第二奉賛会にむけた最終案は、実現を見ずに終わるのだが、昭和十一年九月七日の奉賛会理事会及び常議員会では、時の内務大臣潮恵之輔に上申文を送ることとし、その文案が決議されている。上申文では奉賛会解散後の「神宮内外苑今後ノ維持拡張」について思いを馳せ、最後を以下の一文で締めくくっている。「今後ニ於テモ本会ノ如キモノヲ必要トセラルルニ於テハ之ニ相応スル目的及組織ヲ定メ新ニ奉賛会設立相成様貴省ニ於テ御配慮有之度候[72]」。

*解散、最後の一銭までも

昭和十二年四月十七日、ついに明治神宮奉賛会も解散の時を迎えた。この日は明治神宮大前で奉告祭を執行、次いで十九日に憲法記念館で解散式を行った【図1-10】。式では、徳川家達奉賛会会長が外苑造営事業費の収支を報告した。総収入は御下賜金三十万円、内外七百万人余よりの寄付金七百三万円余り、諸収入四百六十万八千円計一千百九十三万八千円、支出は約一千百八十八万八千円であり、収支差引残金五万円と御下賜金をもって購入した満州国国債三十万円は、

【図1-10】昭和12年4月19日、明治神宮奉賛会解散式。於・憲法記念館（阪谷は前列左から７人目）　明治神宮所蔵

精算の結果、寄付行為の定めるところにより明治神宮に奉納するものとした。[73]

阪谷芳郎奉賛会理事長最後の業務は、明治神宮奉賛会精算人として最後の一銭までおろそかにせず、残務整理にあたることだった。昭和十二年六月十九日、聖徳記念絵画館において、奉賛会の残務並びに残余財産を明治神宮宮司に引きついだ。翌日の全国各新聞には、「財団法人明治神宮奉賛会精算人　男爵阪谷芳郎」の名で解散広告が掲載されている。しかし、阪谷の奉賛会日記を見ると、精算人としての彼の仕事はこの時点でも完了していなかったことが分かる。阪谷は、神宮に引き継いだ残金のうち二十円七十二銭を「払い切り金」として預かっていた。これは、万が一支払い漏れ等があった場合に使用するためだった。このうち、壁画揮毫者小村大雲の死去に際し、十三年二月二十日に三円を香料として、さらに六月二日奉賛会役員だった長広恒一郎への香料三円を支出。その後、半年近く使用の必要がなかったことから、昭和十三年十一月四日、残金十四円七十二銭を明治神宮へ御賽銭として投じて、すべての業務を終了とするのである。[74]まさに献金は一銭たりとも無駄にしないという奉賛会の見事な最後だった。

振り返れば明治四十五年七月三十日、明治天皇崩御のその日からは既に二十六年余りが経過している。この時、阪谷芳郎は七十五歳。三年後にはこの世を去る。彼の明治神宮奉賛会日記、最後の記述は死の四ヶ月前の昭和十六年七月一日のものだ。[75] この日、金井佐久外苑管理署長が面会に訪れ、千駄ヶ谷の徳川公爵邸売却の話があるにつき外苑拡張の計画や如何と相談している。これに対し阪谷は、これには二百万から三百万円が必要になるだろうこと、その工面は明治天皇五十年祭等の機会に富豪や政府を説くことしか差当り名案が見つからないと答えている。外苑の維持拡張とそのための資金計画、この問題は第二奉賛会の「新使命」として阪谷が掲げていた課題にほかならない。奉賛会が解散しても、阪谷芳郎のなかで明治神宮奉賛運動は持続していた。

＊第二奉賛会は実現していた

民間の手で明治神宮をつくるだけでなく、できた後も支えていく。阪谷らの第二奉賛会構想を全面的にではないにしても体現した運動体が実は誕生していた。そして、ここにもまた商業会議所に寄り集まった東京有志たちの活躍があった。それは、最終的に「明治神宮祭奉祝会」という名で呼ばれることになる民間団体である。明治神宮造営を論じた先行研究はほとんど言及することがないのだが、戦前の神宮をさまざまな形で支え、重要な役割を果したこの団体について触れておきたい。[76]

発端は、大正九年十一月一日に予定された明治神宮鎮座祭をめぐってのことだ。一日のほかに、明治天皇誕生日だった十一月三日が神宮の例祭日に定められたので、この月初めの三日間がどのような晴れの日になるのか、早くから人々の関心を集めていた。八月一日の『中外商業新報』は、明治神宮大祭当日に余興を奉献したいと、各方面からの請願が相次いでいることを伝えている。記事は続けて、造営局ではこれらの奉祝行事に対する計画が全く手付かずの状態であることを暗に批判している。「造営局では之等余興に対する許否の範囲も未だ決定せず。従つて神宮境内にて許すものと然らざるものとの区別も定まつて居ない」。一方、商業会議所には、競馬会や流鏑馬、角力等の奉納を希望する諸団体が、資金援助のお願いに訪れていた。鎮座祭式や例祭式といった神事は別として、大祭期間中の奉祝行事は誰がそれを決定し、またどこが資金を調達するのか。本番まで三ヶ月を切った時点で、この問題は宙に浮いていた。

ここで事態の収拾役として名乗りでたのが、かつて奉賛会を結成に導いた「東京有志」たちだった。九月一日、渋沢栄一、阪谷芳郎らの呼びかけで、造営局・東京府・東京市・警視庁、そして奉賛会と東京商業会議所の各当事者が集まり、これまで個々に議論していた神宮鎮座祭の奉祝方法について協議会を開催する。これに先立ち、阪谷ら奉賛会理事は、会議に諮るべく甲乙からなる奉祝案を作成している。続いて九月十日、再び各団体の関係者が協議し、明治神宮鎮座祭の奉祝行事及び奉祝施設については、東京府・東京市、そして東京商業会議所を中心とした実業家有志の三者合同で実施することを確認した。

これをうけ「実業家有志会合」を開くべく、渋沢栄一と商業会議所会頭藤山雷太が呼びかけ人となって、各方面の実業家・銀行・会社等に書面を発送。十月二日、その第一回会合が東京商業会議所で実現している。この日集まったのは、大倉喜八郎男爵、横浜正金銀行頭取梶原仲治、第一銀行頭取佐々木勇之助を始め、主な銀行・会社・商店員、商業会議所所員等百二十名を超えた。当局側からは内務大臣床次竹二郎・神社局長塚本清治らが出席。そして、会の主人は渋沢と藤山が担った。この結果、東京実業家は、主として相撲・競馬・大弓・撃剣・柔道・流鏑馬・煙火等各種奉納競技の費用に充てるため、金三万円を限度として各自拠出することが満場一致で決定した。阪谷は『やまと新聞』の取材に答え、「今日の協議会には、案内状を発しても滅多に集まつた事のない実業家連も殆総員参集したのは、涙が出る程嬉しかつた」と喜びを伝えている。[77] この寄付金は当初の予定を上回り、金額は四万三千円にまで達した。商業会議所に集う実行力を兼ね備えた実業家有志たち。彼らの胸には、かつて阪谷が思い描いたように、帝都としてふさわしい規模と品格を備えた祝祭を演出するという使命感にも似たものがあったのではないか。

そして、迎えた十一月一日午前八時三十分、造営局総裁伏見宮貞愛親王、副総裁床次竹二郎、宮司一條実輝、内閣総理大臣原敬、東京府知事阿部浩らが奉仕のなか、勅使九條道實掌典長が御霊代を奉じて参進、明治天皇及び昭憲皇太后の御霊代を神座に奉安した。やがて、約一千四百名の参列員を代表し、東郷平八郎が総代になって玉串を捧げ、鎮座祭式は無事に終了する。この日一日で、明治神宮の文字通り「初詣」を果たそうと詰めかけた人々の数は五十万を上回ったという。完成したばかりの表参道には、参拝者を出迎えるべく東京府と東京市がそれぞれ鳥居形の奉祝門を建立した。夜には電飾によるイルミネーションがその門を彩り、新聞各紙は「不夜城の如

【図1-11】明治神宮鎮座祭で賑わう表参道（左と右上）と外苑で行われた奉祝行事の競馬（右下）　帝国軍人教育会編『明治神宮御写真帖』（帝国軍人教育会出版部、大正9年）

し」と深夜の賑わいを伝えている。また、東京市電気局による花電車が、人々を外苑へ、日比谷公園へと運んだ。日比谷公園では一日から三日間、東京市主催による奉祝会が開催され、大神楽、奇術、菊花大会、夜には活動写真や操り人形等各種余興が、人気を博していたからだ。そして、実業家有志らの奉納競技は内苑宝物殿前広場と外苑の両方で三日間かけて展開されている。明治神宮の内と外で、まさに官民をあげて晴れの日を祝ったのだ【図1-11】。

＊明治神宮祭奉祝会の誕生

このように東京府、東京市、東京商業会議所（実業家有志）が三位一体となって奉祝事業を担うかたちは、その後の明治神宮大祭における原型となった。鎮座祭の翌年、大正十年十月十日の協議会では、東京市長を委員長とする合同の協賛団体として機能すべきことを確認しあっている。この会議に先立ち、奉賛会と造営局それぞれの当事者として鎮座祭に関与した阪谷と床次が連名で、当時の東京市長後藤新平に宛てた手紙の文案が残っている。ここで二人は、明治神宮が創建からまだ日が浅く、他の神社のような「氏子総代」も「拠ルヘキ慣例」も未だ確立していないと現状を伝えている。[78]そして、東京府・市が「氏子総代ノ心得」を持って、各方面の関係者を集めて打ち合わせありたき旨を訴える。

明治神宮の氏子組織ともいうべき、民間の協賛団体。それが先述の「明治神宮祭奉祝会」として正式に発足するのが、昭和二年十二月二十六日のことである。以下が、この日に府・市・会議所関係者の間で協議決定した規約の一部である。[79]

第一条　本会ハ明治神宮ノ祭儀ヲ奉祝シ兼ネテ社務ヲ翼賛スルヲ以テ目的トス
第二条　前条ノ目的ヲ達スル為、左ノ事業ヲ行フ
一、例祭、明治天皇祭、昭憲皇太后祭ニ当リ余興ノ奉納、沿道装飾其他ノ神賑ヲ為スコト
二、庶衆ヲシテ一層神宮崇敬ノ誠ヲ致サシムルニ適切ナル施設ヲ為スコト
三、神宮参拝者ニ利便ヲ与フル施設ヲ為スコト（「明治神宮祭奉祝会事務取扱内規」）

「神賑」の言葉に覚えがないだろうか。先に紹介した大正十一年十月に作成された第二奉賛会草案が下敷きになっていることは明らかである。明治神宮「永遠奉祀」を掲げた第二奉賛会構想のうち、祭典の資金造成の部分については、この奉祝会が実現を果したといってよいのではないか。昭和五、六年当時の草案で、祭典の資金援助について条文に加えたり外したりを繰り返していた

のも、この奉祝会と第二奉賛会の統合を模索していたからではないかと推察できる。

「明治神宮祭奉祝会」では、商業会議所内に事務所を置き、東京府知事、東京市長、商業会議所会頭がそれぞれ理事になり、その下に幹事書記を置いた。幹事書記のうち東京府に属する者は文書の整理と事業の企画、東京市に属する者は事業執行、商業会議所に属する者は主として寄付金の募集及び会計に関する事務を担当している。奉祝会は明治神宮側との関係も緊密だった。神宮からはその年の祭典奉祝行事や当面の問題などを提案事項として会議の場に持ち寄り、それをもとに両者で協議して、奉祝計画と寄付金の規模を決定した。発足翌年の昭和三年の寄付人は二百七十三名、それが漸次増加し、昭和十五年鎮座二十年記念祭の年には八百五十九名にまで達している。流鏑馬があり、屋外映画上映があり、夜には代々木の空を花火が彩る……。毎年十一月の「明治神宮のお祭り」として、人々に定着していったその祝祭の光景は、実は民間有志の資金と演出により実現したものであった。奉祝会の活動は、昭和二十年の終戦まで続けられている。

五、青年団の奉仕と修養と――田澤義鋪

＊十万本の献木による森づくり

明治神宮内苑の造営は国費によったが、当初の総額予算は約三百四十五万円であった。[80] これは神社奉祀調査会の審議決定を経た後、大正三年十二月の議会で、次年度からの六ヶ年事業として可決されたものである。しかし第一次世界大戦の勃発に伴う物価高騰の為、途中追加予算を編成。結果、総予算は約五百二十一万円に増加した。先述したが、人為でいちから森を造る費用を心配する声は調査会に当初からあった。鎮座当時、造営局書記官経理課長であった九鬼三郎は、予算額には現れないが特筆すべき功績として「全国的の献木並に全国青年団の奉仕」をあげている。「経費の点より見るも献木者、青年団員の喜捨、負担は中々大きいのであります[81]」。献木の受入れについては、大正三年十一月の第八回神社奉祀調査会で審議され、「神苑植栽ノ献木樹種及条件ニ関スル考案」を可決している。献納樹木の受入れに関わった林苑造成担当者の一人、上原敬二（上原については次章参照）が後に、この計画には相当多数の樹木を必要とすることは初めから

分かっていたが、それを購入する予算が計上されていなかったと振り返っているように、明治神宮の森づくりは献納樹木なくしては全く不可能だった。[82]

この献木事業は、明治神宮造営局の初代局長井上友一の発案によるといわれる。[83] 内務官僚の井上は、明治四十一年に神社局長に就任、神社奉祀調査会では委員兼幹事として調査・審議の取纏めを担った。神社局長時代には地方局府県課長を兼任し、自治行政の分野で地方改良運動を推進、また「神社を中心として民心の統合を図る」「神社中心説」を唱え、神社整理政策を実施した人物である。[84] 大正四年四月、造営局は調査会の決議に基づき各都道府県に通知し、献木希望者からの出願調書受付を開始した。希望者は、樹種・樹齢・樹高等を記入して出願、根回しを施した一、二年後の春季に搬入する。その経費は献木者の負担だったが、鉄道・汽船各社は運賃を五割引にして協力した。[85]

搬入が最も盛んだった大正六、七年には、原宿からの引込線ホームに到着する貨車が、多い日で三十以上あったという。また注連縄を張り、村長を筆頭に荷車を曳いて納入した村があったこと、植付後の場所を確認するために造成中の林苑を訪れる者があったこと等、献木を巡る逸話が数多く記録に残っている。[86] 献木を通して井上らはその「教育的効果」を期待したのではないかとの指摘があるが、その例として「東京市小学児童の献木」がある。これは東京市が「教育上児童に相応しき記念の事業」として市内各小学校長に諮り、東京市内児童（保護者）を対象として献納樹木購入費を募ったものだ。その募金総額は二万三百七十二円に達し、黒松計五千二百七十本が献納され、南北参道両側を中心に植樹された。[87]

明治神宮造営の為の献木は、それ自体が地方自治体や学校等の記念事業として展開される。この動きが活発だったことは、林苑造成の詳細を記した記録に、献木が予定以上に多く、総数九万五千五百五十九本は「林苑計画上ノ所要数ニ超過」しているとあることからも推察される。超過しても尚受領したのは、出願者の「誠意」を考えると却下や制限は「忍ヒ難キモノ」だったからという。[88]

この節では明治神宮奉賛会の議論から少し離れて、国費による内苑造成においてもその実現を後押しした民間の力があったことを、特にその森づくりに大きな役割を果たした青年団造営奉仕運動に着目することで明らかにしていきたい。[89] 献木も青年団奉仕も必要から生じた事業だったが、このような運動が全国規模で展開されることで、明治天皇を追慕する場としての明治神宮という創建趣旨に、国民参加によって作られた杜・明治神宮という新たな価値が付与される。

＊青年団の造営奉仕

青年団奉仕も、その直接の契機は、造営事業中の物価高騰で工員の賃金支払が圧迫された事情による。大正八年十月、試みとしてまず静岡県安倍郡有度村の青年団五十名が、十日間奉仕を行った。これが好成果だったことから、造営局は各地方青年団の参加を募ることにする。青年団は郡以上の地域単位とし、年齢十八歳以上二十四歳迄、五十〜六十人で一団を結成して、十〜十五日の範囲で土木作業に従事した【図1－12】。この事業に携わった青年団は一道三府四十三県に

【図1-12】青年団の明治神宮造営奉仕　前掲『明治神宮御写真帖』

わたり、計二百九団体、一万三千名、延べにして約十一万人に達している。[90]

この青年団奉仕を企画立案した造営局総務課長の田澤義鋪を、渋沢栄一、阪谷芳郎とともに明治神宮造営運動を牽引した第三の人物としてとりあげたい。

田澤は、神宮造営に従事する以前から農村青年教育に力を注いでおり、後に「青年団の父」と称される人物である。社会教育家であり作家でもあった下村湖人が、一青年の成長を自伝的に描いた『次郎物語』という小説がある。昭和十六年に発表され、戦前戦後を通じて四度にわたり映画にもなり、ある世代以上であれば多くの人が記憶する物語だ。その主人公次郎が心酔する青年塾の理事長田沼先生が登場するが、このモデルとなったのが田澤義鋪だった。下村自身、同郷・佐賀の田澤を慕い、その青年団育成活動にも参画し、伝記『この人を見よ—田澤義鋪の生涯—』を書き上げている。その伝記の序文で、下村は田澤義鋪を次のように評している。「明治以後で真に尊敬に価する人を、私も数多く知っている。その中から三人をあげよと云われるならば、私は躊躇することなく、福沢諭吉と新渡戸稲造と、この書の主人公である田澤義鋪とをあげるであろう。その中から特に一人をと云われるならば、私は敢て田澤義鋪の名をあげたい」[91]。

田澤義鋪は、明治十八年（一八八五）七月二十日、佐賀県藤津郡鹿島村（現鹿島市）に父義陳、母みすの長男として生まれた。父義陳は、鹿島藩時代に藩主鍋島直彬に仕え、維新の労苦を共にした人物だ。佐賀本藩は、公武合体派で佐幕に近かったが、この藩論をくつがえし、後に薩長土肥と称されるまでの基盤を築いたのが、当時二十六歳の直彬だった。この旧藩主が経済的に恵まれない子弟の育成のため、私費を投じて作った鹿城会があるが、田澤義鋪はその子弟の一人である。明治二十九年、鹿島中学校（当時は佐賀中学校鹿島分校）に入学。在学中、学校に本が少ないのを知り、学生自身の手で図書館を作ろうと計画。各村をまわって寄付金を集めて本を買い、民家を借りて小図書館を作った。また、友人四人とボートで島原半島を一周する大冒険を敢行して大人たちを驚かせるなど、その発想と統率力で仲間を引っ張っていく、後の田澤の片鱗がこの時代に既に見られる。

明治三十四年、熊本の第五高等学校に入学。間もなく入部したボート部でも頭角をあらわし、一年生ながら正選手としてチームを優勝に導いた。実はこの時、先輩に飲まされた祝杯が問題となり、田澤は退学処分を受けている。これは同級生らが処分取消を求めて奔走したおかげで、一年後に復学が叶うのだが、同高校で一年後輩だった下村湖人が回想するように、青年田澤は謹直な道徳型というより多分に「ヤンチャ」なところがあった【図1-13】。「しかしかれの胸の中には常に温かい友愛の情が流れており、また大きな道義の心棒がとおっていた」。この頃、下村が

【図1-13】五高生時代の田澤義鋪　日本青年館田澤義鋪記念会所蔵

田澤に「終生兄事して、指導を求める」ことを決意するに至ったというエピソードがある。当時五高の寮食堂には、いつも自分の前にお櫃を引き寄せて独り占めをする大食漢がいた。当然他の学生たちの反感を買い、ある日みんなも真似をしてお櫃を引き寄せて彼には回さないようにしようという話になった。その相談を聞いていた田澤が、まったく不思議だという顔で言った一言が下村を魅了した。「自分たちが不愉快に思ったその通りのことを、今度は人に対してやろうというのか」[92]。

明治三十八年九月、田澤義鋪は上京して、東京帝国大学法科大学に入学。政治学を専攻した。四十二年七月に卒業後、十一月の高等文官行政科を受験して合格する。そして翌四十三年四月末、静岡県属に任ぜられ、内務官僚としての役人生活の第一歩を踏み出した。彼はその年の八月に、静岡県安倍郡長を命ぜられ、この頃から農村を基盤とした青年団の育成にのめりこんでいくことになる。田澤義鋪が二十五歳の時のことだった。

【図１-14】大正3年3月、静岡・蓮永寺で田澤義鋪（２列目中央）が開催した日本最初の青年宿泊講習会　日本青年館田澤義鋪記念会所蔵

＊田澤が生んだ青年団宿泊講習の原型

そもそも地方青年団発達の一つの契機が、明治二十九年、広島県の小学校教師である山本滝之助が『田舎青年』を自費出版したことだった。二十四歳の山本は同書で、学生・書生と呼ばれる都会の「青年」だけでなく、田舎にも有意の「青年」がいるのだと主張し、「青年会を開くべし」と訴えた。山本に共鳴した地方の篤志家らの支援で、田舎青年たちの修養・娯楽を目的とした青年会が各地に組織されていく[93]。田澤が静岡県に赴任した頃には、町村単位で青年会が既に活動を始めていた。郡長の田澤は、さらに町村青年団相互が切磋琢磨できるような郡の連合青年団を立ち上げたいと考えた。が、従来の補習学校の形式では「物足りない」。そこで彼が計画したのが、一週間寝食をともにする修養講習会だった。

大正三年三月、静岡市外の蓮永寺を会場にして二十五名の青年たちと実施した「安倍郡修養講習会」は、日本における青年宿泊講習の嚆矢といわれる[94]【図１－14】。会費は一週間分の米七升、朝は五時半に起床して清掃に始まり、講話や散策をはさみつつ夜は皆で町村の問題や自己の課題を語り合う。またこの講習会では、金の使い方というユニークな研究も行った。これは篤志家が七十円を郡に寄付するというので、一週間の間に安倍郡のために有効な使い道を各々が提案するという課題である。この時に提出された養鶏改良実験案と巡回文庫増設の案は、その後に実行された。

　この共同生活のヒントとなったのが、田澤自身が学生時代のボート部で経験していた合宿だったという。気の合った仲間同士で、「魂と魂とほんとうに触れ合った共同生活」をすること。自分の求めていたものに気づいた田澤が次に着目したのが、静岡連隊が営庭先で使っているテントだった。連隊長に話を聞くと、一メートル半の布きれをつなぎ合わせればいろいろな形の宿舎ができるのだという。これは面白いとさっそく郡役所でテントと飯盒を買い、青年団に貸し出した。このテントと飯盒を使い、蓮永寺に集まった青年たちと今度は三保海岸で、三泊四日の「安倍郡天幕講習会」を開催する。今でいうサマーキャンプだ。三月以来すっかり打ち解けた田澤と青年たちは、海水浴に興じ、青年団活動賛同者の講話を聴き、林間に腰をおろして青年団経営の課題について話し合った。この安倍郡での「修養講習会」が、この後田澤が提唱する青年団運動の原型となった。三保海岸でのキャンプは大正三年八月のことだった。

　この頃田澤と知り合い、テントを利用した宿泊式講習法に互いに可能性を見出して、結びつきを深めていくのが、「修養団」運動を提唱していた蓮沼門三である。修養団は、明治三十九年、当時東京府師範学校に学ぶ青年だった蓮沼門三が取り組んだ寄宿舎の清掃運動に端を発する。[95]「同胞相愛」「流汗鍛錬」をモットーに掲げて、「愛と汗」の実践を説く蓮沼に共鳴する者が増えたことから、彼は明治四十三年には教職を辞し修養団活動に専念していた。田澤と組んだ蓮沼は、大正四年八月、福島県の磐梯山麓にある檜原湖畔で、修養団の「第一回青年指導者天幕講習会」を実現させる。[96]以後、第二回は富士山麓、第三回が赤城山上大沼湖畔と、毎年行われるようになり、修養団のテント講習として定着していく。キャンプ会場には、欠かさず講師を務める田澤の姿があった。

ところで田澤自身は、修養団の第一回天幕講習を開催する以前、大正四年七月に明治神宮造営局総務課長を命じられ、静岡を去っている。従って、東京での仕事は青年育成とは無関係だったのだが、修養団講習のときは休みをとっても駆けつけたという。このように、田澤が安倍郡の田舎青年たちと共に手探りで、いちから始めた宿泊講習は、修養団での実践を通して方法論が整えられ、やがて青年研修の典型として他の団体にも広がっていく。

青年団と修養団、田澤は両者をどう位置づけていたのだろうか。青年団活動には、一般青年と指導者のあいだに「中堅青年」の存在が重要であると田澤はいう。青年たちのなかのリーダーだ。「果して然らば中堅人物養成の方法は何であるか。［……］余輩の天幕講習は即之なりと断言したい」[97]。中堅青年養成には天幕講習会であり、天幕講習会といえば修養団だ。修養団は、青年団のなかの中堅青年を養成する場であるというのが田澤の認識だった。すなわち、天幕講習会ももはや一修養団の事業ではない、修養団の宿泊研修を充実させることは、全国青年団のリーダーを育成することと同義なのだ。田澤義鋪が、明治神宮造営局勤務のかたわら、修養団の青年合宿に力を注ぎ続けたのは、そこに己の使命ともいうべき役割を見出していたからだった。

＊日本の将来を託して

ところで、青年団あるいは少年団のキャンプといえば、英国発祥のボーイスカウト運動をすぐに思い浮かべる方も多いのではないだろうか。田澤義鋪はこのような海外の運動を取り入れたのだろうか。そこに彼の「西洋体験」が影響しているということはあるだろうか。実は、明治神宮造営に関わるより以前に、田澤は西洋の土を踏んでいない。彼の最初の渡欧は、造営以後のことだ。欧州行のチャンスがなかったわけではない。それというのも、造営局勤務時代の大正八年九月、田澤は内務書記官として欧米各国への出張を一旦は命じられ、現職を解かれている。[98] ところがこれが実現しなかったのは、渡航の準備も整った出発間際に、郷里の母みすが持病の中風の再発で倒れたからだった。帰朝の日まで母が無事でいられると思えなかった田澤は、反対する母を説き伏せて、外遊中止を上司に申し出ている。この結果、造営局の職務に復帰するのだが、青年団の明治神宮造営奉仕を彼が企画するのはこの後のことであり、とするならもし田澤が洋行を実現していれば、明治神宮と青年団との繋がりは全く違ったものになっていたかもしれない。

「造営者たちと西洋」をテーマに掲げながら、最初の章から例外的にも思われる人物を登場させるのは恐縮だが、明治神宮造営を実現した主要人物としてやはり田澤義鋪を外すわけにはいかない。田澤は、ヤンチャな学生時代の単なる延長として青年団活動を懐かしんでいたのではない。彼にとって、青年団育成こそ日本の未来を大きく切り開く可能性そのものだった。そこにはやはり、内と外から自国を知り、自国の青年団を知り、己の拠って立つところを明らかにしようとする田澤なりの思索のプロセスがあった。田澤がどのように青年団活動を意義づけたかを知る手がかりとして、次の二点が指摘できる。

第一に、彼の青年育成理念を形づくったものとして、西洋ならぬ東洋体験が重要な要素としてあるということ。明治神宮造営以前に、田澤は「満鮮地方視察」に出かけている[99]。これは、帝国大学卒業前の休暇を利用した旅行だったが、日露戦争後わが国の統治下にあった大連で見た光景が衝撃を与え、「大学四年間の生活中、最大の体験」となったという。下村による田澤の伝記によれば、「それは、戦勝を笠に着た日本人の傲慢さであり、中国の苦力などに対するその非人道的取扱いであった」。田澤の心に悲しみとともに道義的な使命感が深く宿る[100]。

海外発展？　それが何だ。もし日本民族の情感と道義とが永久にこのままであるとするならば、それは発展どころか、恥辱の拡大であり、民族的怨恨の種をまきちらすに過ぎないのではないか。それでは、地図の上ではどんなに発展しようとも、遠からず国の基礎がゆらぐであろう。道義なくして何の国家だ。日本は東洋のならず者になってはならない。そのために今何よりも大事なことは、国民性を人類的・世界的立場に立って矯め直すことだ。大国民的性格の教養！　そうだ、これこそ国民生活の全部門をあげての基調をなすものでなければならない。とりわけ、政治と教育とにおいて然りだ。（『この人を見よ』）

彼がこの視察で具体的にどのような体験をしたのか、残念ながら下村湖人による伝記以上のことは分からない。しかし、この二十三歳の時の決意が、後に見るように「道の国日本の完成」という青年育成における彼の行動理念にまで貫かれていく。「道義なくして何の国家だ」という思いは、軍部や政治あるいは逆に無政府主義や共産主義が、青年団を利用することがあってはならないという田澤の強い警戒につながった。事実、昭和五年に青年団の指導書として発表した『青年団の使命』では、「青年団の不当な利用」を批判し、「軍国的訓練を行なわんがために、青年団を改造せんとする」軍事当局者に対して鋭い警告を発している。[101]「人生の道が国家を指導し、国家が道を行わるることを保障する」[102]、このような環境こそが青年には必要であり、青年団の使命とは、青年相互の集団的修養により日本を道義ある国の理想へと導くことであるというのが田澤の考えだった。

第二に、日本の青年団活動が世界の模範としての実績と可能性を兼ね備えていることを、田澤が他国との比較を通して主張していた点があげられる。[103]田澤は、日本の青年団は、徳川時代あるいはそれ以前の鎌倉時代に起源を持つ若者制度を原型とし、それが明治に入って青年団に発展したと考えている。若者制度とは、「若者組」「若者仲間」等と呼ばれ、時に共同生活を楽しみつつ、町村警備、神社奉仕等の自治活動に従事した若者達の集団である。このように伝統に根ざしつつ、そこから自然発生的に発達してきた日本の青年団は、外国の青年団とは自ずからその本質を異にすると田澤はいう。我が国青年団の目的は、若者制度以来「人として、青年としての一般的修養」にあるのであって、ドイツの青年団であるユング・ドイッチュラント・ブントの如く軍事的修養のみを目的としたり、ある教義や主張に共鳴した同志の思想団体とも違う。田澤はさらに、青年団体に関しては、「世界において、わが日本がその先覚者たる名誉の地位を有している」と高らかに宣言する。「明治以後たいていの制度文物は、多く欧州よりの輸入物であるが、ひとりわが青年団だけは、欧州に対する輸出物といってもさしつかえない」[104]。

日本の青年団を輸入した例として田澤があげているのが、イギリスのボーイスカウト運動である。田澤によればこの運動は、徳川時代の鹿児島で武士階級の青年団が行っていた訓育方法を参考にして発達したという。明治四十一年、ベーデン・パウエルという英国軍人により提唱された青少年運動がボーイスカウトであり、現在その会員は世界百三十ヶ国で約一千六百万人に達する。パウエルが青年育成の重要性を認識したのは、ボーア戦争により英国の国力衰退に危機感を抱いたからだったが、彼が青年団体を構想する際に日本の「武士道」を参考にしたことは事実である。創立当初に彼が発表したスカウト運動の手引書には、日露戦争で優れた活躍を示した日本人の行動規範として「武士道」が紹介されている。果たして、パウエルが鹿児島の青年団組織を知っていたかどうか。ボーイスカウト構想における日本の影響を論じた社会教育学者、田中治彦氏の研究によれば、根拠はあいまいだという[105]。

とにもかくにも、田澤を青年団の育成発展に駆り立てたものに、世界の先覚者たる誇りと、またそれ以上に今後も先陣をきっていかねばならぬという使命感があったことは指摘しておきたい。「この歴史上の誇りを忘れてならぬと共に、過去においてそうであるのみでなく、未来においても永久に世界に向って誇り得るだけの実績をあげねばならぬ[106]」。

田澤が何よりもどかしく感じていたのは、これほど日本の将来へ可能性を秘めた青年団活動に対して、世間の理解がないことだった。指導する立場の人間がその意義を分かっていないから、全国規模に広がっていくことも望めない。「この光輝ある歴史を顧みないで漠然と青年団を論じ、青年団を指導しようとしているものの多いことを残念に思う。われわれはこの歴史の中にわが青年団の本質と使命を見出さなければならぬ[107]」。青年団の意義を広く世に知らしめ活動の目的を遂げること、そして、次代を担う全国各地の青年団の「中堅青年」に直接訴え、同志を広げること。田澤にとって、その願ってもない舞台となったのが、明治神宮造営の現場だった。

＊修養講習としての奉仕

大正八年十月、物価高騰と労力の払底のため頭を抱えている造営局長に、田澤義鋪は全国の青年団による造営奉仕を提案する。この辺りの事情に触れた田澤の発言を拾ってみる。「この機会に、私は地方青年団の労力奉仕の案を立てて局長に提案し局議に諮ってもらったが」、「当時青年団というものが、どういうものであるか、よく世間に分かっていなかったので」、「技術方面を担当している技師諸君は、地方の青年団がいかに真面目でかつ奉仕の精神に燃えているか、またその労働能力において、いかに優秀であるかを知らない。従ってこれらの人達は、却ってこれがために功程を遅れしめあるいは工事が粗末になるであろうと心配して、私のこの提案は容易に、容れられそうもない形勢であった[108]」。

そこで田澤が提案したのは、試験的に一、二団体を呼び寄せてやらせてみてその結果で判断してほしいということで、これが採用されかろうじて局議の決定を見た。この時、田澤が呼び寄せた青年団こそ、蓮永寺でそして三保海岸で、共同生活をともにした静岡県安倍郡有度村の合宿仲間だった。彼らの働きは、技師諸君の予想を大きく上回り、普通の人夫以上の成績をあげたことから、各地の青年団の造営奉仕を募集するに至る。ここに青年団運動の拡大を意図した田澤の提案により、全国規模の青年団運動として明治神宮造営奉仕が実現したのである[109]。計二百九団体、延べ約十一万人の青年が各地から参じたことは先に述べたが、彼らが造営奉仕したのは、内苑だけではない。外苑工事のみでも、百十八団体、約四万三千名が参加している。このことからしても外苑は、渋沢・阪谷らの外苑奉献運動、そして田澤が主導した青年団奉仕運動、これら民間の実践活動によって出来上がったのだといえる。

地方青年の明治神宮造営奉仕は、工夫不足を埋める単なる労力提供としてではなく、まさに青年宿泊講習の目的をもって実施されたことは特筆すべきことである。実際、上京中の青年団は造営局宿舎で自炊し、土木作業の後は国会議事堂・二重橋前等東京見学の他、夜学の講話があり、青年育成の合宿的要素も大きかった[110]【図1－15】。一日の時間割は、各団体によって多少の違いはあったが、一例をあげれば次のようなものだった[111]。

炊事当番起床（午前三時三十分）
一同起床（同　四時）

【図1-15】青年宿泊講習形式で行われた青年団の明治神宮造営奉仕　前掲『明治神宮御写真帖』

洗面、朝会（同　四時三十分）
　人員検査、宮城遥拝、団員心得読誦、静坐、
　　黙想、訓話、体操
朝食（同　五時）
出勤（同　五時五十分）
奉仕工事着手（同　六時）
昼食（正午）
退出（午後三時三十分）
夕食（同　六時）
修養講話（自同六時三十分〜至同八時五十分）
夜の行事
　人員検査、団員心得読誦、静坐、黙想
就寝（同　九時三十分）
夜警

（「明治神宮御造営の思い出」）

大正十年六月二十一日から三十日まで、第二回鳥取県青年団に参加した一青年の回想記録から当時をうかがってみよう。[112] 六月十八日、県庁前に集合して結団式、知事の訓示を受けて、団員六

十名が京都行きの夜行で出発した。翌未明に到着した京都で伏見桃山の明治天皇陵に詣で、さらに東海道線で東京へ。「洋服二名の他は、羽織袴で麦稈帽子に下駄履き洋傘の服装で、東京は初めてだと云う姿は今日では想像のできぬ出でたちであった」。神宮に近い千駄ヶ谷で共同生活が始まる。北海道から沖縄まで、地方からの青年の多くは人生初の上京でもあったから、合宿中には「田舎者の失敗」もあった。宿舎に風呂の設備がないので近所の銭湯に出かけたところ、「浴槽の中で石鹼やタオルを使ったので市民から抗議やら苦情が出て恥をかいたのであります」。

彼らの奉仕作業は、同年十一月に竣功間近の宝物殿前への植樹だった。信濃町駅付近に仮植してあった目通り二十センチほどの常緑樹を運搬、定植した。奉仕工事は朝八時から午後四時まで。「作業の指揮は造営局技師と宮内省警官が当り鳥取県は克く働き真面目である」とほめられた。作業終了後は、衣服を換えて市内の名所旧跡見学に出かけた。宮城内の拝観が許されたほか養蚕室、水田も見学できたことには感激した。「新宿御苑をはじめ乃木将軍の邸宅や原宿駅の近くに旧藩主池田侯の広大な邸宅があるので全員が御伺いして御曹子徳真さん、執事の竹内さん等と記念写真を撮り茶菓の餐応をうける等の行事」があった。

全国各地を代表して参加した青年が、帰郷後は地元青年団の中堅青年としてその経験を生かしてくれること。造営奉仕を通した青年育成には、田澤たちのそんな期待も込められていたのではないだろうか。

＊青年団と修養団の結節点

先に引用した鳥取県青年団の記録は戦後の回想だが、直後の大正十二年に、百九十余りの奉仕団について、その日記・感想・写真などをまとめた『明治神宮御造営と青年団の奉仕』と題する報告書がある。各団の奉仕記録に田澤に関する記述を追っていくと、大変興味深い事実に気づく。彼は、明治神宮奉仕団の講話で、修養団の活動について説き、さらに入団の勧誘までしているのだ。例えば次のような事例がある。[113]

大正九年四月二十四日―五月三日　千葉県海上郡青年団
五月三日　午後七時三十分より田澤書記官の修養団に関する講演があつた。同団の二大主義流行［汗］鍛錬同胞相愛に就いて精細に説話し入団を勧誘せられた。即時入団するもの二十七名尚希望者頗る多い様だつた。

大正九年九月十六日―九月二十五日　福島県福島市青年団
九月二十一日　入浴して夕飯がすむと書記官田澤義輔［鋪］氏がお見えになつて青年の進むべき道及修養団に就いて実に熱烈なる演説があつた。私達は深く感激して修養団に即時入団する人も沢山あつた。

【図１-16】大正9年夏、明治神宮造営奉仕の青年たちと相撲に興じる田澤義鋪（左側の力士） 明治神宮所蔵

大正九年、明治神宮への青年団奉仕が最も盛んだった時期、田澤は一方で修養団の団員増強と修養会館建設のために先陣をきって私費を投じ、各方面で熱弁をふるっていた[114]。日本を担う中堅青年の育成、終始田澤の心を占めていたのはそのことだったろう。熱血漢で思い立ったら一直線の田澤の行動は、ときに誤解をうけることもあったのだろうか。戦後、下村湖人が「田沢義鋪の人間像とその業績」を伝えんがため、「誤解をさけるために」とことわって次の一節を書き残している[115]。

誤解をさけるためにぜひ言っておかねばならないことは、田沢さんが神宮造営と青年団とを結びつけて考えられたのは、決していわゆる神がかり的思想や軍国主義的思想に出発したものではなかったということである。それどころか、田沢さんこそ当時の何人よりもそうした思想に対して強い否定的態度をとった人であった。

［……］田澤さんにおいて何よりも大事なのは、人倫の堅持ということであった。田沢さん自身の言葉でいうと、それは「道」である。「道」は人類愛に通じ、ただちに世界の平和と進歩と幸福とを意味するものでなければならない。かくて田沢さんにとっては、神も天皇も国民も、すべて「道」に叶ったものでなければならず、日本という国全体が「道の国」でなければならなかったのである。

「道の国日本の完成」――これが要するに田沢さんの生涯をかけての理想であった。

田澤義鋪にとって日本の青年団運動は、明治神宮造営を原動力としてさらに次の展開へと飛躍していくべきものだった。その意味で、明治神宮は彼の通過点のひとつである。「明治神宮」という名を求心力として渦のように自転していく造営運動――。「運動体」としての明治神宮は、実に多面的だ。むしろ一面的でなく、さまざまな要素が渦と巻いたからこそ、かつてない規模の造営事業が実現しえたのではないだろうか。

＊道の国日本への大きな一歩

運動から運動へ。最後に、造営奉仕という明治神宮における運動のその後の展開を、田澤義鋪のその後と重ねあわせて紹介しておこう。

明治神宮造営が青年育成の機会ともなる――。田澤の発想には、渋沢栄一も大賛成だったことだろう。というのも、蓮沼門三の修養団運動の強力な支援者の一人が、やはり渋沢だったからだ。[116] 明治四十二年、援助を求めて渋沢邸を訪ねた蓮沼の熱心な話を聞き、渋沢は大いに激励するところがあった。「君たちの主義が汗と愛であるといふお話だが、愛は道徳、汗は経済といふことが出来る。この二つを一致させるといふ仕事は純真の青年にして始めて出来ることで、青年が自分の名利を離れ、一心になつて努力することが、この道を完成させる唯一のものであると思ふ。自分もさうした青年の出現を望んでをつた。〔……〕 君たちの運動には賛成である」[117]。間もなく、顧問を買って出た渋沢は、機関誌『向上』にしばしば寄稿し、また天幕講習にも講話のため足を運び、直に青年たちに語り掛けている。田澤義鏞と渋沢栄一は、明治神宮造営以前にまず修養団活動への関わりを通してつながっていた。一方は青年育成のよき支援者として、一方は現場最前線での実践者として。

大正九年十一月、鎮座祭を終えた明治神宮の現場をあとにして、田澤義鏞は協調会常務理事に就任する。これは、「この困難な事業の中心人材として」是非に田澤が必要だと、協調会副会長渋沢栄一が懇請したことによる。[118] 渋沢が田澤を必要とした「困難な事業」とは何か。協調会とは、労使問題の緩和を目指して大正八年十二月に設立された財団法人である。当時、ロシア革命の勃発や戦後不況による労働争議の頻発など、労働問題が深刻化していた。協調会には、労使双方が対等な立場で協議できる場が必要だという、渋沢の強い意思が反映されていたが、その運営は行き詰っていた。当初の計画では、資本側、労働側、政府側、学者側それぞれが代表を出して管理機関を構成する予定だったが、労働者側がその参加を拒否したからだ。そこで渋沢は苦慮の結果、体制刷新を目指して管理機関の常務理事三名を更迭することとした。新たに迎え入れた一人が、青年団運動の導き手としてその手腕を高く評価していた田澤義鋪だった。次は労使協調「運動」を社会に先駆けようと、渋沢と田澤は再び連携を組んだのだ。

内務官僚を辞して協調会入りした田澤はさっそく、青年団式の修養講習会の手法をいかし、労働者を対象とした集団研修である「労務者講習会」の実践に取り組んでいる。[119] 参加した労働者個々に対して田澤が与えた影響は大きく、やがて民間諸会社が独自で講習会を希望するようになると、指導者として全国を飛び回った。ちなみに、田澤はじめての西洋行は、この協調会との関係で実現している。大正十一年十月に開催された第四回国際労働会議に出席するためで、行き先はスイスのジュネーブだった。[120]

一方、全国青年団の活動も、明治神宮造営運動を画期として新しい展開を迎えていた。鎮座祭直後の大正九年十一月二十一日・二十二日、造営に奉仕した全国青年団の代表者約七百名が再び東京に集まった。この両日、全国青年団明治神宮代参者大会が内務・文部両省主催により開催されたのである。二十二日には、皇太子（昭和天皇）が代表を御所に召され、令旨を賜った。この大会を契機として、各地の青年団が青年館建設の議を諮り、財団法人日本青年館の設立が決議された（大正十年設立）。大正十四年、全国の青年団員による「一人一円醵金」で、外苑敷地の一部に竣功した施設が「日本青年館」である。[121] かつて青年団の造営運動により完成した明治神宮外苑に、今度は青年団運動の拠点が誕生するのだ。この日、日本青年館開館式に出席した田澤義鋪は、「道の国日本の完成」と題する記念講演を行っている。[122]

この壮麗な大建築こそは、全国二百幾万の青年が一人一円づつの割合をもってした醵金を経費にあてて造営された物であって、国庫の補助もなければ富豪の寄附もない。まったく青年結合の力である。青年の会館としてあまりに壮麗にすぎると評する人もあるようだが、結合の力の偉大さを示すにおいて絶大の暗示を与えている。おお天下の青年よ！　この雄大なる会館の建築をなしとげた諸君の結合力は、同時に無形な精神的な新日本を建設する力でなければならぬ。道の国日本を完成する力でなければならぬ。

右の引用は「日本青年館開館の前後」と題した田澤の回想によるが、日本青年館の完成が、道の国日本完成のための大きな一歩につながることを、田澤義鋪は心から願っていた。

六、時代をこえて

＊渋沢栄一の贈り物

かつて神社奉祀調査会の席上、「此委員タル栄一モ、請願シタ委員長ノ栄一モ、同ジ人間同ジ希望デゴザイマス」と熱弁をふるい、是非とも「市民の力」で明治天皇奉祀の神社づくりに関わりたいと訴えた渋沢栄一。その終始一貫した民間への思いを象徴するものが、現在の明治神宮外苑聖徳記念絵画館にある。八十ある絵画館壁画の一つ、明治十二年八月十日にアメリカ前大統領グラント将軍と明治天皇が、浜離宮中島御茶屋で対談する様子を描いた「グラント将軍と御対話」がそれだ。この絵画の奉納者が、渋沢栄一である。絵画館の絵はその一枚一枚で奉納者が異なり、彼らが画家の揮毫料その他を支払い、奉賛会を通じて明治神宮に奉納する形式になっていた。例えば、勝海舟と西郷隆盛の「江戸開城談判」は、それぞれの孫にあたる西郷吉之助と勝精が連名で奉納しているし、「赤十字社総会行啓」の奉納者が日本赤十字社であるように、画題に何らかの縁がある個人または団体が、その絵画の寄贈者となっている場合がほとんどだ。では、渋沢栄一はこの「グラント将軍と御対話」にどのような縁を感じていたのか。

実はこのグラント将軍訪日の際に、民間として歓迎行事を成功させようと「接待委員会」を設け、その総代となったのが、東京商法会議所会頭の渋沢だった。今一人の総代は東京府議会議長の福地源一郎だが、彼は商法会議所の副会頭でもあり、これは前年明治十一年に発足したばかりの東京商法会議所が最初に手がけた大仕事だった[123]。将軍の滞在中、渋沢は王子・飛鳥山の私邸に将軍を招いてもいる。それは、「日本の国民一同心から歓迎致す和親の意を表する為には、欧米諸国の例にならひ民間一私人の家へもご請待申さねばならぬ」との思いからだった[124]。

接待委員会が手がけたグラント歓迎行事のハイライトは、明治天皇御臨幸のもとに開催した「東京府民技芸大会」だった。八月二十五日、上野公園で行われたこの歓迎会で、グラント将軍は再度明治天皇への拝謁を果したことになる。この時の天皇臨幸は、「外国の大賓をして我日本の国ハ君臣上下の親和ハかくの如くなると云ふ事」を実証したいと考えた渋沢たちが、「府民総代」として請願したことにより実現したものだ[125]。以後、排日問題に奔走し日米和平に終始努めた渋沢が、「国民外交の端緒」となったと記す盛事だった。

昭和五年七月に完成した「グラント将軍と御対話」を絵画館に献納した後、渋沢はこの絵についての談話を残している[126]。

私が特にグラント将軍来訪の折、明治天皇陛下に拝謁した処の絵画を明治天皇陛下の御盛徳を後世に遺さうとする絵画館へ奉納した縁故は、東京府民を代表して同将軍を歓迎したことがあるからでありますが、更に日本の地位を安固ならしめ、世界の平和を図るためには、問題の起り易い太平洋に眼を注がねばならぬ、そして米国とは支那の関係もあることとて、殊の外親しくして置かねばならぬ、と云ふ根本的の考慮も含んで居るのであります。(「グラント将軍歓迎の追憶」)

この談話から九ヶ月後、昭和六年十一月十一日、渋沢栄一は息を引き取った。享年九十一。最期まで奉賛会理事の職にあった。青山斎場で執り行われた葬儀で、奉賛会会長徳川家達が捧げた弔詞には、一民間人として老軀を押して奔走した渋沢への哀惜の情が溢れている。

正二位勲一等子爵渋沢栄一君ハ明治神宮奉祀ヲ主導シ、続テ本会ノ創立セラルルヤ準備委員長トナリ、爾来副会長並ニ理事トシテ会務ニ尽瘁ス、献金募集ノ際ノ如キ旧新領土ノ同胞ヲ勧誘スルヲ以テ足レリトセス、亦老軀ヲ携ヘテ米国ニ渡航シ在外邦人ヲシテ翼賛ノ誠ヲ表セシム、君ハ実ニ創業ノ元勲ニシテ兼テ守成ノ偉績ナリ、今ヤ本会事業完成ニ垂ントシテ君ノ訃音ニ接ス、誠ニ痛恨哀惜ノ情ニ堪ヘス、茲ニ恭シク弔詞ヲ呈ス

＊時代の子

渋沢栄一の四男・秀雄氏は、自ら綴った栄一の伝記『父　渋沢栄一』の最後に、栄一とその時

代との関係について幸田露伴が記した一節を引用している。

栄一に至つては、実に其時代に生れて、其時代の風の中に育ち、其時代の水によつて養はれ、其時代の食物と灝気《こうき》とを摂取して、そして自己の軀幹を造り、自己の精神をおほし立て、時代の要求するところのものを自己の要求とし、時代の作為せんとする事を自己の作為とし、求むるとも求められるとも無く自然に時代の意気と希望とを自己の意気と希望として、長い歳月を克く勤め克く労したのである。故に栄一は渋沢氏の家の一児として生れたのは事実であるが、それよりはむしろ時代の児として生れたと云つた方が宜いかとも思われる《ママ》。

阪谷芳郎も田澤義鋪も、時代の要求を自己の要求とし、時代の希望を自己の希望とした、時代の児である。明治神宮は時代の指導者たらんという使命感をもった人物をその造営運動の中核に得た。彼らの運動は輻輳的な広がりをもって展開され、そのことにより、明治天皇を祀る杜、明治神宮は国民によってつくられた杜、明治神宮として知られることになったのだ。

第二章　永遠の杜

一、「鎮守の森」誕生の力学

＊林苑計画のフロンティア

大都会につくられた永遠の森――。現在、テレビや雑誌等で明治神宮の内苑が紹介される際、もっともよく見聞きするフレーズではないだろうか。この内苑は、鎮座地の地名から「代々木の森」とも称されるが、明治神宮ではこのモリに「杜」という漢字を用い、「代々木の杜」と表現している。古来、「杜《モリ》」は「社《ヤシロ》」とともに神社を表す。日本各地の神社が「鎮守の森」とも親しまれてきた所以である。神を祀るヤシロの姿とは何よりもまずモリであるという理解を、明治神宮造営当時の多くの日本人が共有していたと考えると感慨深い。総面積七十二ヘクタール、日本最大級の建築物である東京ドーム十五個分に相当するという、この広大な森を空から撮影した写真を見れば一目瞭然だ【図2－1】。祭神の御霊が鎮座する本殿を中心に社殿が並ぶ域内を、神社では「玉垣内」と呼んでいるが、内苑全体にこの玉垣内が占める割合はわずかに十五分の一。明治神宮内苑とは、とにもかくにも圧倒的に森である。

現在、その代々木の森を構成している主要な樹種は、多い順からくすのき、しらかし、すだじいである。楠・樫・椎いずれも常緑広葉樹だ。明治神宮造営の公式記録『明治神宮造営誌』が記すように、内苑は、東京の土地本来の気候風土に適した樹種として、常緑広葉樹を特に主林木に設定し、緻密な計画のもとにつくられた森である。[1]

【図2－1】明治神宮内苑の森　明治神宮所蔵

> 神社の境内をして森厳幽邃なる風致を永遠に維持せしめんが為には、主林木として最も能く其地の気候風土に適し、且つ諸種の危害に対し抵抗力強く、健全なる生長をなし、猶ほ人為の植伐を要せず、成るべく天然更新によつて、永久に神社林として相応はしき林相を維持すべきものを撰定せざるべからず。［……］此に於て、

［……］常緑濶葉樹中より樹姿林相共に神域に適し、概して烟害に強きしひ、かし、くすを選定せり。

自然立地に恵まれた地方ではなく都市・東京を鎮座地としながら、神域にふさわしい荘厳な風致を湛えた大森林を実現するという、一見矛盾するような二つのテーマを一つに収斂しようとする試行錯誤こそが、明治神宮の造営事業であった。

「大都会に永遠の森をつくる」、この難事業を成功に導いた大きな鍵の一つとして、第一章では、献木と造営奉仕という全国規模で展開された運動を取り上げた。これらの運動は、人工林造成の人的・経済的困難を軽減することが当初の目的であった。しかし、その過程で、明治天皇を祀る森＝国民の手でつくられた鎮守の森にし、明治神宮そのものに新たな価値を賦与するダイナミズムを持っていた。

この章では、「都市に人の手で永遠繁茂する森をつくる」という理念の実現に必要不可欠だったもう一つの鍵にスポットをあてたい。[2] それが、先端の学知と技術を導入し、森づくりを牽引した専門家の存在である。

先に見たように、鎮座地を東京府下にすることは、大正三年（一九一四）一月十五日の第二回神社奉祀調査会において全会一致で可決された。[3] そこでは、既存の景勝地に神社を建てるのではなく、むしろ人為により数百年のスケールで神聖な森をつくることに積極的な価値を見出していた。しかし、奇妙なことに調査会においては、人工で森厳な森をつくればよいとしつつ、具体的にどんな森がどのような技術で可能になるのかについては議論が皆無だった。たとえば、委員の一人である奥保鞏は、「千年万年ニハ今小サイ苗ヲ蒔イテ置イテモ、後ニハ親ノ樹ガ子ニ譲リ、子ガ孫ニ譲ルト云フヤウニナルカラ、後々ニハ見上ゲルヤウナ樹ニナ」るだろうと、人工林の可能性は説くものの、「是モ亦理屈上ノ話」と言い、その理屈と実践の間の溝には関心がない。結局、調査会は「天然ノ趣」がある植栽を理想としたが、具体的な樹種の選定等は「更ニ専門家ノ調査ニ待ツヲ適当ナリト思惟ス」を結論として、審議を終了することになる。

ここに、理屈を可能にする実践を導きだす、林学・造園の「専門家」が登場する。本多静六、本郷高徳、上原敬二。天皇崩御の明治四十五年七月三十日、本多・本郷・上原はそれぞれ、四十六歳、三十四歳、二十三歳。ほぼ一回りずつ年が離れた、現・東京大学農学部の先輩・後輩にあたる。当時、既に東京帝国大学農科大学教授であった本多静六が、林苑造成の専門家として大正三年六月二日付で、まず神社奉祀調査会の委員に迎えられている。[4] しかし、正式な就任以前から、後輩にあたる本郷・上原の協力を仰いで「ひそかに境内設計の案を練っていた」ことは、上原自身が後年記すところだ。[5]

> 当時、大学三年生（当時の大学は修業三年終了）であった筆者は教授に度々呼び出され、前述の机上案の手伝を命ぜられた。本郷高徳講師も筆者ほどではないにしても同様、手伝を依頼されていた。［……］教授はかかる設計を何度も繰返し、その都度、本郷講師と協力して何とか辻褄を合せたものであり、いうなれば三人のひそやかな合作、後年境内本設計の上に

いささか役に立ったと思っている。

神社奉祀調査会の審議終了後に結成された明治神宮造営局（大正四年五月一日官制交付）には、本多が参与、本郷、上原はそれぞれ技師、技手として任用されている。実に、神宮内苑の林苑造成計画はこの三人の合作だった。教授、講師、学生と、世代や立場を異にする彼らにとって、明治神宮の森づくりとは如何なる意味をもつ営みだったのか。三者三様の明治神宮以前と以後を辿ってみたい。[6]

＊天然林と人工林のあいだで

前章で述べたように、明治神宮内苑敷地となった代々木御料地は、江戸期には彦根藩井伊家の下屋敷が置かれていた場所だった。その下屋敷時代に庭園だった区画は、御料地になっても「御苑」として整備され、生前の明治天皇、昭憲皇太后が散策する庭となった。明治神宮造営以前、敷地内で林と言えるほど樹木があったのは、わずかにこの御苑ぐらいで、全体としては不毛原野の感すらあったという【図2－2】。土地の人々が「代々木の原」と呼ぶ草地だった。「代々木の原」を「代々木の森」につくりかえる——。彼ら林学者が挑んだのは、それほど困難な命題だった。

環境風土に適した常緑広葉樹を主たる樹種として選定することで、「千年万年」と続くことが

【図2-2】造営前の鎮座地・代々木（現原宿駅付近から南方を望む）
明治神宮所蔵

可能な、荘厳な明治神宮の森をつくる。本多たち森の専門家がたどり着いたこのような計画方針は、代々木の森にとどまらず、以後実施される各地の神社境内林造成にも大きな影響を与えた。この影響力については、近年、歴史学の方面から畔上直樹氏が詳細に分析を加えている。[7] すなわち、彼らが神宮造営で成し遂げたことは、環境要因を考慮した樹種を植栽する新しい生態学的知見を「鎮守の森」づくりに導入したばかりでなく、そのことにより鎮守の森の「森厳さ」を構成する主力樹種を、従来の針葉樹から広葉樹へと逆転させる、いわば価値転換そのものを引き起こしたという指摘だ。

事実、驚くべきことに、渋沢栄一や阪谷芳郎らの神宮請願運動が始まった時点では、本多も本郷も、森厳な神社林にふさわしいのは針葉樹であるという持論を持っていた。しかし彼らは、その針葉樹で東京に森をつくるのは専門の立場から見て不可能であるという判断で、明治神宮＝東京論に反対意見を表明しているのだ。

早いところで、大正元年八月九日の『東京朝日新聞』に、当時農科大学講師だった本郷高徳による「明治神宮の樹木は何を植うべきか」と題した主張が見える。彼は、東京（青山）は森林帯としては暖帯に属するので、環境に適した樹木は常緑広葉樹であると森林生態学的な知見を述べる。しかし、神社林をつくるのに広葉樹はふさわしくない。なぜならば、森厳で崇高な感じをおこさせる樹種とは「常緑樹且つ長大な陰樹」であるからだと断言する。

また、本多静六の「明治神宮の位置」と題した東京・青山反対論も、大正元年十月二十五日付の『全国神職会々報』に発表要旨が掲載されている。本多も、神社の荘厳さ、雄大さを醸し出すのは針葉樹であって、濶葉樹では遠くこれに及ばないという考えだ。[8]

> 東京市に於ては到底其針葉樹林の完美なる生育を望むことを得ずとすれば彼の濶葉樹を以て之に代らしむべきか、されど神社の荘厳は雄大なる針葉樹林中に在りて初めて遺憾なく発揮さるゝものにして濶葉樹林の如き遠く之に及ばざるもの有るを奈何せん

しかし、東京の地に針葉樹の神社林をつくることができないのは、空気が「頗る不清浄」な都市では煙害に弱い針葉樹は育たないという、これも都市環境を認識したうえでの批判である。つまり、彼らのような草創期の林学・造園の研究者に、専門的な造林の理想と「鎮守の森」の理想のあいだでの葛藤を迫ったのが、代々木の杜づくりという試みだった。そのギャップを新しい価値観を創出することで乗り越えていく。彼らにとって明治神宮造営とは、いわば人生における大きな転換点でもあったのだ。

二、森のビジョン――本多静六

*目覚めのとき

今から百四十五年以上前に生まれた本多静六は、現在専門の分野では「日本林学界の父」とも称されている。最近ではその人生哲学や蓄財法があらためて脚光をあび、『人生計画の立て方』『私の財産告白』などの著作があいついで復刊されている人物でもある[9]【図2-3】。

本多静六は、慶応二年（一八六六）七月二日、埼玉県南埼玉郡河原井村（現久喜市菖蒲町大字河原井）の折原禄三郎の六男として生まれた[10]。旧名折原静六。折原家は代々名主を務める富農で、幼少の静六はいたずら好きの餓鬼大将だったという。しかし、裕福な生活も、明治九年、静六が九歳の時に父親が急逝することで一変する。

腕白者の少年がこの頃から学問に目覚め、家事を手伝いながらお金を貯めて、東京で学ぶことを夢見るようになる。十四歳の秋、長兄・金吾がかつて教えを受けた旧岩槻藩塾長・島村泰の東京宅に住み込み、玄関番として学ぶ機会を得る。ここで夜は先生から漢学を、昼は四谷見附にあった塾で英語を学び、農繁期には折原家に戻って農作業を手伝うという「米搗学問」を約三年続けることになる。

静六が生涯を捧げることになった林学との出会いは、その島村先生の一言にあった。「昨年新たに出来た官立学校で山林学校といふのがあるが、新時代の専門学を教へるのだし、半官費で安い学校だから、お前一つやつてみないか[11]」。明治十六年十二月、静六、十七歳のある日のことだった。

【図2-3】本多静六　埼玉県久喜市所蔵

東京山林学校は、林業技術者を養成するため、明治十五年に東京府西ヶ原に開校した。この山林学校は、十九年十月に駒場農学校と合併し、東京農林学校と改称される。さらに二十三年六月には、農林学校が文部省に移管され、東京帝国大学農科大学となる。現在の東京大学農学部の前身である。そして、「新時代の専門学」を日本に根付かせようと東京山林学校を開校したのが、日本人で初めてドイツで林学を学んだ松野礀《はざま》だった[12]。本多静六はここでの出会いから、山林へ、ドイツ林学へ、そして林学の本場ドイツ留学へと導かれていくことになる。

＊ドイツ林学の系譜

明治期日本は、林学先進国であるドイツに多くを学んでいる。東大農学部林学科出身の農学博士で、日本近代林業史に詳しい小林富士雄氏によれば、林学という学問体系があることが日本で意識されるようになったのは、明治初期の岩倉使節団（明治四―六年）による欧米体験が大きいという。[13] 使節団の見聞をまとめた『特命全権大使米欧回覧実記』には、各地の森林及び保護制度についての記述が見られる。彼らは、整然としたヨーロッパの森林の背後に、共通の法制や技術が存在することに初めて気づき、帰国後、新政府の殖産興業政策に「山林保護」を組み込んでいく。この岩倉使節団と同時期に、ベルリン郊外のエーベルスワルデ高等山林学校に留学していたのが、さきほどの松野礀であった。こうして松野は、ドイツ林学を日本に導入する先駆者となっていったのだった。

この時期のドイツ林学がどのようなものであったか、林学者で自らドイツ林学を学んだ筒井迪夫氏の『森林文化への道』などに拠って整理してみることにする。[14]

そもそも十八世紀末に世界で初めて森林学の体系を打ち立てたドイツでは、国内の森林荒廃を憂えた林学者らがその復興に全力を傾けていた。かつてドイツ国土に豊かに広がっていたブナやカシの広葉樹林は、工業化や農地開発のため十八世紀には失われていたからだ。ゲルマンの森をもう一度蘇らせよう——。森づくりに眼を向けた人たちのよりどころとなったのが、「自然は常に正しい」というゲーテやシラーの思想だった。

当時のドイツ人林学者、ハインリヒ・コッタは、親交があったゲーテの感化をうけ、その思想を具体的な学問として体系化していく。後に森林学の創始者と呼ばれるコッタは、ターラント高等山林学校（現ドレスデン工科大学林学科）の初代校長となった。さらに、コッタの弟子、ハインリヒ・ザリッシュは明治十八年に『人工林の美学』と題した著作を発表し、「森林美学」という学問領域を創設、「技術的に合理的な森林は最高に美しい」とする理論を提唱していた。

まさにその頃東京の山林学校では、教員として後輩の静六たちを教えながら、日本における林業技術者の道を切り開こうとしていた志賀泰山、松本収の二人が、ターラント高等山林学校留学のため日本を旅立っていた。

＊大志を抱いて

静六もまた、林学先進国ドイツへの留学という大志を抱き、それを実現する人物だ。ここで、彼のドイツ行を方向付けることになった大きなファクターを以下に三点ほどあげてみたい。

まず一点は、先輩格である志賀・松本両氏のターラント留学が彼を大いに触発したということだ。彼らの留学話が浮上する以前のこと、静六は学校の掲示板に「品行方正学術優秀にして嶄然頭角をあらはす者は官費海外留学を命ずる云々」という貼り出しを見つけて以来、それを目標に勉強に励んでいた時期があった。しかし学校側の事情でこれが沙汰止みになり、かなり意気消沈したのだという。[15] それだけに一年に銀貨千円の支給を受けて、三年の留学が許された彼らの存在は、羨ましくもあり同時に刺激になったようだ。両名の壮行会の様子を兄・金吾に書き送った手紙には、志賀の熱弁も詳しく紹介され、聞いている静六の興奮が伝わってくる。[16]

第二に、静六の人生における最大の支援者の登場。彼の妻、そして義理の父親となる新しい家族のことである。彼ら二人の存在がなければ、官費によらない私費の留学は到底無理だった。ところでこの縁談成立の経緯については、二十二歳の春、松野礀先生に突然、見合いの話を切り出されたというのが面白い。[17]

彰義隊の頭取をやつた本多晋といふ人のところで、一人娘に急に婿をとることになり、両親と娘の希望が、ぜひ大学の首席をもらひたいとのことで、父親が僕のところへ頼みにきたんだが、ちやうど君が首席だし、しかも六男だそうだから、君を推薦した。どうだ行く気はないかね。

彰義隊とは、維新前夜、新政府軍を相手に上野の山で戦った旧幕軍の戦士たちである。本多晋（当時は敏三郎）は隊主唱者の一人だったが、落馬で足を怪我したために無念にも上野戦争に加わることができなかった、いわゆる「彰義隊の生き残り」だった。[18] 維新後は、渋沢栄一の推薦で民部省・大蔵省などに出仕し、明治五年には大蔵大輔に随行し英仏独へ渡っている。晋の一人娘・銓子は、六歳から宣教師の家で英語を学び女学校では常に首席で、時の皇后陛下（昭憲皇太后）の御前講義を務めるほどの才媛である。女学校卒業後の銓子は医学を学び、静六との縁談当時には日本で三番目の女医として知られてもいた。

一方、静六のほうは、この婿取りの申し出に対して、「勉強中の身だから」と当初は断るつもりでいた。しかし晋と銓子、本多家の二人に、静六は見合いの席で見初められてしまう。ドイツへの私費留学という壮大なプランは、何度断っても縁談をあきらめない本多家に対し、これなら承諾するのは無理だろうと静六側が出した条件だった。

ところが、本多晋という彰義隊戦士は、じつに器の大きな人物だった。[19]

それ位の大望のある婿がほしいのだ、どうせ娘も財産もみんな遣る覚悟だから、財産のゆるす限り、何年でも洋行を引受けませう。

明治二十二年五月、学生結婚により「本多静六」が誕生。翌年三月の卒業を待ち、大望ある婿は、新妻を日本に残して単身ドイツに出発することになる。

最後に、本多は自身の留学先をどのように選択したかという点について言及しておきたい。彼は、明治二十三年五月九日にターラント山林学校に入学し、五ヶ月ほどそこに在学後、同年十月七日にミュンヘン大学へ転校している。この進路選択は、どのような理由によるものか。まず、ターラント山林学校で一学期ほど学ぶという点については、先に留学していた志賀泰山の勧めによる。本多は、志賀がターラント在学時に学恩を受けたというフリードリッヒ・ユーダイヒ学長を紹介され、大変な歓迎を受けている。一方、ミュンヘン大学へ移ることも渡独当初から予定していたことだった。高等専門学校のため学位が授与されないターラントではなく、ミュンヘン大学で国家経済学のドクトルを取得することを本多は留学の目標に掲げたのだ。ミュンヘン大学の林学は、バイエルン王国の財政を補う国有林経営の技術者養成を目的としていたため、国家経済学という学部に林学と経済学の講座が並存していた。

＊日本森林植物帯論の生成発展

留学中の本多静六は『洋行日誌』を付けていたが、残念ながら記述はターラント時代のみで終わっている。ミュンヘン大学在学中については、「学位試験及び学位授与式の景況」として、明治二十五年三月五日の口答試験から栄えある十日の授与式までを記すのみである。[20] 三月十日の学位授与式では、静六の公開スピーチも併せて行われた。地元の新聞では告知が掲載され、当日は来賓も多数あったという。ミュンヘン時代に日記をつけなかったのだとしたら、その理由の一つには、当時故郷の本多家が詐欺にあい、財政状況が逼迫、仕送りが滞ったことで苦学を強いられたということがあるだろう。静六は、決死の努力で四年の課程を二年で修了する計画をたて、これを勉学の効率を二倍にあげる「勉強上の経済主義」と称し、見事にそれを果たすことになる【図2－4】。

本多の留学成果としては、例えば帰国後すぐに提唱して実現した、東北本線における日本初の鉄道防雪林があげられる。これは、本多の帰朝を祝して宴席を設けた渋沢栄一に対して提案したことだったが、日本鉄道会社の重役を兼ねていた渋沢が自ら実現に動いたものである。また、日本初の大学演習林を千葉県下に設置するため、志賀泰山・川瀬善太郎らドイツ留学組と協力している。この演習林は、ターラント高等山林学校のケースを参考にしたという。[21]

さらに、日本最初の洋風公園として明治三十六年に開園した日比谷公園は、本多静六の設計である。[22]本多は林学者であり、公園設計はどちらかといえば専門外だったのだが、その彼が日比谷公園設計を担当したのには理由がある。当時既に、複数の設計案が挙げられていたが、いずれも東京市会の合意を得るに至らなかった。困ったのが建築家として市の顧問をしていた辰野金吾で、本多によれば、たまたま東京市庁で同氏の部屋を訪れたところ、頼むから市会が望むような「新式な西洋風の公園」案をつくってくれと懇願されたのだという。「日比谷公園」本多設計案は、彼が留学先から持ち帰っていた、ドイツ人造園学者マックス・ベルトラムによる図案集に

【図2-4】ミュンヘン時代の本多静六　埼玉県久喜市所蔵

多くを依拠している。これらのケースは、留学の影響が端的に分かりやすい例であるといえる。

しかしここで特に筆者が重きをおいて考えたいのは、ドイツ林学を吸収する過程で、本多が生成発展させた理論「日本森林植物帯論」のことである。というのも、明治神宮林苑計画のいわば理論的よりどころとなった発想、すなわち、その土地の気候風土に最も適した樹木を選び植栽を実現しようとする生態学的な理論こそ、本多がドイツ留学時代に培った大きな学問的財産だったからだ。

気候風土、土壌の違いにより形成されるという、樹種・林相が異なる「森林帯」。この分布状況を通して国土を把握する。本多は、このような林学上の知見をどのように会得し、自分のものとしていったか。

第一に、いわゆる「お雇い外国人」として明治期日本でドイツ林学を講じた、ハインリヒ・マイルが果した役割は特筆に価する。マイルは明治二十一年一月から三年間、東京農林学校で造林学・森林植物学を教えたドイツ人林学者である。[23] 留学前の本多は東京でその授業を受けている。マイルは授業のかたわら、森林の実地踏査を敢行した。北は択捉から南は屋久島にまで及んだ彼の調査成果は、『大日本縦科植物考』（明治二十三年）及び『日本の森林地帯』（明治二十四年）としてまとめられ、「日本の植物帯研究の基礎」となったと高い評価を受けている[24]【図2－5】。

実は、帰国後の本多が明治三十二年三月に著し、それにより農科大学から日本初の学位「林学博士」を取得する「日本森林植物帯論」とは、このマイルの研究を継承発展させたものにほかならない。本多によれば、マイルの報告は「其観察広く北海道琉球等に弥《わた》り且つ多く林学上の学理に合するもの」で、従来の樹種及び林相の研究とは一線を画するが、以下の点で調査不完全だという。一、言語の問題からくる認識不足、二、台湾の森林などの未調査。特に本多は明治二十九年に台湾調査を実施しており、その点が、学問上の新知見として強調されたものだろう。[25]

【図2－5】ハインリヒ・マイルが日本の植物帯調査のために作成したノート　ミュンヘン工科大学森林学部所蔵

第二に、ミュンヘン大学在学中に彼が師事した林学者の存在がある。彼らは、本多が森林の生育と環境要因との関係性に着目し、日本列島の植生を再考するための導き手となった。まずカール・ガイヤーというドイツ人林学者から、本多は造林学を学んだ。ガイヤーは、「自然に帰り、自然の法則に従い、自然のすべての生産力を利用すること」が森林取扱の基本であるとして、針葉樹人工林の画一的な造林ではない、混交林の造成を目標とする天然更新を提唱した人物だ。森本来が持っている自然の力を引き出すような森づくりを理想としたガイヤーの教えを、ミュンヘンで本多は直に享受したことになる。ドクトル口述試験の試験官の一人、造林学の担当審査員もガイヤー教授だった【図2－

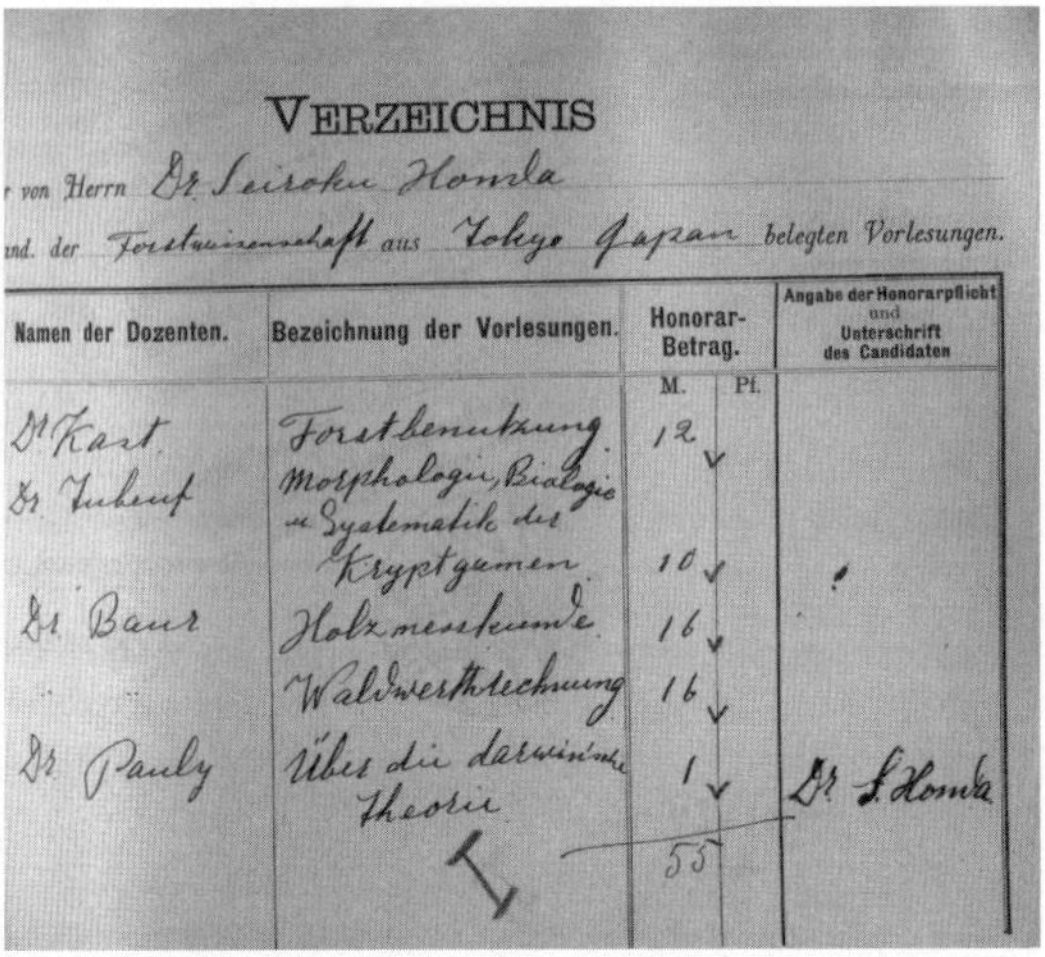
VERZEICHNIS

…r von Herrn Dr. Seiroku Honda

…nd. der Forstwissenschaft aus Tokyo Japan belegten Vorlesungen.

Namen der Dozenten.	Bezeichnung der Vorlesungen.	Honorar-Betrag. M.	Pf.	Angabe der Honorarpflicht und Unterschrift des Candidaten
Dr. Kast	Forstbenutzung	12		
Dr. Tubeuf	Morphologie, Biologie u. Systematik der Kryptogamen	10		
Dr. Baur	Holzmesskunde	16		
	Waldwerthrechnung	16		
Dr. Pauly	Über die darwinische Theorie	1		Dr. S. Honda
		55		

【図2-6】本多静六のミュンヘン大学履修科目に関する書類。カール・ガイヤー博士の講義を受講している　ミュンヘン大学アーカイブス所蔵

6】。ちなみに、ドイツ林学の系譜においてハインリヒ・マイルはガイヤーの後継者と位置づけられている。「自然に帰れ」という発想を森づくりに導入したガイヤーとマイル、二人のドイツ人林学者の教えは、本多の大きな指針となったといえるだろう。

本多静六は、「日本森林植物帯論」で林学博士を取得後も、同趣旨の論文を『東洋学芸雑誌』『大日本山林会報』等の誌上に次々と連載する。[26]一方で、学術論文から一歩踏み込んだ警世的論文として明治三十三年に発表した「我国地力ノ衰弱ト赤松」は、誤解も含みつつ世論の関心を呼び、本多の名を広く知らしめることになった点で注目に値する。[27]本多の真意は、赤松が繁殖するということは、不合理な土地利用や森林伐採によって、地力が衰退しているという証拠であるということを世人に注意喚起することだった。しかし、あたかも赤松自体が地力の衰退を呼び、果ては亡国を招くかのような、本末転倒な誤解が一人歩きし、「赤松亡国論の本多」という汚名をきせられることにもなった。[28]

興味をひくのは、本多は森林植物帯論を発展させたこの啓蒙的論文において、欧州で見聞した事例を多く説得材料として用いていることである。[29]

独逸東海岸地方ノ如キ、往時ハ椈《ブナ》、楓、楢等ノ盛ニ繁茂セン所ナリシガ今ヤ殆ンド赤松ノミトナリ。にゆるべるく及びらいん地方ノ如キモ、今ヨリ二百年前迄ハ巨大ノ松樹鬱叢タリシガ、地力漸ク衰弱シテ、今ヤ百年生ノ松樹ニシテ、太サ僅カニ人腕ニ及バザルニ至レリ。

かつて豊かにドイツ国土を覆っていた椈、楓、楢等の広葉樹林が姿を消していったという描写からは、ゲルマンの森の再生を願ってドイツで森林学が誕生するに至ったプロセスが連想される。また、明治三十三年の同論文には、林政が荒廃した結果もはや赤松すら繁殖しない「末路」の例としてイタリア・シシリー島を挙げている。時期からすると留学中に踏査したものと思われる。

このように本多静六の生態学的思考は、キャンパスの内外を問わず知見を広めた、留学の果実のひとつとして育まれたものだった。東京の気候風土に最も適し、やがては自然本来の「天然更新」の力によって、人の手を借りずに生育する森となるために。本多静六が、広葉樹による明治神宮の森づくりを強く主張する原点はここにある。

＊「無理なところ」に「立派なる神苑」を

以上、大正元年に本多らが明治神宮東京論に反対するための理論的根拠となり、しかし同時に、東京に明治神宮林苑をつくるための基本原理ともなった森林植物帯論について問うてきた。このジレンマにどのような着地点を見出すのか、それについては次節で詳しく検討することにして、ここでは、本多たち林学者が都市東京に神宮の森をつくるという難題に、真正面から取り組まざるを得なくなった、一つの契機について触れておきたい。それは他ならぬ渋沢栄一の「切々たる熱情」による説得だった。

明治神宮鎮座三十年（昭和二十五年）を記念した座談会で、本多静六が「隠れたる事実」として以下のようなエピソードを紹介している。明治神宮敷地の選定について、東京反対論を公表した本多の説に賛同する者たちが多くなったことから、困り果てた渋沢がある日、本多を呼び、膝をつきあわせながら懇々と説いたのだという。[30]

君の意見は至極尤もで、それに君らが多年研究した学問上からの主張では何とも云ふ必要はないが、実は自分達が奉賛会を作つて資金を集め始めたのは全く東京に作るからと云ふ趣意であつたんだから、今更それを変へられては自分達の立場がなくなるから、それに君らの専門の技術を応用されたならば金は幾らでも作るから人工で天然に負けない大風景を、大森林を作り出すことが出来ると思ふからどうしても今度丈は東京に賛成して貰ひたい。

渋沢の熱情に動かされた本多は、「未熟なる今日の学術」によって、「無理なところ」に「立派なる神苑」を作り上げて見ようと決心したのだという。再び畔上直樹氏の考察によれば、未だ初発の段階である本多たちの林学・造園学は、明治神宮の森づくり現場で、学問として役に立つのか立たないのかという、その将来性が問われる状況にさらされることになった。[31] しかしそのことで、自分たちの「専門の技術」でなんとしても天然に負けない大森林をつくりださねばならぬ、という強い覚悟が生まれた。渋沢と本多のこの会談がいつ頃行われたものなのか、これは推測によるしかないが、大正三年一月十五日の第二回神社奉祀調査会で、渋沢が「由緒」を理由に鎮座地東京論を主張して委員の合意を取り付けていること、そしてその年の春には本多の研究室で、「内命」により林苑計画の検討を始めたという事実からすると、おそらくこの間のことではないかと思われる。

渋沢栄一と本多静六は、単なる実業家と学者の間柄ではなかった。実は、神宮造営と社会事業という観点から第一章でとりあげた修養団活動には、渋沢栄一と青年団の指導者・田澤義鋪だけでなく、本多静六も賛助者として深く関わっていた。修養団より以前の明治三十五年には、ともに埼玉を故郷とする縁で、同県出身者の就学を支援する団体「埼玉学生誘掖会」を立ち上げ、会頭（渋沢）と理事（本多）として牽引してきた二人でもある。[32] 先述した鉄道防雪林の設置でも、本多の帰朝報告に熱心に耳を傾け実現の道を開いたのは渋沢だった。

いつの場合でも、私利私欲でなく公利公益主義で他人の話をよく聞き、よく検討し、よく実行した渋沢栄一を、本多は、後藤新平の大風呂敷に対して渋沢の小風呂敷と呼んで敬愛した。[33]

後藤の大風呂敷には、得てして、大きなほころびもあつたが、渋沢さんの小風呂敷には概してほころびはなかつた。たとへほころびが出て来たとしても、渋沢さんは自らたんねんに、縫ひ直し、縫ひ直しした。その点、いささか後藤に比べて馬鹿正直にも近いものがあつて、その馬鹿正直こそ大渋沢の身上でもあつたと私は考へる。

その馬鹿正直な渋沢の説得にあい、彼ら草創期の専門家はどのように「人工で天然に負けない大森林」をつくり得たのか。

三、『林苑計画』の実事——本郷高徳

＊橋を架けるひと

明治神宮宝物殿には、この内苑の境内林設計・植栽計画について、詳細をまとめた記録が保管されている。それが、『明治神宮御境内林苑計画（以下、『林苑計画』）』である。[34] 執筆者は、本郷高徳【図2－7】。本多静六の一回り年下の弟子として、計画立案から造成事業の実際に至るまで、終始最前線をあずかった。造営局で境内林設計を担当した技師のうち唯一、大正九年（一九二〇）の鎮座後に管理の技師を続けたのも本郷だった。その意味で本郷高徳は、現在につながる歴代明治神宮林苑技師の初代でもある。

　本多静六が「日本の森林を育てた人」、そして次にとりあげる上原敬二が「日本の造園学の創始者」として、林学・造園学の分野で今日的な評価を得ている一方で、本郷高徳は学問草創期の混沌のなかに置き去りにされたかのような存在だ。時代のはざまで苦労の多い役回りであった本郷は、「橋渡し世代《ブリッジ・エイジ》」とも呼ばれるようである。しかし、その「物静かで万事控えめ」な性格な

【図2-7】本郷高徳　本郷幸高氏所蔵

がら、無理なところに立派な神苑をつくるという広大な構想を着実に実施計画におとし、現実のものとしたという点で大きな役割を果たした明治神宮造営者の一人だ。[35] このあたりの功績については、後輩の上原敬二が以下のように先輩を評している。[36]

〔本多静六教授は〕造林を専門とし、造園家ではない。偶々自然公園を手がけているが、設計というほどのものは少ない。〔……〕教授の造園業績については本郷高徳氏の助力が莫大であり、本郷氏こそ縁の下の力持に甘んじた有徳の篤学者であった。

また同じく東京帝大農学の後輩で明治神宮造営にも携わった造園家・田村剛も、「我国に於ける造園学の発祥」と題した小論において、本郷の先駆的な功績を紙面を費やして紹介している。「我が明治時代に於ける造園学界の隠れる先覚者とはドクトル本郷高徳氏である。氏は恐らく造園学の研究に着眼せられた最初の人であつたであらう[37]」。

本郷高徳の業績がよく知られていない理由の一つに、彼自身が書き残したものがあまりに少ないということがある。ここでは、本郷家と明治神宮とのご縁により、ご遺族からお預かりすることになった未完の回顧録、『吾が七十年』をはじめとする貴重な手稿を手がかりに、「彼が七十年」の実践のありようをお伝えしたい[38]。世代から世代に橋をかけ、林学者ながら造園学に橋をかけ、そしてドイツ林学と日本の社寺林苑に橋をかけた人、それが明治神宮造営者・本郷高徳である。

*留学前夜

二十八歳の年、林学を学ぶためドイツ・ミュンヘン大学に留学するまで、本郷高徳の道のりは決して平坦ではなかった[39]。

明治十年（一八七七）十一月一日、東京牛込で旧宮津藩士・福田長之の次男が誕生する。この福田徳三がのちの本郷高徳である。徳三の学問は、八歳で通い始めた牛込原町の寺子屋風学舎から始まる。折原老先生と呼ばれた手習師匠による指導は、書道が中心だった。十二歳の頃、四谷広瀬小学校高等科に転入、続いて十五歳で神田錦町の東京英語学校へ。ここで校長だった杉浦重剛らから本格的に英語を学ぶ。算術の授業も教科書が英語であり、そのお陰で後年英語力不足で困ったことはなかったという。さらに明治二十六年には、神田一ッ橋の高等師範学校附属中学校へ編入、成績優秀につき卒業後は推薦により無試験で第一高等中学（二部一年）に入学する。ドイツ語の授業も始まり張り切っていたのもつかのま、おそらくノイローゼと思われるが、本人によれば「脳衰弱」のため休学を余儀なくされる。二年の休養が必要となったが長期の休学は許されず、「涙を呑んで」退学を決意。明治三十年に東京帝国大学農科大学乙科に入学したのは、第一に「健康の恢復」のためで、地質学専攻を目指していた初志を翻してのことだった。しかし、植物採集、演習林実習等の実学が心身にあい、後年、初心を断念することにした決意が「誤らざりし［こと］を喜ぶ」結果となった。

この農科大学で、「当時の錚々たる独逸仕込み」の学者、川瀬善太郎、本多静六らの学問に触れる。しかし、彼が入学した乙科は、在学中に実科と改められた「専門学校程度」の扱いだったようで、明治三十三年に卒業後は大学に残らず、群馬県立農業学校で教職の道に入っている。一年余りの田舎生活で、「鳥なき里の蝙蝠」のように向学心が薄らぎつつあった本郷を、農科大学造林学教室の助手として呼び戻してくれたのが、「恩師」本多静六先生だった。本多・本郷の生涯変わらぬ師弟関係はここから始まったものである。

学問の道を行き惑っていたこのような時期に、彼はその後の人生を変える転機を二度経験する。一度目は、明治二十七年、附属中学校時代に本郷家の養嗣子となったことである。これは、本郷家に嫁いでいた姉・房子が夫と死別して福田家に復籍したことから、かわりに徳三が本郷家を継ぐことになったためだ。福田徳三は、十七歳で本郷高徳と名を改める。余談ながら、福田の家は学問優秀であったようで、姉・房子には、七歳の頃外国留学の話が持ち上がったことがあるという。岩倉具視使節団のことである。留学が実現していればもう一人の津田梅子となったかもしれないが、父長之が幼くてかわいそうだからと打診を断っている。

二度目の転機は、造林学教室助手となって二年後の明治三十六年のこと、埼玉県北葛飾郡桜田村の名家、白石昌字の二女徳子との結婚による。本郷高徳のドイツ留学は、義父・白石昌字の財政支援によって実現する。本多静六が、彰義隊の生き残りの本多晋という後ろ盾を得たように、本郷もまた白石昌字という理解者を得た。この縁組には、「徳子さんと一緒になって、白石さんに留学の面倒を見てもらえ」という本多から本郷への助言があったとも聞く。実は、白石昌字の妻・米子の妹は、静六の生家である折原の長兄・金吾に嫁いでおり、その意味で両者は縁戚関係にあったわけで、本多の助言もあり得ない話ではないだろう。

白石の援助で私費によるドイツ留学が約束されたことで、農科大学助手を辞めて準備に専念し、明治三十九年八月二十二日、いよいよ横浜港を出帆する。目的地はミュンヘン。ドクトルの学位取得を目指し、当初からミュンヘン大学への入学を志していた。

＊マイルの森で語り合う

本郷高徳は、明治三十九年八月二十二日の横浜出航から四十四年三月七日に敦賀港に帰り着くまで、ほぼ毎日欠かさずに綴った日記帳を三冊残している。のちの人生を決定付けることにもなった約四年半、一人の日本人留学生の充実したドイツ時代を、その日々の記録からうかがってみたい。[40]

十月十四日、マルセイユ埠頭からは陸路を乗り継ぎ、ほぼ五十日間かけてミュンヘンに到着する。仮の宿に落ち着いた後、さっそく今後の指導を乞うたのが「日本との縁故深き」ハインリヒ・マイル先生だった。マイルが東京農林学校で教えていた頃、本郷はまだ十一十三歳であったから、日本時代に接点はなかったはずで、これが初対面ではなかったか。あるいは、明治三十六年、バイエルン国ブレヒト皇子の随行として、マイルが三度目の来日を果たした際に、顔を合わせる機会があったのかもしれない。[41] いずれにしても、この時からミュンヘンを去るまで、Prof. Mayr の名前は幾度となく日記に登場することになる。[42]

十月十七日 [……] 汽車ニヨリテ Grafrath ノ林業試験所ニ Prof. Mayr 訪問。修学ノ方針ニ就キテ相談シ、同氏ノ勧メニヨリ兎ニ角一時此地ノ大学ニ林学ノ講義ヲ聞クコトトス。

日本での任期を終えて明治二十四年二月に帰国したマイルは、定年退職したカール・ガイヤーの後を継ぎミュンヘン大学で造林学を講じていた。この日、本郷が訪ねたミュンヘン郊外にあるグラフラート林業試験所とは、マイルの父親の時代から管理・経営を続けてきた国有林で、明治十五年からはマイル本人がその所長を勤めていた。この森では、世界各地から収集された樹種の苗木が試験的に育成されており、マイル自ら日本から持ち帰った苗もここに植えられ、ドイツでの育成状況調査が進んでいた。のちに本郷がマイル教授から与えられる学位請求論文のテーマが、

「独逸に推奨すべき価値ある日本産樹木及灌木」に関する研究だったのは、それが教授自身の研究テーマでもあったからだ。[43]

グラフラートの森は、本郷にとってミュンヘンにおける主要なフィールドの一つになった。マイル教授に会うため、そして日本産樹木の生育成績を調査するため、頻繁に足を運んでいる。時には、マイルの家族から試験所での食事に招かれ、ともに散策を楽しんだこともあった。理論と実践、学問の両輪を生きたマイル先生の姿勢は、本郷高徳に少なからぬ影響を与えたはずである。明治四十四年一月二十四日、五十六歳でこの世を去ったハインリヒ・マイルの墓は、今もこの森のなかにある【図2-8】。ドクトルを取得した本郷がミュンヘンに別れを告げたのが、師が亡くなったその日だったのはいかなる偶然か。二十八日、帰路のパリで訃報を知った本郷は、ミュンヘンに弔辞を送っている。本郷高徳は、教授の最後の弟子でもあった。

【図2-8】ミュンヘン郊外、グラフラートの森にあるハインリヒ・マイルの墓　著者撮影

＊造園ことはじめ

もっとも本郷本人は、マイルから与えられた研究テーマは「さまで意に充たぬもの」だったらしく、ドクトル取得を目標とした林学研究の一方で、造園の分野は独学で「書籍と実地の見学、調査とにより広く、自由に研究する」ことを当初から目論んでいたようだ。

実は造園への関心は、留学前の造林学教室助手時代から本郷のなかで大きな位置を占めていた。[44]

教室の書架には少数ながら和、英、独の庭園書もあり、余暇には日本の庭園と欧米のそれとを、おぼろげながら窺ふこともできたので、此の方面への興味追々に加はり、遂に公務以外はこれに没頭し、本多博士は当時日比谷公園の設計に苦心された頃とて自然公園設計の助手格ともなり、遂には造林学を従とし、将来庭園の専攻を以て立たんかと決意するに至った。

明治三十五年頃の本郷が、「造林学の研究に没頭するよりも、寧ろ自然美殊に森林の美的方面や庭園に関して興味を惹かれ始め」ていたことは、後輩の田村剛も記憶している。同じ頃に、本郷が「何となく心惹かれて」手にしていた洋書に、ザリッシュの『人工林の美学』があったというのは、興味深い。前述したように、ザリッシュは明治十八年のこの著作により、「森林美学」という新しい学問領域を提唱しているからだ。このように見てくると、本郷のドイツ留学計画は、本人の高い意識のもと、非常に周到に準備されて実現したものであることが分かる。

事実、彼は四年半の在学中、授業の一環で出かけた国内各地の森林視察のほかに、長期休暇を利用して「庭園及庭園的設備の視察、調査」に精力的に出向いている【図2-9】。その範囲は、ドイツ国内のみならず、スイス・オーストリア・ハンガリー・ベルギー・オランダ・イタリア・イギリス・フランスとヨーロッパ各地に及び、「其の収穫は後年、設計、計画の参考として百巻の書冊にも勝る貴重な資料となった」。

【図2-9】ミュンヘン大学の林学実習（中央が本郷高徳）　本郷幸高氏所蔵

例えば、明治四十一年八月にドイツ樹木協会大会に参加した際には、大会終了後一月以上をかけて単独の「欧州見学旅行」を敢行。[45] ハンブルクにある明治十年開園のオールスドルフ公園墓地では、その規模の大きさと、花壇・バラ園・噴水等の趣向を凝らした「庭園的墓地」という発想に、「独逸人が世界一を誇るも無理ならん」と驚嘆する。そして墓地の「衛生的、園芸的」研究が、日本でも将来大いに必要であると関心を寄せている。

一方で、ハンブルクが港湾を擁する商業都市であるため、船が吐き出す煤煙がひどく、針葉樹が生育不良で濶葉樹には害が少ない状況を指摘してもいる。本郷は煙害について特に生理的な嫌悪感が強く、別の機会に訪れたロンドンでは、ハイドパークもケンジントンパークも煤煙のために昼なお暗く、「心地善からず」とにべも無い。十日間ほどの滞在だったが、「雑踏と悪空気」にてあまり永い滞在は好ましくないといい、その前に立ち寄ったパリとは対照的だった。あまりのことに持病の頭痛で数日寝込むほどで、「眠れば悪夢、醒むれば頭痛、不愉快限りなし」[46]。本郷が、都市環境における煙害の深刻さに人一倍敏感であったことは、ここで指摘しておきたい。

*ミュンヘン物語

滞留四年半に及んだミュンヘンは、本郷にとって「第二の故郷とまで思はしめたほど好感の土地」であった。ミュンヘン在留邦人は当時二、三十名ほどで、ベルリンに次いで多かったという。顧みれば、ミュンヘンは明治十九年に一年間、森鷗外が衛生学を学んだ地でもある。精神科医でもあった斎藤茂吉は、ウィーン大学神経学研究所で学んだあと、大正十二年にミュンヘン大学に転学している。本郷の日記には、「ヒルレンブラント婆」方にて牛肉のすき焼きと日本飯を食う、という記述がしばしば登場する。留学生らに親しまれていたという「日本婆」なる存在に興味を惹かれていたところ、この女性はマリー・ヒルレンブラントといい日本人留学生専門の下宿を営み、実は茂吉も世話になっていたことが分かった。彼も婆さんのすき焼きに舌鼓を打った一人だった。このことは小松伸六氏の『ミュンヘン物語』で知った[47]。ここにも邦人コミュニティの長い歴史があった。

【図2-10】ツェルナー家と本郷高徳が住んでいたTengstr.14にあるアパート（写真左側の建物)。写真左は明治41年撮影、右は現在　写真左：ミュンヘンシティー・アーカイブス所蔵、右：著者撮影

のちに本郷自身、「欧米の他国では望み得なかった」と回顧するほどミュンヘンが得がたい故郷となったのは、彼が下宿したツェルナー一家に負うところが大きかった。留学中ほぼ全期間、この家族の家を下宿にしている【図2－10】。その間、ツェルナー家はミュンヘン市内で転居するが、大家と一緒に下宿人も引越しているのだから、まさに家族の一員だったことがうかがわれる。一家は交通省勤めの主・ゲオルグに妻ソフィー、一男ヘルマン、一女マルガレタ（通称メタ）の四人で、連れ立っては観劇に出かけ、クリスマスはともに祝った。この交流は帰国後も続き、大正十一年に本郷が再渡欧した際にも、ツェルナー母娘と「旧情を温め、涙の別れ」を惜しんでいる。

また、時を同じくして留学した日本人同士の結束は、先につながる大きな財産ともなった。互いに駒場の農科大学出身である川島明八、中澤亮治両氏とは、連れ立って旅行へも出かける仲で、三人が中心となり「駒場連合会」を結成しビールを酌み交わしている。文部省留学生だった川島氏はのちに鹿児島高等農林学校の初代校長に、醸造試験所に勤め農務省海外実業練習生として滞留した中澤氏は、台北帝大教授に就任した【図2－

【図2－11】ミュンヘン在住の日本人仲間とともに（後列一番左が本郷高徳）　本郷幸高氏所蔵

11】。

本郷はさらに、視察等で訪れる同胞の世話役・案内役も数多く引き受けた。駒場時代の恩師である古在直由、石川千代松、佐々木忠次郎らのほか、医学者でベルツの助手でもあった三浦謹之助や、建築家・田辺淳吉等も本郷に案内を乞うている。明治四十年の欧米出張でミュンヘンを拠点とした本多静六には、寓居の手配から本郷が世話に当っている。

しかし、ドクトル取得を目指した学問の道は多く孤独だった。論文執筆にとりかかり始めてからは特に、頭痛に苦しみ、不安な夜を過ごしていたようだ[48]。

［明治四十二年十一月］三日　水　曇（天長節）

脳病直らず。終日鬱々として暮す。［……］　赤葡萄酒にて胡麻［か］さんとせん、頭も益々さへて眠られず。暁になりて少しく眠る。再び昨年と同じき不眠症の前徴か。病を苦にして自から命を断ちし人々の胸中も思ひやらる。

明治四十三年十二月十四日、ついに半年前に提出した学位請求論文に対する口述試験の日を迎える。諮問担当の教官は、ブレンタノ教授（国民経済学）、チュブッフ教授（植物学及植物病理学）、シュプファー助教授（森林経理学）そして、マイル教授（造林学）の四氏だった[49]【図2－12】。

各教授の問は平凡・平易のことにはじまり、次第と微に入り細に亘りてのことなりしも、淀みなく応答のすらすらとできたのは、自分ながら上出来と安心したことであった。終了後四教授疑議、直ちに「合格、成績最優等」と言い渡され、茲に「ドクトル・エコノミー・プブリケー」の学位を望み通り得た訳で、努力と苦心とが予想外の好成績を以て酬いられ

Forstlich und gärtnerisch
empfehlenswerte Halbbäume und Sträucher
der
japanischen Flora.

Inaugural-Dissertation
zur
Erlangung der Doktorwürde
der
staatswirtschaftlichen Fakultät
der
Königl. Bayer. Ludwig-Maximilians-Universität zu München
vorgelegt von
TAKANORI HONGO
(Tokio).

MÜNCHEN 1911
Kgl. Hofbuchdruckerei Kastner & Callwey

【図2-12】本郷高徳の学位請求論文「独逸に推奨すべき価値ある日本産樹木及灌木」 ミュンヘン大学図書館所蔵

たことの安心と感謝と歓喜とは、全く筆舌に尽し難きものであった。

明治四十四年一月二十四日、パリ・ロンドン・ベルリン視察ののちシベリア経由で帰路につくべく、ミュンヘンを後にする。「名残惜しきMünchenよ、四歳の留学地、今や去りて故郷に帰らんとす、感無量[50]」。

＊森と庭の架け橋

帰朝後の明治四十四年四月から大正六年に明治神宮造営局技師に任命されるまで、本郷は母校、東京帝国大学農科大学講師として、林学実科で森林保護学とドイツ語を担当した。この期間、留学以前から温めていた林学と造園を両輪とした学問に乗り出すことになる。とはいえこの当時、「造園学」と称する学科はなく、その呼称すら未だ存在しなかった。ここにまず、ミュンヘン時代に培った人縁から道が拓く。

大正二年三月から、本郷は駒場講師と掛け持ちで、千葉大学園芸学部の前身である千葉県立園芸専門学校講師として、「吾邦最初の庭園学」を講ずることになる。この話は、留学後半の明治四十三年十月、学事視察でミュンヘン入りした同校校長・鏡保之助から「帰朝後は是非に同校で庭園学を」と要請をうけたことから実現した。本郷による「庭園論」の授業は、「上古ノ庭園」から「公共的ノ庭」に至る庭園史を展開し、かつ対象領域を「国土修飾」にまで広げるなど、庭園学という学問の体系化を目指した意欲的な取組みだったという。なお、在職中には、本郷の進言により補助学科の「美学及建築学大意」も開講している。[51] 回顧録『吾が七十年』に、「造園学の黎明期で、此の事だけは吾が造園学史に特筆して置きたい」という一文があるように、本郷自身にとっても画期的な仕事だったに違いない。

時を前後して、駒場の造林学教室でも「愈々造園を学として名乗りをあげる」ための講義が開始されている。本多静六、本郷高徳、田村剛らによって始められた「私的公開の講義」がそれで、「景園学」の名称で開催され、のちに「造園学」と改められた。本多静六が総論、田村が東洋景園史、そして本郷が西洋景園史を担当している。[52] 留学時の知見を活かした本郷の講義が、造園学の形成期に大きな役割を果たしたことは疑いなく、それはこの時期に学生として「林学と造園学の融和、共存」を模索していた上原敬二が、造園の分野で多少でも頼りとなったのは、「本郷高徳講師一人だけ」だったと回想していることでも分かる。[53]

機運が開けて来た——。本郷が本腰をいれて取り組むことになる大事業がこのころスタートする。それが、明治神宮境内林苑造成だった。大正四年五月一日に明治神宮造営局が設立されるまでは、まず内務省神社局嘱託として、五月以後は大学講師を兼務しながら造営局嘱託として参与。そして、大正六年九月には、東京と千葉での講師の職を辞して、造営局技師の任務に本格的に専念することになる。

＊巧まざる匠の森づくり百年計画

あらためて本郷執筆による『林苑計画』から、理想の境内林苑像が形成されるまでの思考の道筋を読み解いてみよう。鎮座地東京の環境要因に配慮した広葉樹の森づくりという、計画のいわばグランドデザインを敷いたのが本多静六だとすれば、その下で実事に腐心し、実践計画の詳細を究めたのが本郷高徳だった。

まず、計画の大要を記した冒頭の「総説」で、鎮座地として選定された代々木御料地は、御祭神に由緒が深い場所ではあるが、「林苑トシテハ必シモ理想的ノモノニハアラサリシナリ」とはっきりと言及していることに驚く。[54] というのも、崇敬の念、森厳の感をあらしめる神社の森とは、「常二」亭々として昼なお暗い「すぎ、ひのき等ノ針葉樹林」こそふさわしいという理想に基づいているからである。ゆえに、明治神宮の林苑としても「此種ノモノヲ欲スルコト勿論」のはずだと前置きする。[55]

では、なぜ代々木で針葉樹の神苑が望めないのか。それは、森林帯上暖帯に属するこの地を郷土とし、且つ都会特有の煙害に強い樹種でないと、常に鬱蒼とした森を将来にわたって持続することは困難だからだという。煙害については、林学者ばかりが危機感を抱いていたのではない。事実、鎮座地が確定した後の大正三年七月には、神社局長井上友一が東京市長阪谷芳郎に宛てて、近接する淀橋浄水所・渋谷発電所の煤烟を懸念する内翰を送っている。これには両事業所が煤烟防止策を講じることで応えている[56]【図2－13】。

つまり、本多にしても本郷にしても、明治神宮東京反対論を展開していた頃と根本で主張はかわっていない。郷土の気候風土に適応し煙害にも耐性がある樹種は常緑濶葉樹であるという結論を、専門家として彼らは既に共有していた。だがそれは神社林としては理想的ではないだろうという問題意識があった。にもかかわらず、鎮座地の前提条件は自分たちが覆すところではもはやなく、しかも「千年万年」までの人工林をつくる方法論を提示しなくてはならない。とするなら、理想の林苑像そのものを転換する必要が生じる。

『林苑計画』では、「林苑ヲ支配スヘキ主林木」を樫・椎・楠等の常緑濶葉樹と決定した理由を、以下の三要件として提示している。[57]

一、最良ク気候風土ニ適シ且四周ヨリ襲来スル危害ニ堪ヘ永ク健全ナル発育ヲナスヘキモノタルコト

一、林苑構成後ハ成ルヘク人為ニヨリテ植伐ヲ行フコトナクシテ永遠ニ其林相ヲ維持シ得ルモノ即チ天然更新ヲナシ得ルモノタルコト

【図2-13】造営前の鎮座地・代々木。現在の宝物殿前芝地付近。淀橋浄水所の煙が見える　明治神宮所蔵

一、林相ハ森厳ニシテ神社林トシテ相応ハシキモノタルコト

些細なようだが、この三要件の順序は重要である。代々木に造営するなら、一、気候に適し煙害（襲来スル危害）に耐える樹木こそ、二、永遠に維持可能であり、三、そのような樹木のみが森厳な神社林を構成し得る。つまり、「森厳な神社林」の要件は常に大前提として針葉樹にあるのではなく、むしろ、その土地の環境に適し、自然本来の力で天然更新を可能にする樹種を重視して林相を構成するべきで、そのようにして形成された神社林が湛えるものこそ「森厳さ」とよぶに相応しいという、逆転の発想だ。広葉樹による森厳な神社という新しい理想が、神宮造営を通して立ち上がる契機はここにある。

このような基本方針のもと、具体的な植栽計画が策定された。『林苑計画』では、約百年で天然林相を実現することを目指し、四段階の遷移経過を予測している【図2－14】。第一段階は、造営当初の一時的仮設の状態である。赤松・黒松を主木として上冠木を形成し、その間に成長の早い檜・杉等の針葉樹を植える。さらに下層に将来の主林木となる樫・椎・楠等の常緑広葉樹を配し、灌木類を下木として植栽する。第二段階では、檜等の針葉樹が林冠最上部を占めていた松を圧倒、数十年後に最上部を支配する。第三段階で、樫・椎・楠の常緑広葉樹が支配木となる。これらの樹間に、杉・檜等の大木が混生する状態だ。第四段階で、樫・椎・楠がさらに成長し針葉樹は消滅。土地に最適の天然林相に達する。

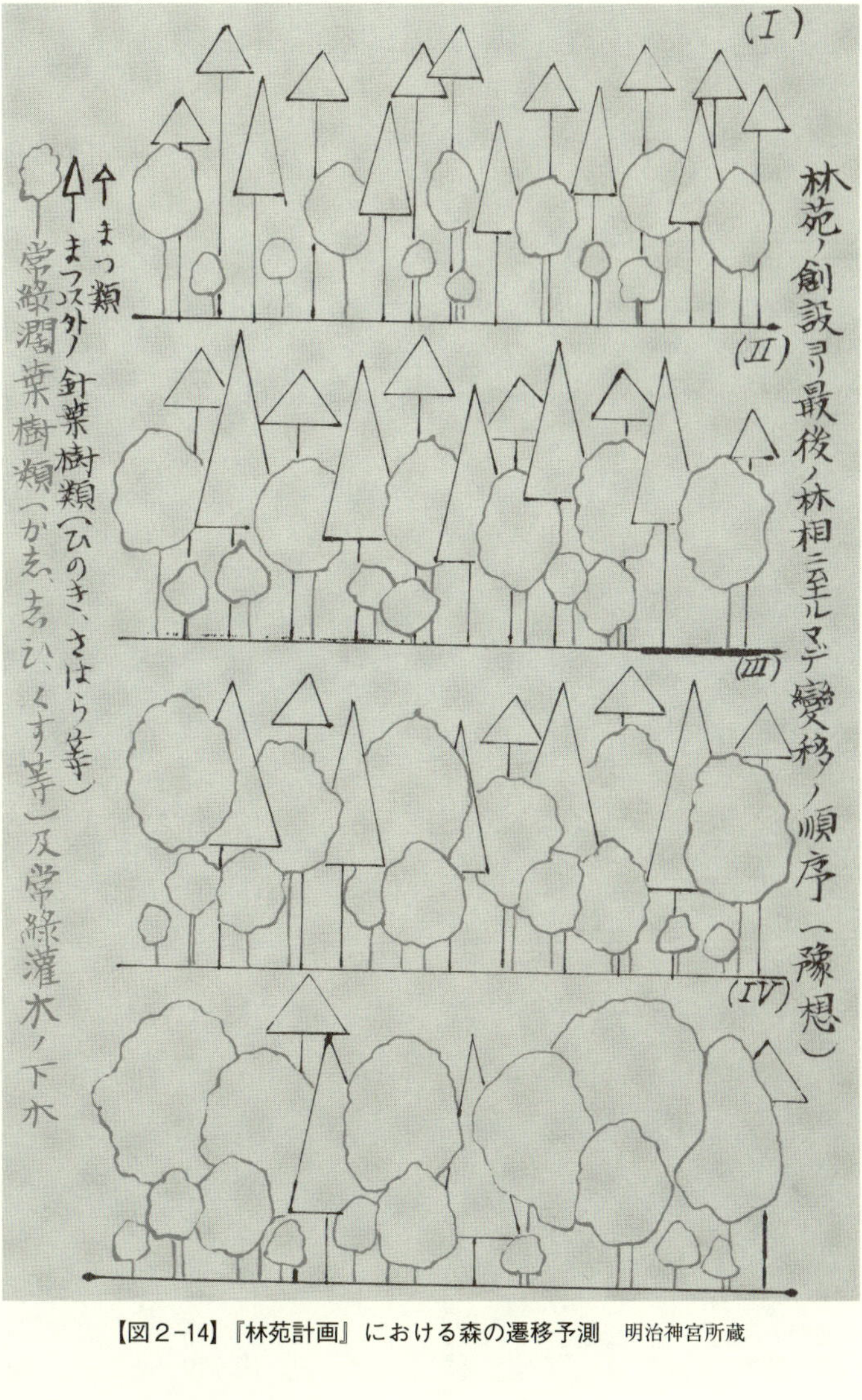

【図２-14】『林苑計画』における森の遷移予測　明治神宮所蔵

＊森林美を求めて

ところで、造林における技術的な問題から、従来の鎮守の森の理想像を転換させていく役割をも果たすことになった本郷たちであるが、この展開を支えた彼らの思想的な根拠とはどのようなものであったか。筆者は、ここにこそドイツを通過してきた者たちによる「森林美学」的な発想があったのではないかと考えている。[58] 実は、椎・樫・楠の広葉樹を主木とした植栽計画が世に出たところ、神聖な神宮の森を藪にするとは何ごとだという批判も少なくなかったという。この話は次節に詳しく述べるつもりだが、反対にあいながらも、土地に最適な天然林相を理想に掲げた、その心のよりどころはどこにあったかということだ。

そもそも、「森林美学」という訳語は、ドイツで師事した林学者・ステッツェルの著書、『森林美の保続』を翻訳した本多静六が初めて用いたものだという。明治四十三年、本多は東京帝大造林学教室で「森林美学」を講義、その翌年、帰朝した本郷高徳がこれを受け継いだ。自然の指示するところに忠実に従い、自然の声に耳を傾けるならば、その森林は最高に美しい森林となる――「森林美学」の提唱者ガイヤーからその支持者マイルへ、そして弟子の本多、本郷へ。現在、わが国で唯一「森林美学」を講じている北海道大学大学院農学研究院の小池孝良教授によれば、森林の自然な取り扱いに「美的」な価値を置いた明治神宮の林苑設計には、当時のドイツ造林学的な理想の影響がつよく感じられるという。[59] ちなみに、北大造林学の初代教授、新島善直もまた東京農林学校時代のマイルの教え子であり、ドイツ・ギーセン大学留学中は、ミュンヘンの本郷を訪れ親交を結んでいる。[60]

明治神宮造営以後、本郷は再び大学に戻ることなく、内務省神社局嘱託として後半生を内外神社林の造成に捧げた。昭和四年に刊行された本郷唯一の著作『社寺の林苑』には、「社寺風致林の理想」についてこのように言及している。社寺の森林は、「森林美の利用を主眼」とする点では名勝地の森林や公園林と違いはないが、「寧ろ、林木の生々発展によつて表現された清浄、厳粛なる、自然そのまゝの林相こそ最も貴ぶべきものである」[61]。ここに、ドイツ林学から社寺の林苑へと橋を架けようとした、本郷高徳の一つの到達点を見ることができるのではないだろうか。

四、術から学へ——上原敬二

＊遅れてきた先駆者

大正時代はわずかに十五年内外、前代より短く、明治、昭和両時代に挟まれた期間だが、この期間に起きた事績は著しく重要なものであり、日本造園界の向背を決するものでさえあった。核心の時代、充実した時代といってもよく、その最大のものは前半期以来のもの、明治神宮境内及び外苑の完成である。これあるがため日本造園界の画期的発展を見た。ついで大学その他の学校における造園教育の進展、各種造園団体の興隆に指を屈する。

上原敬二『この目で見た造園発達史』の一節である。[62] 神宮造営を通して得た林苑づくりの理想と技術を普遍化し、学問として確立させていったのが、誰あろう上原だ。「日本の造園学の創始者」といわれる所以である。

明治神宮の「杜」の代表的造営者としてあげた本多・本郷・上原だが、神宮との関係性ということにおいて、上原には他の二人と異なる点がいくつかある。まず本多・本郷は、造営局に参画した時点で、それぞれ大学教授・講師という指導者側の人間であったが、上原は大学院生であったということ。そして、本多・本郷が留学後に林苑計画に携わったのに対し、上原は計画に関与した後ではじめて海を渡った人物だということ。

では、上原敬二にとっての明治神宮造営体験とは何であったか。それは、彼が西洋を経て帰国した後に、はっきりとかたちとなって現れるのだ。

【図2-15】上原敬二　濱野周泰氏所蔵

＊明治神宮という実験

上原敬二は、明治二十二年（一八八九）二月五日、東京深川区富岡門前町に生まれた[63]【図2-15】。父・安平は、材木店ながら伏見宮家造林掛という肩書きを持ち、宮家財源林で薪材の伐り出しを監督してもいた。将来、林学に進む素地は十分にあったといってよい。しかし、本人曰く「木材は好まなかった」。樹木の遺骸としての材木ではなく、生きたままの樹木を取扱いたいと考え、それが「造園」への志向につながったという。

明治四十四年、第一高等学校大学予科を卒業し、東京帝国大学農科大学に入学。本多教授および帰国後まもない本郷らのもとで、林学を学ぶ。造林学教室では、まさに本多・本郷らが「森林美学」の講義を開始しており、林学と造園学のあいだにある学問として、上原がこの「森林美学」に関心を持ったのがこの頃のようだ。大学にあったのは、ドイツで森林美学を提唱したザリッシュの著作ぐらいだったが、上原はその本から学んだ。本人は一生を学究生活に送ることを早い時期に決意し、大正三年九月には、森林美学専攻で大学院に進学する。しかし、一年足らずで退学を余儀なくされる事態が起きた。それが、明治神宮林苑造成事業だった。

既にこの章の冒頭で触れたように、本多研究室では大正三年春頃から、明治神宮境内林苑計画づくりが内々に始められていた。上原もこれに教授の助手として参画し、翌四年四月からは内務省神社局嘱託扱いにもなっていた。しかし、本人はあくまで大学院での研究を主と考えており、「正式に公務員として」任官するつもりはなかったという。それが、本多静六から「枉げて就職せよ」と、最後は半ば懇願されての就任となった[64]。大正四年五月、大学院を退学し、明治神宮造営局技手に。下っ端役人であり、かつ庭師をまとめる現場主任でもあった。

研究者の卵だった上原にとって、明治神宮造営とはまずなにより「研究」の対象であり、その現場は「試験場」でもあった。「試験屋」の上原とあだ名され、造営局の上司としばしば衝突しながら、その後三年間、必要と思った調査・実験は可能な限り実施した[65]。

大正七年秋に再び大学院にもどり、研究成果をまとめた論文が『神社林の研究』、『神社境内の設計』であり、『樹木根廻運搬並移植法』であった。上原によれば、前二者は「前人未踏の領域を開拓したもの」、すなわち造園の部門で、とくに造園計画にあらたに神社境内を加え得るところまで向上させたものという。後者は樹木移植に当たって必要な条件、施工方法などの実証的な議論だった【図２－16】。そして大正九年四月、前者を主論文、後者を参考論文として林学博士号を取得するに至る。[66] 上原敬二にとっては、造成工事自体がひとつの壮大な実験であり、完成した林苑はそのエビデンスに他ならなかったのだ。

【図２-16】白銀火薬庫跡から代々木へ椎の巨木を運搬する様子　加勢充晴氏所蔵

＊日本に見出された理想

実は、上原が独立独歩で敢行したさまざまな調査や実験は、本多・本郷らが進める境内林苑計画を遂行するうえで力を発揮している。

「神社境内の設計については新境地で、依拠すべき文書がない」。そこで上原は、全国にある当時の官幣大社八十余社のうち、神宮境内に参考になるべき約四十社を実地調査し、境内図、樹木配置図を整理・作成している。これこそ従来の造園家が試みたことがない「前人未踏の領域」だった。調査をかさねるなかで、上原が「神社境内林の理想形」であると心に描くことになったのが、大阪府堺市にある仁徳天皇陵であったというのは興味深い。これは、宮内省の山口鋭之助諸陵頭の知己を得、特に許されて御陵林の一部を視察したことが契機となった。[67]

陵内は全くの原生林、恐らく数百年の間人工は加わっていない。あまりの荘厳さに足がすくんだ。いわゆる照葉樹林、地床は絨緞を踏む如く、数百年の落葉の堆積、樹木の生長は実に見事であり、全く手入不要である。

人の手が入らない照葉樹の森。上原はその原生林のようなたたずまいに「荘厳さ」を感じとった。「全くの藪である。永遠に変らない極限の林叢である。百年の未来を想うがゆえの思慮であった」[68]。以来、神社林の設計では、この「藪」のような原生林を究極の理想として進めなければならないという深い自覚を持ったという。つまり、本多・本郷がドイツの森林美学を通過して会得した明治神宮林の理想――天然更新で永遠繁茂する常緑広葉樹の森――に、上原は陵墓林で見た、いわば「究極の藪」を通してたどり着いたということになる。

ところが、上原のこの談話が新聞で紹介されたことから、先に触れた「神宮の森を藪にするとは何事か」という反論が巷で湧き上がった。上原をはじめとする林苑計画者たちにとって大問題だったのは、真正面からこの反対の論陣を張った人物が、短期間ではあったが神社奉祀調査会会長及び造営局副総裁も務めた、時の総理大臣大隈重信だったからだ。[69] 大隈の主張は、神宮林が藪であっては見苦しい、将来は伊勢神宮のような杉の巨木林にして、森厳悠久の神社林を現出すべしというものだった。鎮守の森には、杉や檜のような針葉樹林こそふさわしいという理想論である。

　大隈に対して、気候風土と森林植生の関係を熟知する本多が会いにでかけ、針葉樹林はこの土地には永久に持続しないと説得したが、首を縦に振らない。「大臣は人を煙にまいて平気な性格、教授もなかなか口では負けない頑固もの」。さあどうなるかと、上原をはじめとする弟子らは当初この成行を傍観していたが、いつのまにか上原に説得役のお鉢が回ってきた。

　そこで、本多に知恵を求められた上原が提案したのが、専門的な実験結果を用いて杉が不適格であることを実証することだった。これは、杉の適地・不適地、両地における生長状態を、断面図と表解によって示すもので、「樹幹解析」と呼ばれる手法であ

【図２-17】明治神宮造営局時代の上原敬二（左）　濱野周泰氏所蔵

る。本多は大喜びでこの上原の進言に飛びついた。結局、上原が三日三晩かけて作成した図面が功を奏し、大臣を納得させることに成功したという。まさに「試験屋の上原」の面目躍如であった。

森の専門家と大隈とのこのやり取りは、どうして明治神宮が杉林ではなく樫や楠などの広葉樹の森になったのか、その由来を伝える造営秘話として紹介されることがある。しかし管見によれば、この事件に直接言及しているのは、造営者では上原のみだ。問題解決の当事者だったからこそ、記憶に留め得たのかもしれない。いずれにしても、この一連のエピソードが示唆に富むのは、上原が何をよりどころとして「理想の林苑」像を維持しえたのかという点に関してである。何よりも明治神宮の森の模範を、「日本」のなかに見出しているということが興味を惹く。この理想型としての仁徳天皇陵という語りも、本多・本郷には無い上原に特徴的なものである。土地に最適な天然林相という神社林のモデルイメージを、上原は日本各地で「前人未踏」の調査を重ねることで獲得し、かつ補強した。そして重要なことに、本書の関心からいうと、この上原敬二にはこの時いまだ「西洋体験」が不在である。

上原敬二における「明治神宮造営と西洋体験」。それでは、次にこのテーマを追いかけてみよう。

＊心の震えを引き金として

上原最初の外遊は、大正九年七月のこと。つまり、同年十一月の内苑造営工事終了前だ。彼にとっての明治神宮造営は、出国三ヶ月前に学位論文としてまとめたことでひとまずその手を離れており、この度は林学博士として約一年三ヶ月の私費留学だった。さて、上原が明治神宮造営で得たさまざまな知識や技術は、欧米留学を経て、さらに上原が言う或ることが「引き金」となり、やがて造園学というひとつの学問体系へと収斂されていくことになる。[70]

造園学の発祥にはさまざまな事象が関係しているが、［……］何といっても欧米の造園学が半世紀も前から発展して来た情況を見聞して帰朝した筆者の胸中の鬱積が直接の動機とされる。それの引き金となったのがこの関東大震災の襲来である。

右は、上原敬二著『談話室の造園学』の一節である。造園学発祥の「引き金」については後で触れることにし、まず欧米の造園学を見聞したという上原の足跡をたどってみる。

既に学位を取得していた上原の場合、本多や本郷のように特定の大学には所属せず、各国の林学及び造園事情を視察することを目的とした。[71]本人いわく「誰に遠慮はいらず、金はないが時間は自由」の旅暮らしだ。アメリカでは都市公園、国立公園の視察、イギリスでは田園都市問題、フランスでは古庭園、スイスでは風景、ドイツでは森林問題と夢は膨らんだ。東洋汽船会社のサイベリア号でまずアメリカへ向かうはずが、船内でハワイの学術会議に出席するという日本人研究者の一行と知り合うと、キラウエア火山他の見学に急遽同行している。しかし、これがのちに海外国立公園研究の端緒になったという。

その後アメリカに渡り、セントラル・パークでは十数日間、清掃を主とした今で言うアルバイトも経験した。その間に、市公園課の老吏員と知己になり、往時に彼が見聞きした路網設計の数々について口頭の話として知る機会を得た。さらにヨセミテ国立公園、イエローストーン国立公園等にも足を運んでいる【図２－18】。

【図２-18】ヨセミテ国立公園のセコイアの大木前で。車の傍に立っているのが上原敬二　上原敬二『旅から旅へ　わたり鳥の記』(大正11年、新光社)

次いで渡ったヨーロッパ大陸でも、汽車を頼りに、あとは二本の脚でほうぼうを駆け回った。大学在学中から森林美学の発展国としてあこがれていたドイツでは、「飢えたものが食に就くような激動をもって全土を巡遊」[72]。ことに黒い森シュワルツワルトの印象は深く刻まれた。渡英前に関連書を多く読み問題意識を持っていたイギリスの田園都市では、マンチェスター、そしてロンドンに程近いウェリンにも実際に居を移して見学している。フランス・パリでは、フォレスチエー氏なるパリの公園部長を訪ね、同国の並木政策からその管理法に至るまで質問を重ねたという。

ところで先の引用に戻るが、欧米から帰国後、上原が抱えるに至ったという「胸中の鬱積」とはいったいなんであったか。

上原はそれを「学と術との境域」の問題だという。[73] アメリカ滞在中、彼は各地の大学や庭園関係の専門校等で、日本庭園の歴史について講演する機会が多々あった。その時に必ず出る質問が「此の如き歴史的の庭園は今日でも貴国に行はれて居るか」「それが現代の生活と如何なる関係に立つて居るか」「将来如何に之れを改造しやうと云ふのか」ということだったという。[74]

庭園に関して、たしかに日本には「古来技能」としての作庭が発達している。誰しもが驚くばかりの「知恵」を持っている人もいる。しかし、それは「学問」ではない。それでは学とは何なのか。この問いが、現地の造園講義を聞き、実習に加わり、また教授たちに意見を求めるときにも、常に上原の頭を離れなかった。

学には系統がなければならない。系統のない学というものはあり得ない。「知」は体系化されなければ、それは知識ではなくて知恵にすぎない。知恵はいくら高くても学として認められないのではないか。日本の「造園」はいまだ「学」ならず。学問として成り立たせるためには、自分が積み重ねてきた「知」に系統を立てなければならない――。それが関東大震災前夜の上原が、鬱々としながら考えていたことだった。

そして、大正十二年九月一日、東京、横浜の二大都市をはじめ関東数県が、震度七以上の大地震に襲われた。全壊十二万八千戸、焼失四十四万、死者約十万人、推定被害は六十五億円にのぼるといわれる。上原は下町深川の出身である。知人、友人の大半を失い、十棟の所有貸家はことごとく焼失し、生活の道を絶たれた。弟一家六人は本所被服廠跡で命を落としている。[75]

まもなく被災地を視察した上原は、東京の庭園、公園、並木、植栽の全滅の惨状を目の当たりにした。これは彼にとってあまりにも強い衝撃だった。しかし同時に、類焼樹木の快復力が残っていることに驚いている。樹木はかならず近く再発芽する。「いかにしてこれらの厄災から東京の造園を救うべきか」[76]。今こそ知識と技術を持つ者の責務として、これらを集積し、組織し、系統立てて世に送り出す必要があるのではないか。上原の胸のなかで、造園学創設の引き金が引かれたのはこの時だった。

＊学問としての造園の誕生

造園学を興すためには、何としても専門の造園学校を設立するよりほかに途はない。術を学に昇格させるには、学校開設、学校の講義、学説の発表、学会の設立、学術雑誌の発行が必要だ。そう考えた上原はこれら一つ一つを現実のものにしていく。そのために上原が費やした時間と労力、そして忍耐力には驚嘆するよりほかない。のちに、震災という厄災がなかったなら恐らく造園学校は生まれていなかったと回顧しているように、やはり使命感とでもいうべきものに支えられての動きだったに違いない。

まず上原は、井下清、龍居松之助という知己の造園仲間を協力者に得たうえで、本多静六に造園学校設立の腹案を打ち明けた。しかし本多から、無謀な挙であるといさめられてしまう。本多にしてみればわざわざ愛弟子に学校経営などという苦労はさせたくない、という親心でもあっただろう。が、「中止の勧告は心にしみて有難く思ったが」、決心は固かった。[77] 私費を投ずる覚悟で、しばらくは適当な建物の貸家探しに明け暮れる。そこで思いついたのが、協力者・井下清の母校でもあり、上原が林学講師をしたこともある東京農業大学の空き教室を借用することだった。造園嫌いで知られた時の学長横井時敬氏を、断られてはその三日後に再訪しを繰り返すこと六、七回。遂に根気比べに勝利し、農大の一教室を一ヶ月百二十五円の家賃で借りることに成功した。

大正十三年四月、東京高等造園学校開校。校長は上原敬二、当時、まだ三十五歳だった。顧問に本多静六、理事には本郷高徳が名を連ねた。本郷は講師として、この学校で「社寺の林苑」を講じてもいる。生徒募集の広告には「本邦最初の創設になる造園の綜合教育機関」と謳われた。[78]

これが、のちの東京農業大学造園科学科の前身である。

「学術としての向上にはかならず学会が伴うもの」。学校設立と前後して着手したのは、造園を専門とした学会の旗揚げだった。[79] これも井下、龍居両氏と相談し、三名協同の名の元に実現にこぎつけている。大正十四年四月に社団法人日本造園学会が創立した。そして、次は「会員獲得には機関誌が必要」。資金のあてもなく、当初は同志の内々で執筆を続けた。休刊は許されないので、上原も毎号「無けなしの頭をふりしぼって」連載を担当したという。学会誌『造園学雑誌』は大正十四年十一月に第一巻一号の発刊である。

明治神宮竣功から丸五年。日本における学問としての造園の成立に、上原敬二が果たした役割は大きい。彼が造営事業で培った知識と技術は、欧米の造園事情に触発され、そして大震災後の惨状を見て覚悟を決めた彼自身によって、造園「学」という一つの体系として編成され、日の目をみることになったのだ。明治神宮の造営を通して日本の造園学が誕生したといわれるのは、実にこの意味においてである。

五、未来を託して

十年先、二十年先、三十年先、きょう自分が植えた苗木がどのように成長し、いかなる立派な木となっているか、それを見ることの歓びを全員でわかち合う［のだ］。

＊森づくりモデル

一人の老人に導かれ人生の再起を探り始める、青年仁志の成長を描いた宮本輝の小説、『三十光年の星たち』の一節である。[80] 小説には、自然植生に基づいた森づくりを提唱するある植物学者に共鳴し、自社工場の周りに二万本もの植林を始める女性が登場する。百年先に思いを馳せて苗木を植える――植樹祭に参加した仁志と老人が受けた感銘は、その後も幾度となく呼び起こされ、まるで苗木とそれを支える添木のような二人の物語に、豊かなイメージを提供している。

著者・宮本輝自身が「あとがき」で明らかにしているように、作中の植物学者にはモデルが存在する。国内外各地で生態学的な「鎮守の森」づくり事業を推進している、横浜国立大学名誉教授の宮脇昭氏である。「三千万本の木を植えた男」とも称されるその宮脇氏が、森づくりの手本としてあげているのが、明治神宮である。[81]

［……］明治神宮の森を二十一世紀にむかって、ふるさとの森、環境保全林の生きた模範例とすべきであろう。さらにミニ明治神宮の森が日本各地、とくに都市や産業立地の中やまわりに積極的に創造される必要が強調される。

同様に、建築家・安藤忠雄氏を事業委員長として、東京湾のゴミ埋立地を森に変える「海の森」プロジェクトでは、明治神宮の森をモデルとして、臨海部で広葉樹の森づくりを目指すことを明言している。[82] 造営から九十年余りが経過した今、代表的な鎮守の杜としての明治神宮は、森づくり事業の範型の一つともなりつつあるようだ。

＊今を生きる

かつて「不毛原野」と呼ばれた代々木の地に、人の手により森が誕生して今年で九十余年。百周年もすぐそこまで近づいている。この章を閉じるにあたり、本多静六、本郷高徳、上原敬二、それぞれが「今」にどうつながっているかについて触れておきたい。

本多静六の故郷・埼玉県では、さまざまな顕彰事業が現在進行形で実施されている。その中核でもある「本多静六博士奨学金」は、実は生前の本人の発案から実現したものだ。昭和五年、本多は秩父中津川地域に所有していた山林を、苦学生への奨学金資金に充てることなどを条件として埼玉県に寄贈した。ここには、渋沢たちと協同した埼玉学生誘掖会の活動、国家経済学を師事したドイツ、ブレンタノ教授の教えなどさまざまな背景があるのだが、今は割愛する。無利子の貸し付けによるこの奨学金制度の恩恵を蒙った学生は、現在までで一千九百四十名以上にのぼっている。さらに平成二十年度からは、「本多静六博士の森づくり」事業を開始、「明治神宮の森を造成した手法」を手本とし、県内各地の緑化に充てている。[83] また地元菖蒲町（現久喜市）には、平成四年から「本多静六博士を記念する会」（現「本多静六博士を顕彰する会」）が結成されており、その生涯・事績に関する地道な紹介を続けている。本書が刊行される頃には、久喜市に本多静六記念館がオープンする予定だという。

上原敬二についても同様のことが指摘できる。日本造園学会は「上原敬二賞」を設置し、「造園の進歩・発展ならびに啓発に多大な貢献をした者」を毎年表彰している。[84] 東京農業大学造園科学科にとっても、上原は学科の「創設者」である。昭和四十六年、晩年の上原が執筆した『人のつくった森　明治神宮の森造成の記録』は、明治神宮鎮座五十年（昭和四十五年）の記念として造園科学科により出版されたが、平成二十一年この復刻版がやはり東京農大出版会から刊行された。上原敬二生誕百二十周年、東京農業大学造園科学科創立八十五周年、そして明治神宮鎮座九十周年の記念とのことである。

平成二十三年六月には、明治神宮境内の「生物相」を二年がかりで調査する明治神宮境内総合調査委員会が発足している。これは、昭和五十五年に実施して以来の総合調査が必要と判断した明治神宮が呼びかけて実現したものだ[85]。その座長は、上原敬二の弟子にして東京農業大学前学長である進士五十八氏である。神宮から造園学へ、造園学から再び神宮へ。ここがまた新しい転換点となるのかもしれない。

＊もうひとつの「林苑計画」

最後にあらためて思いを寄せたいのは、昭和二十四年四月に疎開先だった妻の実家、埼玉県桜田村にて亡くなった本郷高徳のことだ。明治神宮造営に始まり、以後は神社林苑一筋だった本郷、彼には「此の方面の一人者」という自負もあった。しかし、終戦後は神社を取り巻く事情も一変、時代も混沌として、神社林の造営など望むべくもないことになった。

本郷高徳の長男・高庸氏に嫁いだ豊さんは、昭和九年から義父と生活をともにし、桜田村ではその最期を看取っている。昭和二十二年頃、悄然として机に向かい、回顧録『吾が七十年』をしたためていた本郷の姿を覚えているという。回顧録には次のような一文がある。「疎開先桜田村に終戦の日を迎へて爾来一ヶ有年、老後の希望も全く絶え、悶々今尚やまず[86]」。

その回顧録も未定稿のまま逝ってしまった本郷は、生前『社寺の林苑』よりほかに著述らしきものがないことを嘆いていた。しかし本郷の筆による『林苑計画』が、今なお生きた書物として明治神宮の森を育んでいるという事実をここにお伝えしておきたい。

現在、境内林の維持管理を担う林苑主幹・沖沢幸二氏によれば、維持管理の基本方針は『林苑計画』にこそあるという。造営に至る植栽計画を記した書は、同時に植栽以後の維持管理計画書ともなったのだ。一見奇異だが、実は同書には「明治神宮内苑　林苑ノ計画一般及将来施業ノ方法」という内題があり、全三章の最終章は造営後の保護・管理法に関して稿が費やされている。[87]『林苑計画』原本は、鎮座後も管理の技師を続けた本郷が大正十一年に現場を去るにあたり、将来の施業を託して綴った手稿である。[88]

それ［『林苑計画』］は境内の林苑が如何なる構想によりて計画され、又如何に実施されしかを明かにして後世に遺し、且つ将来の取扱に誤なからしめんための報告書とも指針とも称すべきもので、時の権宮司鈴木松太郎氏は別に副本一巻を作りて之を宝物殿に納めた。若しこれが他年造園学上の参考資料として学者の注意を惹くこともあらば、望外の欣である。

百年前の彼らが森に託した未来を、つたえ、つなぎ、そしてつくるのは、百年目の我々の務めであろう。

第三章　都市のモニュメント

一、山形のエンジニア三傑——伊東忠太・佐野利器・折下吉延

＊林学、農学、工学の系譜

本多静六、本郷高徳、そして上原敬二。彼ら森の専門家たちが、明治神宮造営を通して、「造園」という新しい学問分野を世に送り出そうとするさまを、前章では見てきた。しかし、この「造園」を異なる分野から切り開こうとする一派があった。本多たち林学系の専門家に対して、園芸を出自とする農学系列の専門家たちである。その様子は、内苑工事が始まった当時のことを綴った、次のような一文からもうかがい知ることができる。「神宮林苑工事の担当として、東京帝国大学の林学部系統からは参与として本多静六博士、農学部系からは同じく原熙博士の両氏が参画し、夫々両教授を主軸として両者間には早くも競争的対立と思われるような意気込みがみら

れた」[1]。農学系統の主軸と紹介されている原熙博士は、本多静六の同僚として東京帝国大学農科大学で農学（園芸）を講じていた人物だ。

実のところ、林学系と農学系の主導権争いとはなにも内苑設計をめぐってだけのことではなかった。内苑、外苑、そして両者をつなぐ参道——明治神宮の造営工事現場全体が、彼らの「せめぎあいの場」だった。むしろ、このような切磋琢磨する拮抗関係があったからこそ、明治神宮造営事業が、近代造園において一大エポックとなり得たというべきかもしれない。

さらに、造園、あるいは今様にいえば「ランドスケープ・アーキテクチュア」としての神宮造営を考えるとき、林学系、農学系のほかに、もう一つ欠かせない要素がある。意外に思われるかもしれないが、それは工学の系譜だ。明治神宮造営局にはたくさんの土木建築専門家が任用されたが、彼らが手がけたのはいわゆる「建物」ばかりではない。内苑・外苑の設計、境内・境外道路の計画、そして記念建造物のデザイン等、その活躍の範囲は多岐にわたっている。前章で焦点をあてた内苑の森から視野を広げ、この章では、農学及び工学系の視点から、内苑全域、外苑、そして参道からなる広大な明治神宮コンプレックス、その成り立ちに迫りたい。

渋沢栄一や阪谷芳郎といった時代のリーダーたちが、明治天皇崩御直後から思い描いてきた内・外苑明治神宮構想。その青写真が、実にさまざまな専門技術とその担い手たちによって実現されたことを思うと、あらためてこの造営プロジェクトの規模の大きさに感嘆する。

この章でとくに筆者がとりあげたいのは、それぞれに先駆的な三人のエンジニアだ。伊東忠太、佐野利器、折下吉延。前者二人は工学系の出身であり、対して折下は、原熙の農学系の系譜に連なる。ここでは仮に、「建築」の伊東、「構造」の佐野、「公園」の折下とでもしておこうか。三人はともに、大正四年（一九一五）五月一日に設置された明治神宮造営局に所属した。また、明治神宮奉賛会が造営局に委嘱した外苑工事では、大体計画案の策定から工事の監督指揮まで常に一線をあずかっていた。彼らが外苑造成に重要な役割を果たしたことは、竣功以後も外苑管理評議委員会（昭和二年四月設置）のメンバーとして、明治神宮側が管理運営の助言を求めたことでもわかるだろう。[2]

*エキスパートたちの東北魂

伊東、佐野、折下、彼らの人となりを知るところから調査をはじめて気づいたことがある。それは、三人とも東北の山形県出身だということだ。偶然だろうか。いや、「一種の必然性が存在する」。そう答えてくれたのは、日本の都市計画史に詳しい北海道大学の越澤明教授である。[3]戦前、土木・建築・造園等、日本の都市インフラを築いてきた技術者には、東北人が多い。その理由について越澤氏は、明治維新以降、薩長土肥出身者には政界や軍隊で栄達の道が開かれたのに対して、幕末に奥羽越列藩同盟を組み、朝敵となった東北出身者の立身出世とは、専門性を身につけた技術官僚として能力を発揮することだったのではないかと推測する。そして、その典型的な人物として佐野利器や折下吉延をあげている。学問と技術で自らの道を切り開いた東北人たちが、建築・造園といった各専門分野のエキスパートとして明治神宮造営で一堂に会し、互いに切磋琢磨したのではないかと想像すると興味深い。

三人のなかで一番生まれが早いのは伊東忠太で、慶応三年（一八六七）。米沢城下の医師、伊東祐順の二男として生まれた。[4] 忠太の祖父伊東昇迪も医師で、長崎の鳴滝塾でシーボルトに学んだ蘭方医だった。明治四年、忠太は数え五歳で藩校、興譲館に入学するが、翌々年には上京し、軍医を務める父のもとから東京の学校に通うことになる。この上京を促したのは、西洋の技術や学問を積極的に学ぶことを勧めた祖父昇迪だったという。忠太は絵を描くことが好きで、将来は美術家になりたかった。しかし、「画家は士大夫の道ではない」と父親に反対され、それに近い仕事ができる分野として建築に進んだ。明治二十二年七月、東京帝国大学工科大学に入学している。ところでその当時、帝大には建築学科はなく、忠太が入学したのは造家学科という学科であった。[5] ちなみに明治三十一年、この造家学科を建築学科に改称したのが、ほかならぬ伊東忠太であった。忠太にとってこの学科名変更の眼目は、建築という学問の「芸術性」を主張することにあった。

佐野利器は、忠太が学科名を改称した二年後の明治三十三年、この東京帝国大学工科大学建築学科に入学している。忠太とはほぼ一回りの歳の違いで、明治十三年（一八八〇）生まれ。山形県西置賜郡荒砥村（現白鷹町荒砥）で、九代目山口三郎兵衛、母ゑんの四男として生まれた。[6] 幼名を安兵衛といった。山口家は代々地主で、苗字帯刀を許された名家だった。しかし、安兵衛が八、九歳の頃には家運が傾き、家屋敷を手放さざるを得ない状況に陥る。家計の困難を理由に、父親は安兵衛の中学進学に賛成しなかったが、小学校校長と母ゑんのすすめで進学することができた。安兵衛が学ぶことになったのは、短期間ではあったが伊東忠太も学んだ米沢藩校興譲館だ。この興譲館とは、藩政改革で名君と知られた上杉鷹山が、安永五年に設立した学校である。当時荒砥村からの中学進学者は安兵衛が三人目だったが、学問に秀でた土地の若者が多く集まっていた。

　山口安兵衛が佐野利器と名を改めるのは、明治二十八年十一月、十五歳のときの事だ。その年の八月に父親が病死し、いよいよ学問の継続が困難になった。しかし、そこに再び、助け船が現れる。小学校校長が、佐野家への養子入り話という救いの手を差し伸べてくれたのだ。佐野家は天童織田家の藩士で、養父誠一郎は当時、米沢中学校の英語教師をしていた教育者でもあった。

　その養父が安兵衛に新たに与えた名前、「利器」は、その後の安兵衛の生き方を思うとまことに象徴的だ。「槃根錯節に遇はずんば以て利器を別つなし」。『後漢書』に由来するというが、そのこころは、「苦難によってその人物が利器か鈍器かが明らかになる」。忠太同様、やはり幼い頃から図画工作が好きだったが、その道に進むつもりはなかった。佐野利器は、建築という「技術」を通し、まさに最大限「利器」たろうとする。

　折下吉延と佐野利器は、一歳違いでほぼ同年代だ。明治十四年（一八八一）十月、折下吉延は新庄藩士折下済の長男として生まれている。[7] 折下家は代々、最上郡新庄藩主戸沢氏の家臣だったといい、吉延が生まれ育ったのも、東京府麻布芝森元町の旧藩主戸沢邸内の家令舎宅であった。彼自身は山形に住んだことはないのだが、年が近かった旧藩公の子息らと幼少期から青年時代をともに過ごし、また郷里を同じくする人々と東京で郷友会、最上義友会を組織するなど終生地元との結びつきは深かった。第一高等学校時代はボート部に所属し、キャプテンをつとめるほどで、この時代に身体が丈夫になった。同時に、彼も絵が好きだったのだろうか、同じく一高時代には水彩画の塾に通うほど熱心だったという。郷里山形には、旅先にも常に持ち歩いたと思われるスケッチブックが数多く残されている。

折下が生涯の道として農学を志したのは、いつのことか。手持ちの資料からではははっきりしないのだが、明治三十八年に入学した東京帝国大学農科大学農学科では、園芸学を講じていた原煕助教授（当時）に後継者として早くから嘱望されていたようだ。明治神宮造営局入りは勿論、それより前の明治末年に、宮内省内苑寮園芸係技手として新宿御苑勤めを経験したのも、すべて原博士の斡旋によるという。明治神宮造営の現場で部下として、農学系の原一派を一番に支えたのは、この折下吉延であった。

では、以下、図面や文献資料をもとにして可能な限り、造営過程での設計の変遷をたどってみよう。そこに、三人のエンジニア達がお互いに行きつ戻りつ、交錯しながら織り成した綾が見えてくるはずである。

二、オーソドックスへの要請――「普通」の社殿様式を求めて

*伊東忠太の「非」西洋体験

【図3-1】伊東忠太（右） 山形県立図書館所蔵

ここまで、当時の先駆的なエンジニアとして伊東忠太、佐野利器、折下吉延の名を挙げてきたが、実ははじめて耳にする人物ばかりだという読者も多いのではないだろうか。

彼らのなかで、現在一番名前が知られている人物といえば、伊東忠太であろう【図3－1】。名前は知らなくとも、彼の手がけた建造物は知っているという人も少なくないはずだ。生涯に

三百を超える建築に携わったという忠太の作品のなかでは、例えばインドの仏教建築様式を取り入れた築地本願寺（昭和九年）が有名だ。また、建築史家・藤森照信氏が忠太の建築作品群をとりあげた著作に『伊東忠太動物園』という書物があるが、忠太が設計した建造物には、まさにそのタイトルどおり、怪獣とも妖怪ともつかない摩訶不思議な動物モチーフがあしらわれていたりする。ちまたの建築好きに彼の建造物が人気なのは、このような遊び心のある伊東忠太の側面からだろう[8]。

平成十五年には忠太の没後五十年を記念する特別展が複数箇所で開催されている。ワタリウム美術館で行われた伊東忠太展もその一つだが、この企画展示の目玉が、その名も「伊東忠太の世界旅行」をテーマとしたコーナーだった[9]。まさに、本書主要テーマの一つである「明治神宮造営者の西洋体験」にダイレクトに関わっている。この世界旅行とは、明治三十五年、忠太が東京帝国大学工科大学助教授時代に体験した留学旅行のことをいう。

三月二十九日、新橋を出発した忠太は、まず中国に向かった[10]。翌年六月にはミャンマーに入り、次いで九ヶ月余りを費やしてインドを巡っている。その後、船でイタリアに上陸し、一旦はヨーロッパ大陸の地を踏むものの、南下してトルコのイスタンブールへ。さらに中近東を訪れた後、明治三十八年五月、ニューヨークに至る。カナダを横断して、再び日本に戻ったのが同年六月二十二日のことだった。彼は、三年三ヶ月に及ぶ洋行期間のほとんどを東洋諸国の視察に費やしているのだが、これは欧米留学が助教授から教授へ昇進するための前提条件となっていた当時としては、異例なことだった。後に忠太自身が語ったところによれば、本人は当初アジア留学を希望したが、それでは旅費を支給する文部省の許可が下りず、やむを得ず帰国途中に欧米を経由することで条件をクリアしたのだという。

この点から言うと、留学旅行中の西洋行は彼にとってはおまけでしかなかったことになるが、それは忠太が西洋文化、とりわけその建築に無関心だったということではない。否、そもそも忠太はなぜ「東洋」に興味の中心を置いたのか。この問いには、「西洋」への強い意識があったからこそ、あえて東洋をその探索の地に定めたのだと答えることができるだろう【図3－2】。

【図3-2】ニューヨークに圧倒される伊東忠太　伊東忠太『野帳第十三巻　英、米、日』（日本建築学会建築博物館所蔵）

というのも、この旅の大きな目的の一つが、自らが「発見」した世界最古の木造建築物、法隆寺の源流を捜し求めることだったからだ。忠太は大学院時代の明治二十六年に「法隆寺建築論」と題した論文を発表している。[11]この論文は、五年後にまとめた博士論文の原型ともなり、初期における彼の代表的な学術業績となっている。

この論文で忠太が着目したのは、法隆寺の柱に見られるなかほどのふくらみ、建築用語でいうところの「エンタシス」が、ユーラシア大陸を経由してギリシャ・パルテノン神殿から伝わったのではないかという点だった。この古代ギリシャ文化東漸説の証しとなる痕跡を求め、また同時に法隆寺の元となった仏教建築の原型をアジアに探しに、ほぼ単独でこの地球規模の旅を敢行したのであった[12]。

旅行中に忠太が記した膨大な日記や野帳《フィールドノート》を丹念に検証し、「忠太の大冒険」にまとめた近代建築史家・村松伸氏は、ヨーロッパ留学が王道だった当時にあえてアジア行に挑んだ忠太の心には「ヨーロッパの人々や建築に対する対抗的な棘が育まれていた」と分析している[13]。同様に、伝統と欧化のあいだで忠太が抱えていた葛藤を、藤森照信氏は先に紹介した『伊東忠太動物園』で以下のように表現している[14]。

ヨーロッパに対する文明的劣等感がまずあり、[……]その一方、法隆寺このかたの日本建築の伝統をなんとか生かしたい、という強い気持ちもある。木造はダメだが木造の伝統は生かしたい、という欧化と国粋の二方向に明治の建築家の意識は引き裂かれていた。法隆寺の発見者たる伊東はその代表であった。

日本建築の正当性は、果してパルテノンと結びつけることでしか世界のなかで位置づけることができないのか。この自問に対する回答が、帰国後の明治四十二年、四十一歳で発表した「建築進化の原則より見たる我邦建築の前途」だった。忠太の「建築進化論」の誕生であり、彼が日本建築史という学問の開拓者と位置づけられる所以もここにある。[15]

世界の建築は木造から石造へと進化している。しからば木造建造物の多い日本において、「我邦建築の前途」や如何？　忠太が結論として出した答えは、材料やプランは変更が可能だが、スタイルはあくまでも日本的であるべきだ、というものだった。「古来ノ日本建築形式ヲ根拠トシテ適当ニ之ヲ modify スベシ。コレ世界建築史ノ示ス経路ナリ」と。[16]

このように世界旅行後の伊東忠太は、これからの日本建築について、材料は木から石へと可変だが、様式は伝統に則ることを基本としつつ、時代に即してアレンジを加えるべきで、これこそあり得べき建築進化の道筋ではないかと考えていた。

＊新時代の神宮へ

留学以前の明治三十一年、すでに造神宮技師兼内務技師に任ぜられていた忠太は、伊勢の神宮をはじめ数多くの神社造営に、建築専門家として関わっていた。その後、明治末年までに自己の「建築進化論」を確立した伊東忠太は、神社建築をどのように考えていたのだろうか。

明治四十五年一月の『神社協会雑誌』に、彼は「将来の神社建築」と題した小論を寄せている。[17]ここで忠太は、「明治功臣を祭る神社をつくるなら」と仮定して、「その社殿形式は大社造や権現造等従来の形式によらず、「新型式」であるべきだ」と提唱している。「既往の型を反復する丈けでは物足らぬ、第一材料構造を堅実にして、永久的ならしめ度い」。神社建築も、材料構造は新たなものを求め、また社殿様式も時代に応じて新しいスタイルへと発展すべきだという、まさに彼の建築進化論に依拠した主張だ。

伊東による同趣旨の議論は、明治天皇崩御直後の大正元年八月五日、「明治神宮の建築」に関する提案として、新聞紙上で展開された。いわく、「現代の芸術の最善を尽した明治新型の建築を実現したいものである」[18]。

ところがその彼が、大正三年十二月時点になると、先の『神社協会雑誌』誌上で、新しい神社に新様式を創造することは、「必要のないことである」と自ら自説を翻している[19]。これをどう見るか。

後に詳しくのべるが、明治神宮の社殿様式については最終的に、流線的に反った屋根の形が特徴的な「流造」と呼ばれる様式が採用されることになる

【図3－3】流造の明治神宮本殿（創建時）『明治神宮写真集』（洪洋社、昭和5年）

【図3－3】。建築史の分野では、忠太が流造様式を選択するに至った経緯を巡り、すでに複数の先行研究がある。例えば、藤原恵洋氏は、この選択は、神社奉祀調査会の議論のなかで忠太が主張する新様式論が「否定」された結果だと推測している[20]。一方、井上章一氏は、明治神宮造営時

に伊勢に代表される神明造を「余りに古代に属し、其性質は南洋的である」と退けていた忠太が、同時期に執筆した論文「伊勢大神宮」では、神明造が純日本式の様式であると称揚しているという矛盾を指摘している。[21]「伊勢大神宮」論の忠太は、神明造の性質は確かに南洋由来だが、原始的で稚拙な水準を抜け出し、洗練されたことにより今や純日本式へと発展をとげたと見ているのだ。

「矛盾」、あるいは「否定」されたことによる翻意――。伊東忠太の建築理念を抽出するのが難しいのは、このように一見すると一貫性がなく、捉えどころがないからだ。明治神宮造営で忠太が何を実現しようとしたのか。この問いに答えるため、ここでは神社奉祀調査会及び特別委員会の議事録から、彼の発言を丹念に拾い、議論の行く末について検討を加えてみたい。[22]

第一章の繰返しになるが、神社奉祀調査会とは、明治天皇を祀る神社造営の計画を策定するため、大正二年十二月二十二日、政府が最初に組織した調査機関である。同会の審議事項には専門知識を要するものが多いので、翌年四月末には、その下部組織として専門家からなる特別委員会も発足した。伊東忠太は、調査会の委員であるとともに特別委員会の専門家メンバーでもあった。両会の会議録に目を通すと、伊東は、神社奉祀調査会委員に任命（大正三年四月六日）される以前から、既に審議に加わっていたことがわかる。同年二月一日に開催された第三回調査会では、東京府下の内苑候補地についてそれぞれ長短を論じているが、この会議に既に伊東の姿がある。ここで彼は、事前調査をした代々木御料地、青山練兵場、陸軍戸山学校等、各候補地の図面をもって説明役を担当している。つまり調査会への関与は二月一日以前からと考えられる。

＊「普通」というミッション

伊東忠太による「社殿境内及参道ノ施設一案」が示されたのは、大正三年五月一日に開催された第一回特別委員会でのことだ。この会議は、前日四月三十日付で任命された特別委員らによる最初の会合で、これ以前の神社奉祀調査会では、社殿様式等については具体的な議論には至っていなかった。さてこの第一回会議で既に、伊東は、社殿材料は木造の「素木造」、様式は「流造」が最適であると提案している。[23]

一　社殿ハ素木造トシ銅板葺各材料ハ総テ帝国産ノモノニ限リ博ク新領土ノ所産ヲモ併セ用キントス。
二　社殿建築ノ様式ハ古来ノ様式中流造ニ拠ルヲ最モ適当ナリト認ム。

伊東によると、代表的な古来神社様式としては、上代からの神明造、中古からの流造、近世からの権現造があるという。そのうち流造が最適であるのは、平安朝以来今日に至るまで全国一般の神社に普及している最も「普通ノ様式」であり、ゆえに国民一般の趣味と最も適している社殿であるからと、その理由を説明している。

この日の委員会議論が興味深いのは、伊東の「古来様式論」に対して、むしろ他の特別委員から「新様式」を希望する意見が出されていることだ。つまり、忠太の「新様式」論が調査会によって「否定」されたとする推測は、事実とはかけ離れていることになる。例えば、歴史考証の専門家として出席した文学博士・三上参次は、大変革があった明治の御世を表すのに、これでは「物足リナイ」と明快に言ってのける。御一新前の神社の様式を踏襲するのではなく、「サムシングガナクテハ明治神宮ノ本旨ト云フモノハ少シ足リナイヤウニ思フ」[24]。三上の発言を受けた特別委員会委員長・阪谷芳郎もまた、「明治式」を加味することを推奨している。「必ズシモ古キニ拘泥スル必要ハナイト思ハレル、神殿ト云ヘバ必ズ昔ノ通リノ神殿デアラネバナラヌト云フ理屈ガ果シテ相当ノモノデアルヤ否ヤト云フコトヲ感ゼラレル」[25]。

では、三上、阪谷らの意見に伊東はどう答えたか。伊東が重視したのは、社殿様式とその社殿で行われる祭祀の様式との「調和」ということだった。伊東は言う、もし明治式・大正式というような新規の祭儀を用いるというなら、それに調和した新しい社殿の様式が相応しいが、古式に則った祭式を行うなら社殿だけ新様式では不釣合いではないか。ここから委員会の議論は、古式に従うべきか新時代の要請に応じるべきか、祭式・建築を含めた計画全体の根本方針を問い直す方向へと進展していく。

この会議の席上で、議長である阪谷芳郎が残した次の発言が印象深い。神宮造営計画の立案に携わった人々は、審議事項に制限を設けず、むしろ徹底して議論しあうことを潔しとしていた[26]。

幾千年ノ後ニ、明治神宮ヲ建設シタルトキニハ其当時ノ学者カ如何ナル大議論ヲナシタルカ

ト云フコトハ、歴史ノ記録ニモ遺ルコトト思ヒマス

明治神宮造営がそれ以前の神社造営と何よりも異なるのは、その計画に関する議論が関係者のみの間で閉じられた対象ではもはやなくなったということだ。明治天皇崩御直後から、明治神宮創建に関するニュースは常に国民の関心の的となった。計画策定にあたり、各分野の専門家からなる審議機関を組織して合意を形成するという、手法そのものがそもそも新しかった。青井哲人氏が指摘するように、そこでは様々な立場の関係者や国民を納得させる論理が必要になる。「最も普通の典型」＝スタンダードである流造が、最も説得力ある様式として価値を帯びてくるのはこのようなコンテクストによる。[27]

ある意味、スタンダードを体現することは、神社建築の権威《オーソリティー》と目された忠太自身に向けられた時代の要請でもあったといえるかもしれない。なぜなら、彼がつくるスタイルそのものが、権威に正統性を承認された存在、いわゆる「オーソドックス」と受け止められることになるからだ。しかし、忠太だけではないだろう。阪谷が言う「大議論」に参画した専門家たちは誰しも、それぞれの分野で同様の使命を感じていたのではないか。やがて、明治神宮そのものが近代における神社の一つの範型、オーソドックスを自ら表象する存在として立ち上がってくることにもなるのだから。

それにしても、時代のミッションは、「明治式」への彼らの志向を断念させたわけではないようだ。それどころか、内苑と外苑、二つに機能を分化することで、伝統と革新という両極端の理

想をセットで実現する方向へと、調査会の議論を展開させていく。一言で言えば、古式は内苑へ、明治式は外苑へ——議論のフレームワークを拡げたということだ。何より忠太自身が、この第一回特別委員会の討議の場で、神宮造営で明治大正の文明の盛華を発揮するのであれば、それは内苑でなくとも外苑でできるのではないかと発言している。つまり伊東忠太は、明治神宮において「新様式」の実現を「否定」され、「断念」したのではなく、社殿（内苑）以外にその「新様式」実現の場を見つけたということではないか。

では、社殿から視点を移し、まず内苑全体及び参道計画について、次に外苑についてと我々も議論のフレームワークを拡げていくことにしよう。

三、工学と農学、それぞれのアプローチ——参道の配置計画

＊境内・境外参道計画の変遷

——表参道は、元旦に明治神宮から初日の出が拝める方向につくられた。

「都市伝説」の一つと言ってよいだろうか。明治神宮に勤める筆者も、いつの頃からか耳にするようになった。事実、毎年一月一日の朝には、原宿口にかかる歩道橋の上から、表参道の先に昇る朝日を拝もうとして多くの人が集まると聞く。果たして、明治神宮の参道計画にはそのような意図があったのだろうか。

筆者にはまた以下のような経験がある。既に述べてきたように、明治神宮にはその境外に大きく二つの参道がある。青山通りとの交差点から神宮橋に至り内苑南参道入り口に達する表参道、そして内苑北参道入り口と外苑西北隅とを連結する内苑外苑連絡道路、通称裏参道がそれだ【図3－4】。そのような説明を、ある英国の知人にすると、「素朴な疑問だけれど」とその知人が聞き返してきた。「裏参道が内苑と外苑を結んでいるのなら、どうして表参道も内苑と外苑を直接

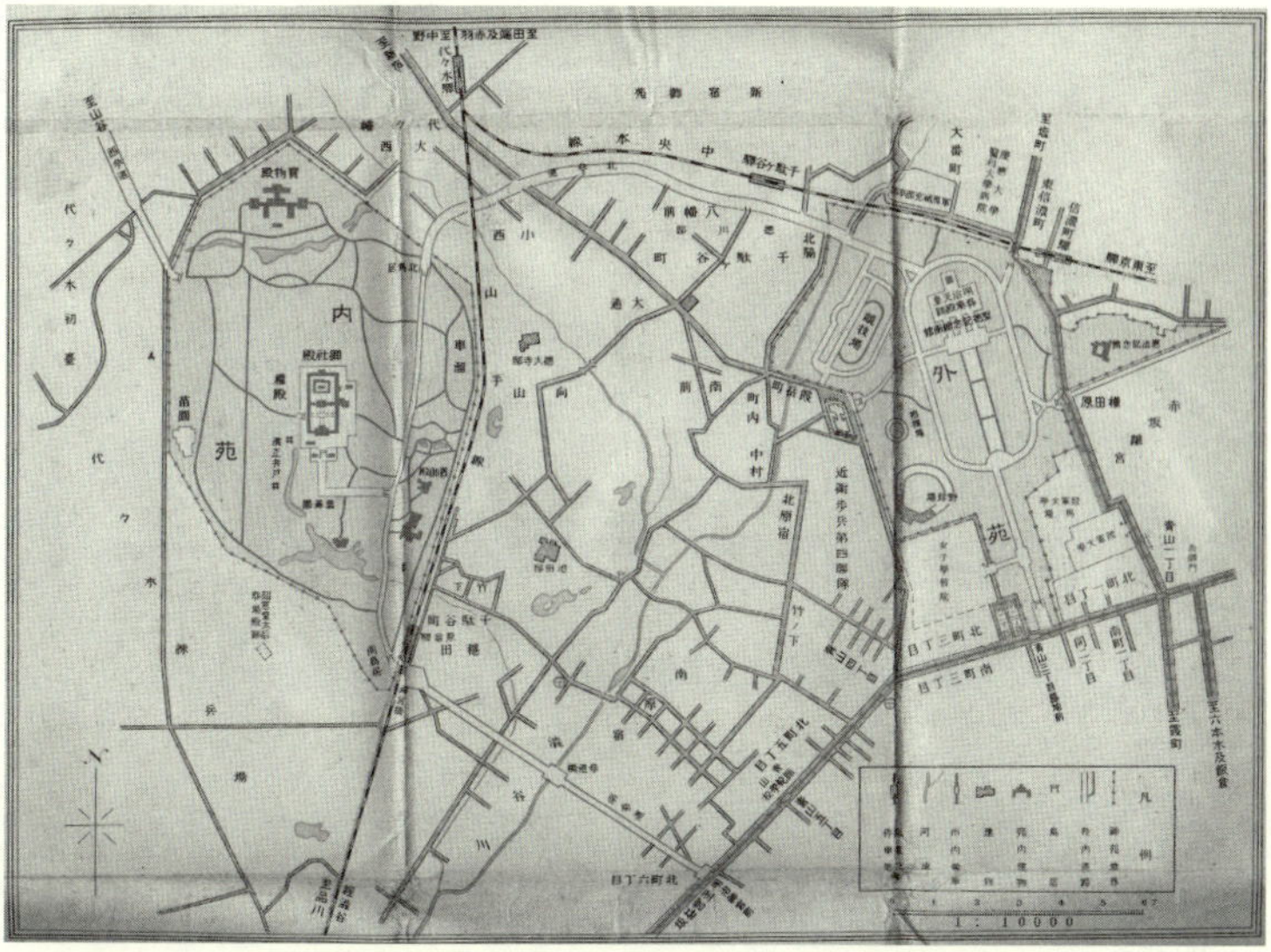

【図３－４】大正15年外苑竣功当時の明治神宮内苑外苑及び参道図　明治神宮所蔵

コネクトしなかったのか」。思わずはっとさせられた。これまで考えたこともなかったが、はてな、どうしてだろう。参道も含めた明治神宮造営計画の形成過程とその変遷は、実はことほどさように未解明の部分が多い。

参道も含めた計画図のうち、制作時期が確認できる最初期のものが【図３－５】に掲げた「明治神宮境内及附属外苑之図」である。これは現在国立公文書館が所蔵する「神社奉祀調査会経過要領ノ二」に収録されているもので、同調査会による大正三年十一月三十日までの審議経過を伝える図面として貴重である。[28] また、【図３－６】は、制作年月日は明記されていないが、施設予定地を書き込んだ図で、【図３－５】以前の状況を示している。[29]【図３－６】、【図３－５】、【図

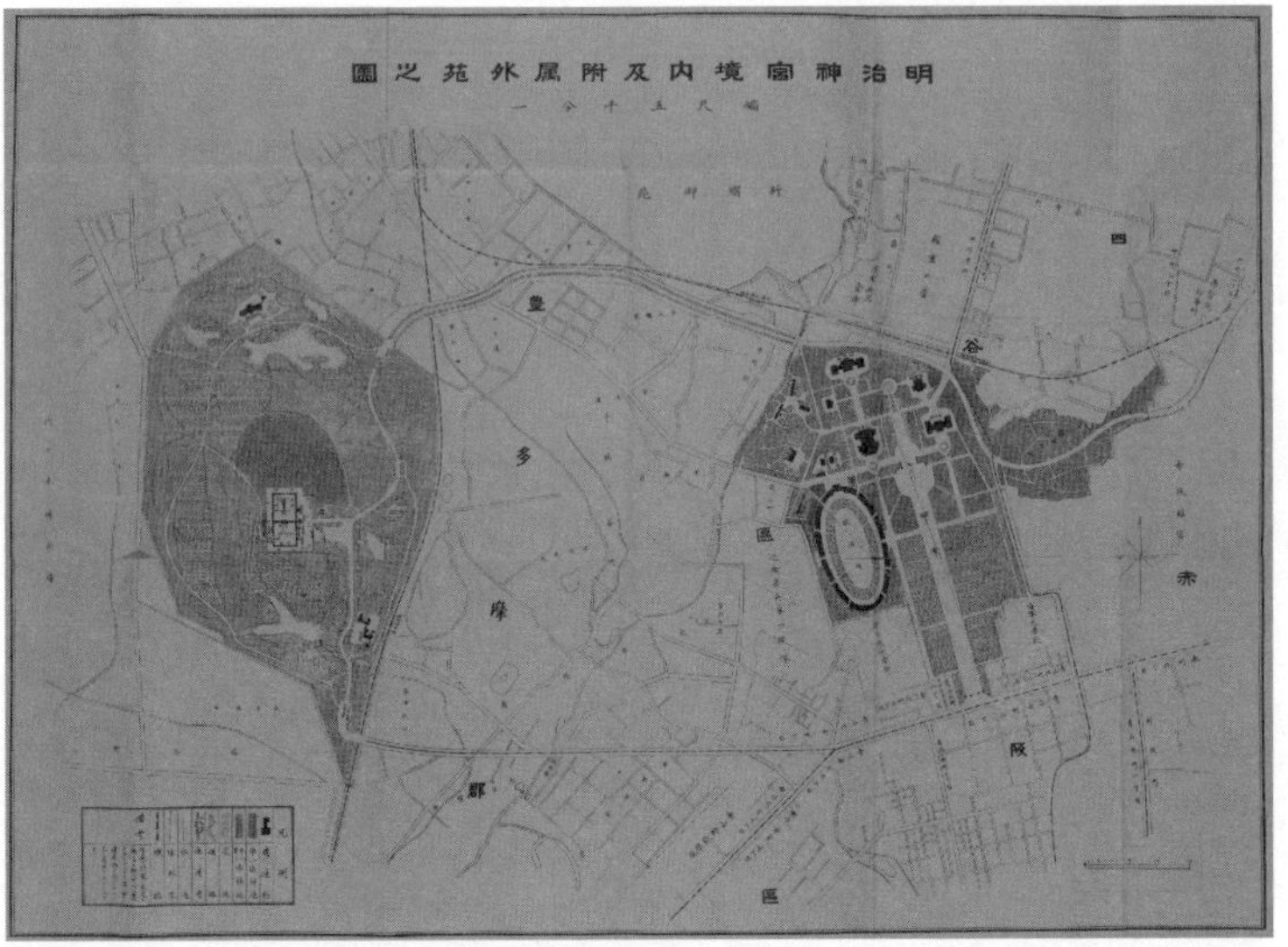

【図3－5】大正３年末までに作成の明治神宮内苑外苑及び参道図　国立公文書館所蔵

3－4】の順序で御覧戴きたい。ちなみに、【図3－4】は、大正十五年十月二十二日の外苑竣功奉献式を記念した絵葉書セットに印刷された参拝案内図である。次節で詳しく触れるが、完成当時の外苑と現在とでは、苑内の施設が異なることが、この一枚からも充分にうかがい知れる。

英国の一知人の慧眼を称えるべきか、【図3－5】から明らかなのは、最初期の表参道計画は、確かに外苑と内苑を直結する設計になっていた。さらに【図3－6】まで遡ると裏参道の予定地は記してあるが、表参道は図示されていない。もう一点重要なのは、境内参道にも設計変更があったことだ。実際の境内正参道は、原宿口（南参道口）から入り、途中曲折しつつ最終的には南側から社殿を取

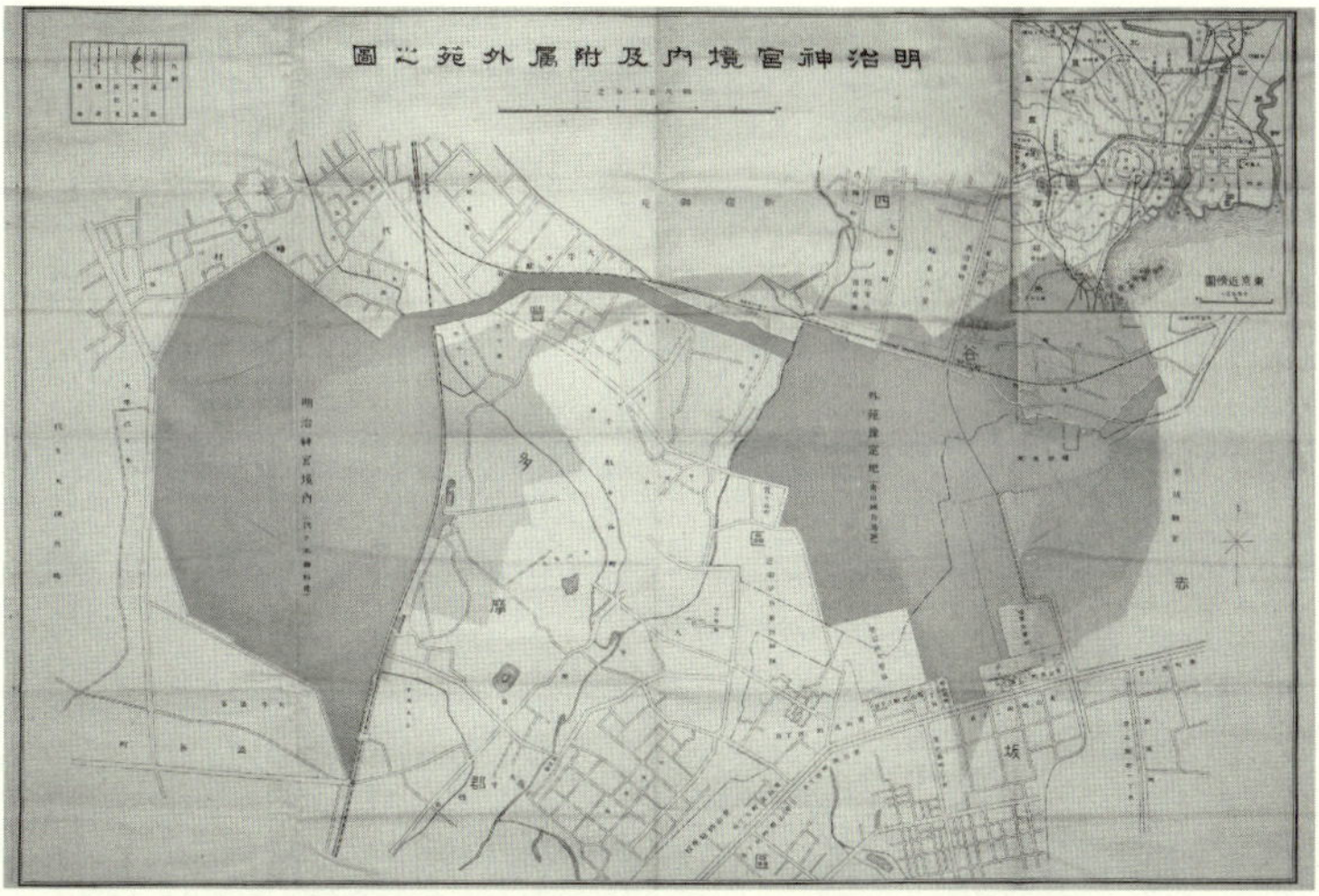

【図3-6】初期の明治神宮内苑外苑及び参道図　明治神宮所蔵

り囲む玉垣に接続する（【図3－4】参照）。しかし、当初の南参道は、東側から玉垣内に参入する計画だったということになる。これは社殿の建築計画そのものにも関連する大きな変更だったのではないだろうか。ここでは、内苑敷地内のレイアウト及び境内・境外それぞれの参道計画を中心に経過を確認してみたい。

＊アプローチの演出

まず、内苑及び参道配置計画のうち、伊東忠太たち工学系専門家の関心はどのあたりにあったか。

社殿様式の議論の際にも「調和」という言葉を用いたが、私見では、明治神宮造営における伊東忠太の役割を考える際、一つのキーワードとなるのが、この「調和」ではないかと考える。
先述のように、彼はまず、社殿と祭式が調和すべきことを唱えて、本殿の建築様式に流造を提案した。次に忠太が考えたことは、本殿や拝殿など、それぞれの社殿の配置の仕方だった。彼が重視したのは、社殿と社殿が重なり合うように並び建つことで重層感を増し、参拝者に荘厳の念を喚起することだった。すなわち、社殿と社殿の調和という発想である。そこで大切になったのが、その荘厳さを目の当たりにできるよう、社殿への効果的なアプローチ＝参詣路を演出することだった。【図3－5】で説明したように、玉垣内の荘厳な社殿空間に東側から参入する正参道案を構想したのは、伊東忠太たち建築系の人間である。

そもそも、神社奉祀調査会では当初、現在の裏参道の方をむしろ主要な表参道にしようと考案していた。この理由は勿論、第一章で触れたように代々木御料地、青山練兵場、連絡道路の敷地が、幻に終った日本大博覧会用地として既に国の管理下にあったことによる。参道用地をいちから新規に確保しなくてすむことは利点が大きかった。

よって、忠太たちの境内参道計画第一案は、以下のようなものとなった。代々木口（北参道口）に継ぐ境外道路を主道とし、内苑敷地内に入るとS字型の曲線を描いた正参道を進む。やがて社殿の東に出たら、やはり東を向いて開いた第一神門をくぐる。すると本殿、中門、拝殿が重層的に連なる荘厳な景観が、目に飛び込んでくる。南面する社殿に正面でなく側面から遭遇するからこそ可能な演出だった[30]【図3－7】。

しかし、参道の表と裏が逆転することになったのは、「鬼門」という「俗説」の扱いをめぐってのことだった。家相の上では、東北の隅の「鬼門」に門をつくることを避けるという。この「俗説」に倣えば、北から入る参道はいかがなものかということが問題となる。大正三年五月四日、第二回特別委員会では、この鬼門が議論の焦点となった。伊東忠太は「私トシテハ鬼門説ヲ信ズル訳ニハ行キマセヌ」と問題視する委員に対して抗議の弁を展開している。[31]結局、北門と南門どちらもつくるが、南を正、北を副とし、付随する参道も南参道を表、北参道を裏にすることで決着を見た。

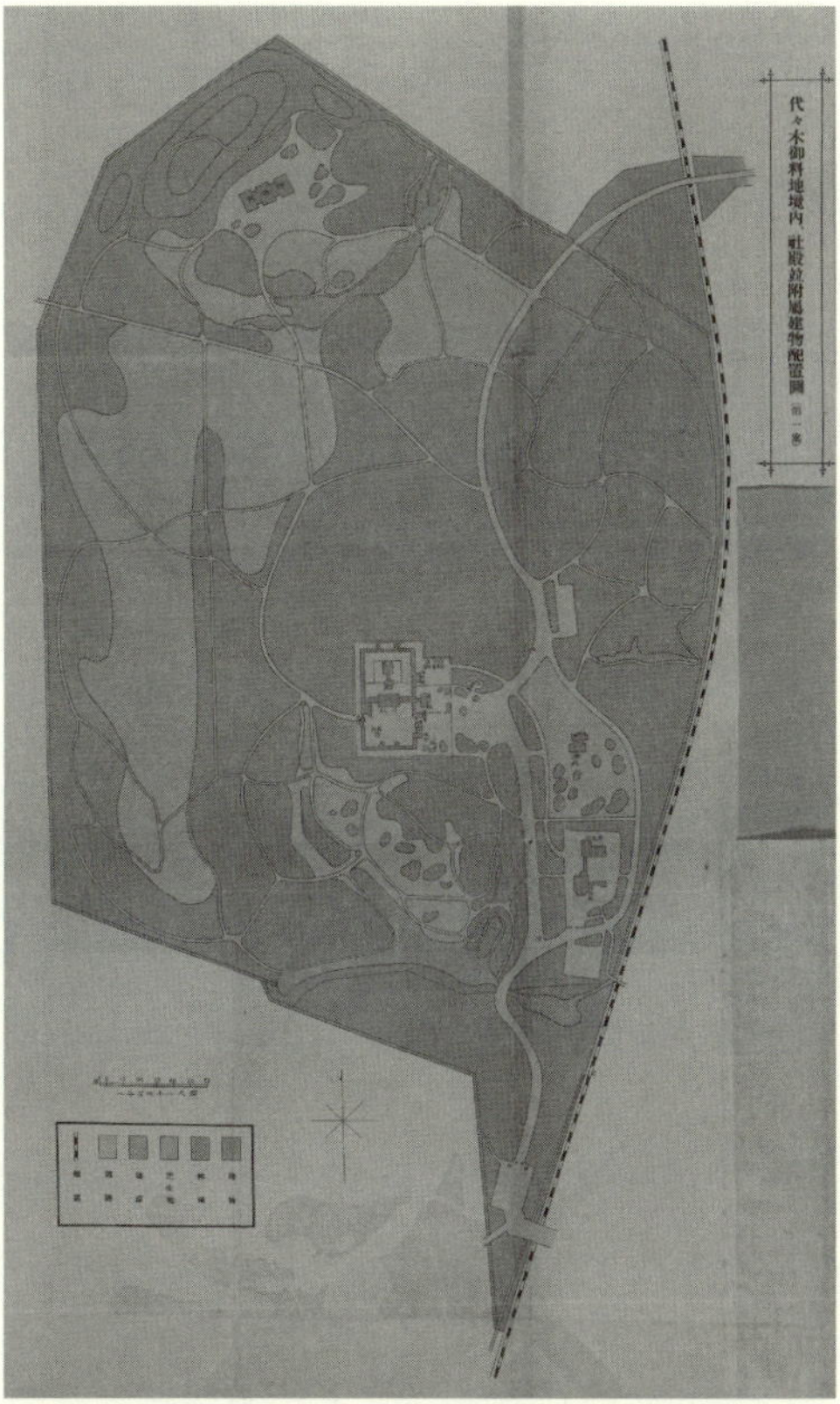

【図３−７】大正３年末までの内苑計画図　国立公文書館所蔵

伊東忠太ら工学系サイドの希望は、重なり合う社殿の美しさを側面から見せたいということにあった。しかし、これには農学系の委員とともに、神社奉祀調査会会長・大隈重信からも反対があったようだ――「徒らに社殿の一連の側面美のみを誇示するかの如き観」はまぬかれず、「南面する社殿に向かって正参道は北進するのが正道である」[32]。

参道をめぐる工学系と農学系の意見対立はほかにもあった。折下吉延の下で造営局技手を務めた田阪美徳によれば、井伊家の下屋敷時代からこの地に存在する由緒有る庭園区域、「御苑」敷地内に参道を通すという案も一時は検討された時期があったという[33]。この案に対して「率先反対」を表明したのが折下であり、原熙だった。この計画が、審議過程のいつの時点で提出されたものなのかははっきりとしないが、御苑内に湧く井戸水「清正井」を自然の手水舎とし、また庭園内の変化ある地況風景を、参道に趣きを加える要素として利用するのがそのねらいだった。庭園・園芸を与る農学系の人間としては、御苑の歴史的名勝的価値を認めないこのような提案は、破壊行為にも等しい暴論と感じられたようだ。

ところで、同じ工学系に属する専門家同士でも、意見は一様ではなかった。例えば、伊東忠太とその同僚で同じく建築家の関野貞との間でかわされた、参道は曲線か、それとも直線であるべきかをめぐる意見の食い違いである。伊東忠太が「S字型の曲線」で内苑参道を思い描いていたことは先にも述べた。これに関野が疑義を呈したのである（大正三年五月一日、第一回特別委員会）。「クルリト廻ツテ入ルト云フコトハ、公園ノヤウナ性質ノモノニハ宜イデスケレドモ、神社ナドニハ真直ニズツト参ツタ方ガ、森厳ヲ増スヤウニ考ヘルノデス」[34]。公園なら曲線の園路がよいかもしれないが、神社の参道であるなら直線がふさわしい、というのが関野の主張だった。道は直線か曲線か。この問いは、外苑計画においても浮上し、議論が繰り返されるテーマとなった。

とりもなおさず、それは、外苑の性質が果たして公園なのか神社なのかという問いでもあったからだ。

その後の経過を見ると、大正三年六月、特別委員会がまとめて神社奉祀調査会に提出した報告書「特別委員会報告」では、南参道を表、北参道を裏に定めることが適当であるとの決定が示されている。しかしこの時点では、玉垣内への正参道の入り方は、社殿を側面から望むべく東よりすべきか、正面からがふさわしいのかについての記述がない。また、大正四年五月に『建築雑誌』誌上で発表した「宝物殿設計募集規定」、宝物殿の建物設計のいわゆるコンペの募集要項でも、添えられた参考図は、社殿の東に第一神門を設けるという、それ以前の計画図を踏襲している。[35] 現在のような正面参道が描かれる図面は、大正四年九月頃に制作された「明治神宮林苑大体計画図」が最初と思われる。これは、神社奉祀調査会の解散をうけて発足した、造営工事の実際を担当する明治神宮造営局が制作している。

ところで、表参道が初日の出の昇る方角を考慮して設計されたという「都市伝説」の真偽はいかがなものだったか。残念ながら、これを裏付ける資料は目下のところ見当たらない。今の地下鉄「外苑前」駅付近から延びていた当初の参道計画が、南青山四丁目からの現在のかたちに落ち着いたのは、物理的・現実的な要因が大きかったようだ。まず、内苑予定地として想定された代々木御料地は現在の内苑敷地より狭く、今の南参道に架かる神橋より南、参道入り口広場付近は含まれていなかった。【図3－7】で、南池の南側に細く引いてある横線がその境界で、線より南側は隣接する代々木練兵場の敷地だった。つまり、現在のJR原宿駅竹下口の北側にある宮廷ホーム付近が参道接続先の南限になる（宮廷ホームの位置に旧原宿停車場があった）。この場合、境外参道と境内参道の接続が難しく、南面する社殿に正面から参道を設置する場合は御苑を横切らざるを得なくなる。大正三年二月の会議で、忠太はそう指摘している。[36] 恐らく折下ら農学系のメンバーが反対した「御苑を侵す参道計画」とは、この辺りで検討された案を指していると思われる。

そこで、当該の代々木練兵場敷地を南参道口として編入すべく陸軍省と交渉することにし、同年五月四日の特別委員会では、複数案の参道計画が示され議論の対象となっている。現在の地下鉄「外苑前」駅付近、南青山四丁目の表参道交差点付近をそれぞれ基点とする参道案が後々まで並存しており、様々な観点から審議された形跡がある。この付近は起伏が激しい土地柄であるため、参道が鉄道をくぐらずに交差できるケース、また既存の旧道をできるだけ活用して敷設するケースなどを考慮した結果が、現在の敷設の仕方だったというのが真相のようである。

ただ、今回の調査によって浮かび上がってきた疑問もあった。それは明治神宮内苑への表参道は、同時に、隣接する代々木練兵場への行幸道路を兼ねる路線として計画が進められていたということである。観兵式等の機会に皇居から練兵場を繋ぐ、いわば陛下の参道としての役割だ。「行幸」で思い浮かぶのは、青山通りを挟んで表参道の向かい側に延びる、通称「みゆき通り」の存在だ。両者の接続はどのように考えられていたのか……。明治神宮の隣接空間であった代々木練兵場とみゆき通りとの関係性を通して表参道の成り立ちを考えることで、その方角にまつわる議論にも何か新展開が期待できるかもしれない。興味は尽きないところだが、今後の検討課題としておきたい。

【図3-8】宝物殿とその周辺芝地　明治神宮所蔵

*内苑と外苑のあいだ

もう一つ最後に、計画中の内苑で、農学系と林学系、それぞれの理想が最も拮抗した、「境内西参道より宝物殿周囲にかけての大芝生の造成問題」についても一言、触れておきたい。

現在、「宝物殿前芝地」などと称される広々とした一帯は、前章で概観した常緑広葉樹による「永遠の杜」とは全く異質の景観を現出している【図3－8】。というのも、内苑の植栽は、林学系と農学系が全域を区分し、それぞれ棲み分けるかたちで計画を実施したからだ。林学系が、社殿周囲及び南・北参道沿いの「神林」区域を担当したのに対し、農学系の担当はそれ以外の、「多分に風致的取扱を要求される神苑ともいう地域」だった。[37] いわば、神前にぬかずいたあと、参拝者が少しく開放された心持ちでそぞろに逍遥散策の気分にひたり得る区域である。折下らが目指したのは、そこに近代造園の粋たる芝生のビスタ（眺望）を造成することだった。

この理想に異を唱えたのが、境内全域の大半を樹林地に想定していた本多静六たちだった。彼ら林学者には、理想的な広域芝生地は外苑にこそ然るべきで、内苑には必要ないという強い主張があった。

折下たちが「近代風致庭園の模範」と誇ったこの宝物殿前空間は、いってみれば、森厳さを旨とした社叢としての内苑と、明治式で文明の盛華を発揮しようとする外苑の中間的存在として位置しているともいえる。

農学系のランドスケープ・クリエーターたちにとって宝物殿前芝地の景観づくりは、いわば外苑造成を前にしたトライアル、先駆的実践ともいうべきものだった。

四、外苑という名のブラックホール

*オールスターキャストによる外苑工事

そもそも渋沢栄一、阪谷芳郎ら在京有志がいち早く画期的な明治神宮内・外苑構想を発表したのは、大正元年八月のことだった。彼らが作成したその「覚書」が、のちの明治神宮奉賛会設立趣旨に、そして明治神宮造営の基本構想へと直結していくことは、第一章で論じたとおりである[38]。

外苑内ヘハ頌徳紀念ノ宮殿及ヒ臣民ノ功績ヲ表彰スヘキ陳列館其他林泉等ノ設備ヲ施シ度候

外苑の設計計画は、「覚書」中のこの一文から全てが始まった。計画は、明治神宮奉賛会（創設以前の準備委員会時代を含む）によって大正六年十月三十日、「外苑計画綱領」としてまとめられ、工事施工を委嘱した明治神宮造営局に提出される。翌七年十二月、造営局は、計画綱領を基礎とした「明治神宮外苑造設大体計画図及説明書」を、奉賛会へ提示。奉賛会がこれを了承し

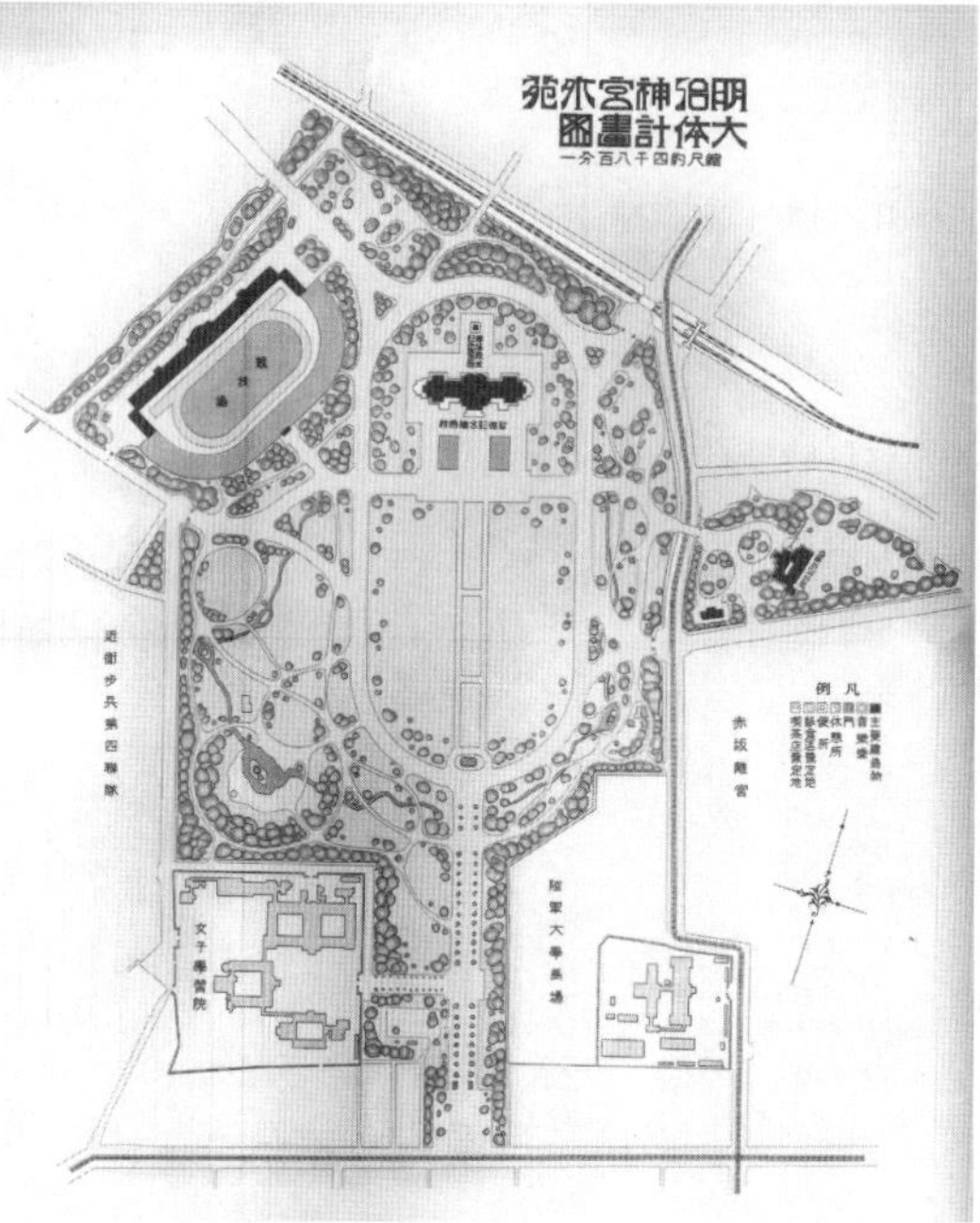

【図３－９】明治神宮外苑大体計画図　前掲『明治神宮外苑志』

たことで、これが外苑設計の最終案となった【図３－９】。

　しかし、この大体計画図を、大正十五年、外苑竣功時の【図３－４】と見比べてみてほしい。西南部の林泉予定地に当初の計画にはなかった施設がつくられていることがわかる。野球場と相撲場だ。これらは、各スポーツ団体から運動施設建設の陳情が相次いだため、奉賛会が「外苑創建の精神」に抵触しない範囲で計画の一部を変更し、造設を決定したものだ。『明治神宮の出現』の著者、山口輝臣氏も指摘しているが、外苑の「発明」により、雑多な記念事業をこの空間に統合することが可能になったのだ[39]。明治天皇を祀る社殿地としてだけではなく、大都市として変貌しつつある東京の中で、人々が憩うことができる多彩な空間となったのである。外苑とは、その計画段階から完成後、いや現在にいたるまで、相反するような構想や実現しなかったアイデアも含めて、さまざまな要素をその内に飲み込み続ける、まるでブラックホールのような場でもあるといえよう。

この外苑設計をリードしたのは、一体、誰であったか。少し煩雑になるが、ここで事実関係をおさえておきたい[40]。

奉賛会は大正六年五月、外苑の「設計及工事」のため、その専門となる顧問と委員を置くことにし、彼らに「外苑計画綱領」策定を嘱託した。顧問には古市公威（工学）、委員に日下部辨二郎、伊東忠太、近藤虎五郎、塚本靖、関野貞、佐野利器（以上、工学）、川瀬善太郎、本多静六（以上、林学）、原熙（農学）が招集された。奉賛会は、計画綱領策定後も「随時の諮問に備ふる」ため、伊東、佐野、日下部、川瀬の四名を常務委員として指名している。一方、明治神宮造営局側では、奉賛会から工事実施を委嘱されたことをうけ、同年六月に局内に外苑課を設置した。ここにも、前述「設計及工事」のための奉賛会委員のうち、日下部以外の全員が名を連ねている。つまり伊東・佐野たち専門技術者は、民間の明治神宮奉賛会と内務省の明治神宮造営局、両者から設計・工事を任されたことになる。また、折下吉延は、この外苑課に庭園主任技師として配属されている。それ以前から従事していた内苑宝物殿前芝地の造成工事と兼務することになったのだ。

ところで、造営当事者の回顧録・業績録だけに頼って外苑計画立案過程を再現するには、裏づけが難しい面がある。例えば、佐野利器は、自身の「述懐」（『佐野博士追想録』）で、外苑の庭園配置計画は「自分がやろうと言う人が三人居て仲々決定しなかった」と証言している[41]。その三人とは、本多静六・川瀬善太郎・原熙だったという。三者三様の計画案でまとまらずにいたところ、「とうとう私のつくったスケッチを皆が承認して呉れて」、これが成案となったと語っている。他方、『折下吉延先生業績録』では部下の田阪美徳が、外苑計画を作案した功労者は折下吉延その人であると主張する。田阪は、当時の事情を知悉しないものが「この外苑基本案の作成を第三者の考案の如く論断するもののあるが如きは大なる誤りである」と極言してもいる。[42]

先に少し触れたように、外苑基本案作成には伊東忠太もまた大きく関与している。佐野、折下、伊東の三人は外苑完成以後も、今度は外苑管理者側から管理に関する事項を調査・審議する評議委員に指名され、引き続きその歴史にかかわり続けた。その意味で彼らは、造営計画から管理計画に至るまで、さまざまな構想(と幻想)を包含する「外苑ブラックホール」の伸縮を預かってきた人物たちでもある。

伊東忠太に関して、社殿建築以外に彼が明治神宮造営でなした仕事を論じた研究は皆無といってよい。先に筆者は、伊東忠太は捉えどころがないといった。しかし、こうも考えてみることができるだろう。明治神宮造営で忠太が何を実現しようとしたのか、それが捉えにくいのは、彼の社殿様式議論にのみ我々が視点を限定しているからではないのかと。筆者が目指すのは、内苑・外苑・参道計画全体を通して伊東忠太たち造営者の意図を読み取ろうとすることである。再び、「調和」のキーワードを用いるなら、忠太が内苑と外苑の調和、すなわち新旧要素のバランスをどのように演出しようとしたかという問題だ。

そこで、手探りではあるが、東京大学大学院工学系研究科建築学専攻及び日本建築学会建築博物館が所蔵する伊東忠太関連資料、国立公文書館の神社奉祀調査会経過要領、そして明治神宮所蔵の阪谷芳郎明治神宮関係書類等をつきあわせながら、外苑計画のトピックスと造営者たちの立ち位置を、可能な限り再現してみたい。

大正四年四月十五日　伊東忠太来宅　技師採用方ニ付話アリ　仕事ヨリ人ヲ求メ人ヨリ仕事ヲ求ムヘカラスト方針ヲ談ス　一流ノ天才ヲ採ルコトニ付内々注意ヲ頼ム

大正四年十月十四日　伊東忠太氏ト電話ニテ詳細ニ談ス

阪谷芳郎の『明治神宮奉賛会日記』を見ると、奉賛会が外苑設計委員を委嘱する以前から、伊東忠太の名前をみつけることができる。互いに相談ごとで連絡を取り合っているのだ。[43]四月十五日の記述は、おそらく造営局技師の人選のことだと思われる。大正六年当時の忠太の「野帳」を見ると、外苑課スタッフの人選と計画実施の分担について、案を幾度も書き改めては頭を悩ませていることがわかる。[44]

大正五年二月二十日、阪谷は、その時点で奉賛会が作成していた「外苑設計大体考案要旨」を伊東に送り、助言を乞うている。この計画案では、外苑における重要建設物として以下の六つが掲げてあった。阪谷は「建設物ヲ適当ニ配置シ林泉及芝生地ヲ作ラムトス其模様取リハ如何」と、忠太に設計方針のあり方を尋ねている。[45]

一、葬場殿趾御記念塔及肖像道
二、聖徳記念絵画館
三、憲法記念館
四、御祭典奉納競馬及競技場（スタジアム）
五、御祭典奉納能楽堂
六、広場附奉納音楽堂及御祭典奉納相撲場

これに対し、伊東は「疑問続出」と回答、さっそく阪谷に面会を申し入れている。[46] 再び、忠太の「野帳」を開くと、外苑計画について細々書き綴ったメモのなかに、「根本問題」として次のように箇条書きされている。[47]

一、直線式カ曲線式カ
二、殿趾ヲ重大視スルヤ否

＊苑路とは、直線か曲線か

伊東が認識していた一点目の根本問題は、内苑計画時代から持ち越してきた苑路のスタイルに関してのものだ。そして、忠太は曲線を支持していた。【図3－5】で紹介した神社奉祀調査会

【図3-10】大正５年　明治神宮附属外苑予定図　明治神宮所蔵

作成の「明治神宮境内及附属外苑之図」（大正三年末までに作図）は、外苑主要道路を直線で描いているが、その上に「甲案」と印字がある。国立公文書館が所蔵するこの図面と同じものを、東京大学大学院工学系研究科建築学専攻も保存している。伊東忠太が所有していたものだが、興味深いことにこちらの図面には「甲案」の上にさらに一枚、「乙案」が糊付けされている。両者を比較すると、外苑主要道路について直線案（甲案）のほかに、曲線案（乙案）が存在していたことが明らかだ。実は、外苑計画図の変遷を辿ると、この両案は長く並存していたことが分かる。大正五年三月に奉賛会が調製した「明治神宮境内及外苑之図」は乙案を採用しているし、同年六月に会員募集を目的に頒布された奉賛会紀念絵葉書【図3－10】も、乙案を踏襲している。[48] この時点で明治神宮奉賛会は、主要道路を曲線とした外苑を構想していたのではないかと推測できる。

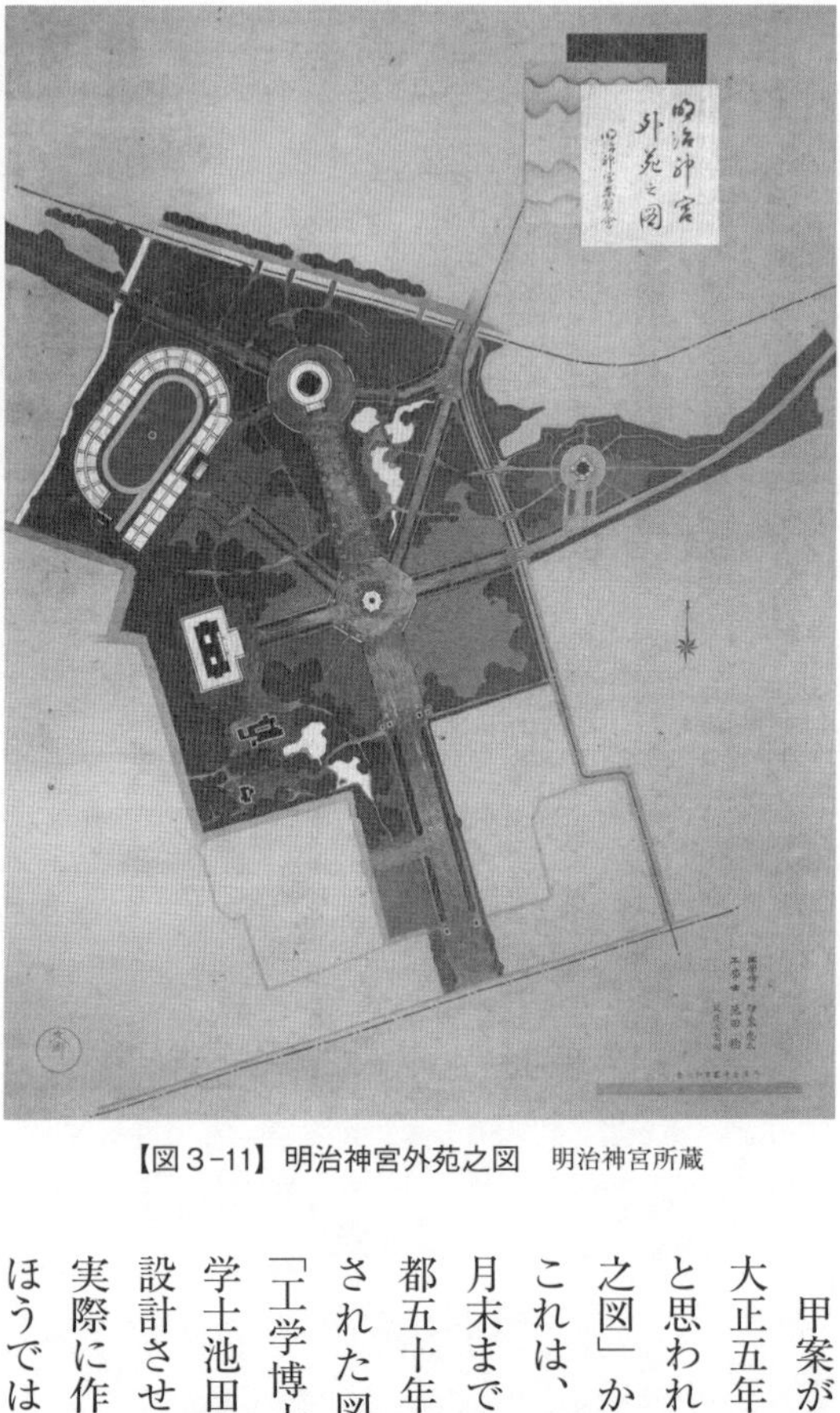

【図３−11】明治神宮外苑之図　明治神宮所蔵

甲案が優勢になるのは、大正五年末頃に作成されたと思われる「明治神宮外苑之図」からだ【図３－11】。これは、翌六年三月から五月末まで開催された東京奠都五十年奉祝博覧会に出品された図面で、奉賛会が「工学博士伊東忠太氏及工学士池田稔氏」に委嘱して設計させたものとある[49]。が、実際に作図したのは池田のほうではないだろうか。同氏が執筆した「明治神宮外苑図説明書」には、「主要道路ハ直線若クハ直線ニ近キモノニシテ壮大ノ観ヲ呈スベク……」というはっきりとした主張がある。

　奉賛会が何を理由に、曲線から直線へと舵をきったのかは判然としない。しかし、この決定が容易になされたわけではなかろうことは想像できる。新聞雑誌がたびたび記事にして取り上げたように、外苑計画の一進一退に関して国民の関心は高く、議論は常に外に向かっても開かれていた。博覧会に陳列された外苑図を見て、新たに自説を開陳する一団があったこともその一例だ。大正六年六月、千葉県立高等園芸学校講師・林脩己他二名が連名で、奉賛会に提出した「明治神宮外苑設計ニ対スル意見書」がそれである。[50] 八項目からなる彼らの批判には、「萃美耀明ノ苑地」たるべき外苑にしては「樹木ノ過多」である。つまり、木が多すぎて神苑でなくこれでは神林だ、という指摘のほか、「路線ニ就テ」も一項目として言及がある。直線／曲線論争がはらむ「根本問題」の所在を知る上で興味深いので、彼らの主張を紹介しておきたい。

元来我カ国民性ハ直線式ヨリハ曲線式ノモノニ趣味ヲ有シ整然タル輪廓ヲ有スルモノヨリハ輪廓不鮮明ナルモノニ美感多シ

要するに、日本人の美的趣味としては、整然とした直線的デザインより漠とした曲線的デザインを好むものであるから、主要道路は曲線たるべきではないかという提案だ。先に触れたように、内苑境内参道の議論の場では、曲線の参道を好む伊東忠太に対し、公園なら曲線でよいが、神社参道は森厳さが必要ゆえ直線にすべしと主張する関野の姿があった。苑路をめぐる直線VS曲線論争は、このように「国民性」あるいは「趣味」の問題として語られることが多かった。が、これもまた「輪廓不鮮明」な議論ではあった。

最終的に、絵画館を中心として一直線の銀杏並木を設計したのは折下吉延であった。彼の仕事については次節でとりあげたい。

【図3-12】葬場殿趾（建設当時）　明治神宮所蔵

＊記念のかたち

絵画館の裏手に、一本の楠木が土壇に立っている【図3-12】。このひそやかな区画が「葬場殿趾記念物」と呼ばれていることをご存知の方が、どれくらいいるだろう。青山練兵場時代、大正元年九月十三日に挙行された大喪儀で、明治天皇の御棺（轜車）を安置したこの場所こそ、実は外苑の出発点、隠れた中心である。伊東忠太が外苑計画根本問題の二点目として「殿趾ヲ重大視スルヤ否」を掲げたように、この〝神聖〟な場をどのように記念するかは、文字通り奉賛会のメンバー誰もの「根本問題」だった。

忠太は、大正六年七月にはさらに「葬場殿趾処理の問題」のみに特化した意見書を阪谷宛に書き送っている。[51]

彼はこの意見書で、葬場殿趾に絵画館を配置してこれをもって記念物にかえるという意見や、殿趾記念物と絵画館を一塊として連結するという案があるが、これらはいずれも「正道」ではないとして斥けている。葬場殿趾と絵画館は別個に配置して記念物とすべきであるというのが、彼の正道とするところだった。確かに計画図案をみても、博覧会出品の外苑図の時点まで、絵画館は葬場殿趾から西南の方角に別置されている。それが現在のような併置型にかわるのは、大正六年十月末の「外苑計画綱領」からだ。絵画館は葬場殿趾とオーバーラップされることで、外苑における記念物として必然的に優位性を発現することになった。

ところで、先に紹介した記念建造物候補のなかに「葬場殿趾御記念塔及肖像道」というものがあった。葬場殿趾とセットで考えられていた「肖像道」とはいかなる案か。それは銅像を両側に配置した苑路を意味していた。実は奉賛会は、明治天皇・昭憲皇太后、及び維新元勲の銅像を制作し、これを外苑内に配置するという計画に、かなりの執着を見せていた。そのプランは、いささか見にくいが、博覧会出品の外苑図（【図3－11】）で葬場殿趾前の主要道路両側に記された丸印にも、見て取ることができる。葬場殿趾、絵画館と関わる問題でもあるので、実現しなかった「記念のかたち」について、その顚末をここで触れておきたい。

阪谷芳郎の日記によれば、維新元勲の銅像については、大正六年十月十一日の奉賛会内設計委員会議で、計十名の銅像を建設することが可決している。[52] 人選及びその順位は、絵画館の画題選定を担当していた歴史編纂委員が担当することになっていた。一方、天皇皇后の銅像は当初、内苑宝物殿に安置する方向で検討されていた。発端は大正四年九月、鋳金家・岡崎雪声が明治天皇銅像の件で阪谷を訪ねてきたことだ。[53] 実はこの時期、岡崎鋳造による等身大の明治天皇銅像が一体、宮中に献上されている（同年十月三十日付）。[54] この奉納は、明治四十二年まで宮内大臣として明治天皇に仕えた田中光顕が発案して、岡崎に依頼したものだった。この度、岡崎が阪谷を訪問したのも田中の意向によるものだった。その結果、天皇像の方は田中光顕、皇后像については田中の前任で宮内大臣を務めたことがある土方久元が後ろ盾になり、岡崎雪声が作成する。作品は一旦、宮内省に納められ、しかる後に明治神宮に下賜される、という手続きを踏むことで話を進めることになった。

引き続き阪谷芳郎の日記を辿ってみる。[55]

大正六年三月二十日　宮内省ニテ石原次官ニ面会シ両陛下ノ御銅像御下付手ツヾキヲ打合ス

この頃、既に明治神宮のための銅像は完成していたと思われる節がある。ところがここで、内務省明治神宮造営局側が、宮内省に「御遠慮御断り」の申し出をしたことが分かった。そこで奉賛会は一計を案じ、内務省が造営した内苑宝物殿ではなく、民間の奉賛会がつくる外苑絵画館内広間に安置するのなら妥当ではないか、と宮内省に交渉を始めている。このやりとりは、大正十五年外苑竣功後も続けられた。[56]

昭和二年十一月二十八日　関屋宮内次官ヲ訪フ　御銅像ハ宮内省ノ方ニテ保存ノ方法ヲ講スヘシトノ話アリ

昭和三年五月二十四日　吉田局長ヨリ陛下ノ御銅像ハ宮城内ニ其原型ト京都御所内ニ夫々適当ノ場所ヲ設ケ安置ノ旨宮内省次官ヨリ話アリシ由云々

天皇を銅像に象るのはいかがなものかという論調が、ちまたにも多々あったことは当時の新聞記事等からも推察できる。造営局の判断もそのあたりにあったのだろうか。では、明治功臣の銅像はどうなったか。こちらは「人物ノ順位、銅像ノ位置」が問題となり、やはり肖像道を実現するには至らなかった。[57]

【図3-13】実現しなかった絵画館大広間銅像の図　明治神宮所蔵

余談ながら、昭和四年、田中光顕は茨城県大洗町に常陽明治記念館（現幕末と明治の博物館）を創立し、ここに等身大の明治天皇御尊像を奉安している。彫家渡辺長男作、鋳造は岡崎雪声である。田中は設立の動機について、明治天皇の御尊像を宮内省の宝庫奥深くに閉じ込めるのではなく、衆庶に拝観させたいとの思いからだったと語っている。[58]果たしてこの銅像が、外苑絵画館広間に安置されるはずの御尊像であったかどうか、真相ははっきりしていない。

実は、現実の絵画館では実現できなかった「記念のかたち」は、いま、一枚の画面のなかに「再現」されて存在している【図3－13】。イメージのなかの絵画館中央ホールには、天皇皇后はもとより、肖像道にいるはずの維新元勲らが勢ぞろいしている。掛け軸状のこの作品は、昭和十年一月、奉賛会理事長阪谷芳郎の命で制作されたもので、次のように添え書きされていることからも、幻と消えた記念の場を惜しむ彼らの思いがしのばれる。

本図ハ明治神宮外苑聖徳記念絵画館中央大広間ヲ造リタル当初、余ノ腹案ナリシカ、御聖像ノ奉安ニハ其筋ニ於テ多少ノ異議アリテ其儘トナリ、未タ実現ニ至ラス。今回伊東紅雲氏ノ彩管ニ託シ一軸ト為シ、以テ後日ノ参考ニ供スト云爾

*「佐野鉄」の登場

ここまで、奉賛会が構想した外苑記念建造物「葬場殿趾御記念塔及肖像道」のうち、後者の「肖像道」について述べてきた。それでは前者の「葬場殿趾御記念塔」という名で、彼らは一体、どのようなモニュメントを思い描いていたのだろうか。

阪谷がイメージしていた記念のかたちは、六角形の塔だった。明治天皇が詠んだ和歌である「御製」から計六首を選んで、各面に刻み込むというアイデアからだ。大正五年二月には、この六首の選定を明治余光会大橋賢之甫に依頼し、翌月に候補案まで受け取っている[59]。対して、伊東忠太の案は、阪谷とは異なるものであった。佐野利器は、伊東案について次のように記憶している。「正面の葬場殿跡に天皇の騎馬の大銅像を置き、その一方に明治時代の功臣の像を配置した

もの」[60]。忠太の「野帳」をめくってみると、果たせるかな、天皇騎馬の大銅像の素案が描かれている【図３－14】。

このような記念塔案にしても騎馬像案にしても、かつて第一回神社奉祀調査会特別委員会で議

【図３-14】伊東忠太の葬場殿趾記念明治天皇騎馬像案（右）　伊東忠太『野帳　大正六年後　雑記』（日本建築学会建築博物館所蔵）

論となったように、古式の内苑では実現できない新時代の「サムシング」を、明治式の外苑で発揮しようという、伊東たち造営者の気負いが感じられてくるようだ。

しかし意欲的なこれらの案を頑として退け、葬場殿趾のモニュメントはシンプルに「日本精神」をあらわすものがふさわしいとして、現在のかたちを設計したのが佐野利器だった。「意思が強いこと鋼鉄の如し」で、部下から「佐野鉄」の異名を奉られたという、今一方の工学士の登場である。

阪谷の日記には、「葬場殿趾紀念物ハ六角形御製六首彫刻ノ形状ニ限ル旨ヲ主張。右主任技師ニ申シ入方ヲ水上理事ニ申送」という記述がある[61]。この主任技師が佐野に他ならない。佐野自身、「阪谷さんを承知させるのに大変苦労した」と後に述懐しているが、佐野「鉄」も、御大を前に頑として意見を曲げなかった[62]。

同じように、佐野の強硬な主張は、外苑青山口を飾る門の形状をめぐっても繰り広げられた[63]。伊東をはじめ佐野の先輩格にあたる人々は、門柱のように高くそびえるものを作りたいという考えだったという。しかし、佐野はそのような案が「何れも気に入らず」、自ら案出し披露するに至る。それは江戸城外濠の古石材をほとんど原形のまま積み上げて、その上に植樹をほどこした、およそ装飾とは無縁のいわば石塁だった【図3－15】。この佐野案もなかなか全員の了承が得られず、「こんなもの野蛮人が造るものだ」とまで批判されている。だが、結局、佐野は先輩の反対を押し切り、これが成案となった。

【図3-15】青山口より絵画館を望む　前掲『明治神宮外苑志』

様式あるいは意匠ということにほとんど頓着せず、しかも自説を貫く佐野の姿勢は、造営者間の合意形成に努めようとした伊東忠太と大きく異なっている。忠太には、たとえA案が通らなくとも、それならB案をというような、ある種の柔軟さがあった。

佐野利器の揺らがぬ信念はどこから生じ、どのように形成されたか。明治神宮造営以前の彼の経験にその源をたずねたい。

＊「ハードボイルド」建築学者の耐震構造学

明治三十三年、佐野利器は、仙台の第二高等学校を卒業し、東京帝国大学工科大学建築学科に入学している【図３－16】。佐野が建築を志したのには、養父の助言があった。[64]「自分は中学の教師としてこれ迄人に使われて来たが、其間何回も辞表を懐にした事がある。しかしいざとなると妻子や将来の事を考え心がにぶり膝を屈した」。建築のような技術がある仕事なら、己を曲げられないいざというような時にも、一人で独立できるのではないか、という親としての配慮からである。養父誠一郎は、将来の佐野「鉄」の気質を見事に見抜いていたのではあるまいか。

【図３-16】佐野利器　第11代山口三郎兵衛氏所蔵

しかし、いざ入学して講義に出てみると、その内容は想像していたものと異なり、建築学という学問そのものにひどく失望してしまった。当時の建築学科の教育は、「芸術教育の色彩」が非常に強く、装飾画やら製図ばかりで、まったく「科学的」理論が感じられない。「自分は国家公共の為に働きたいので、個人の住宅とか、色彩や形の問題等やりたくない」と思いつめ、入学早々辞めようかとさえ思っていた。だが、そんな佐野の転機となったのは、一年生三学期のある日のこと。工科大学長として建築史を教えていた辰野金吾教授の授業で日本建築界の状態を聞き、目を見開かされたというのだ。「日本には欧米と異なる困つた事がある。地震が之である。［……］耐震構造の研究は之から諸君のなすべき仕事の一つである」[65]。耐震構造で、国家社会に尽くそう――、そう思いたったという。

佐野利器、弱冠二十歳の決意は、決して誇張ではなかった。彼は後に、日本最初、すなわち世界最初の耐震構造論を確立することになるのだが、これについては後に触れる。学部卒業にあたっては、大学講堂を卒業設計に選び、論文では講堂の強度計算の説明に終始した。『伊東忠太動物園』のほかに「佐野利器論」も書いている藤森照信氏は、一途に算式で埋め尽くされた佐野の卒業論文を、「ハードボイルドな構造計算」論文と評している[66]。藤森氏はさらに、意匠や様式をもっぱらとする伊東忠太たちは、この計算式ずくめの論文査読をきっと途中で放り出したに違いないと推測している。学部卒業後の佐野は、教授たちの勧めで大学院に残り、強度試算の講義を担当することになった。講義ノートを作成するため、理科大学で地震学を講じていた大森房吉教授のもとへ学部をまたいで通い、また学部生に混じって実験物理を聴講もした。さらに材料試験や強度実験は独習で行うなど、まったくの手探りで独自の学問体系をつくりあげていくしかなかった。

そんな佐野利器の建築構造研究を大きく飛躍させたのが、この時期に得た二度の海外見聞である。明治三十九年四月十八日、カリフォルニア州サンフランシスコ付近で、マグニチュード約七・八の地震が発生している。市街のサン・アンドレアス断層を震源とした直下型で、被害は甚大だった。直後に発生した火災は三日間続き、市街地がほぼ焼滅した。佐野利器は、地震予備調査会から調査を命じられた大森教授たちに随行して、早々に現地入りしている。約一ヶ月間、サンフランシスコとその近郊の被害状況を実地調査した経験は大きかった【図3－17】。結論として、木造、煉瓦造、鉄骨造等、さまざまな建物を調べるうちに、鉄筋コンクリート造が耐火だけでなく耐震にも優れているという確信を抱く。

【図3-17】佐野利器がサンフランシスコ大地震視察先から出した絵葉書
第11代山口三郎兵衛氏所蔵

当時、サンフランシスコでも鉄筋コンクリート造はまれだった。ある日、佐野は金門公園内ストウ湖の小島ストロベリーヒルに建つパーク・パノラマと呼ばれる展望施設が、はなはだしい地割れにもかかわらず崩壊を免れている様子を目の当たりにする。この建物はサンフランシスコでほぼ唯一、全体が鉄筋コンクリートでできていた。

唯一のパノラマは震災に会して幾多の現象を現はし余輩をして一般に鉄筋混凝土なるものに対する観念を確定するを得せしめたり。

この調査は、「米国加州震災談㈠〜㈢」として『建築雑誌』に報告書が掲載された。[67] サンフランシスコでの現場経験は、次に実現した三年間のドイツ留学を経て、佐野のなかで耐震建築のための一つの学問体系としてまとめられていくことになる。この二回目の洋行は、伊東忠太のアジア留学と同じように教授昇進の条件としての海外留学だった。

明治四十四年二月、横浜を出帆、マルセイユ到着まで五十日を費やしている。[68] 同年四月、ベルリンに到着。落ち着き先として、やはり東大で建築を学んだ本野精吾が、四十二年から当地に留学していたため、彼の下宿に身を寄せた。ベルリンの佐野は、現在のベルリン工科大学の前身である王立シャルロッテンブルク工科大学で学んでいる。鉄筋コンクリート造の構造物が地震等でうける変形の度合いを解析するため、どのような計算法が必要か。その手がかりを得るため、構造力学の大家、ミュラー・ブレスローの講義を中心に受講したようである。ベルリン工科大学には、佐野利器が明治四十四年夏学期から大正二年新学期まで、確かに「工学（建築）」を受講したという記録がある。[69]

大正三年四月、帰国。その一年後に「家屋耐震構造論」と題した学位論文を提出し、これにより工学博士の学位を取得している。[70] この論文で、佐野は日本の建築学界で初めて、構造物に働く複雑な地震の揺れをどのように見積もるか、その尺度である「震度」という考え方を導入した。

日本の耐震設計が以後、この理論を基礎に発展したといわれる画期的な業績である。この「佐野の震度」は、昭和五十六年に建築基準法施行令が改正されるまで、構造計算における地震力計算の唯一の拠り所であったという。

＊ベルリンでの覚悟

三年間の留学が佐野にとって掛け替えがない経験となったのは、ヨーロッパ最新の理論を身につけたからだけではなかった。「建築家の覚悟」――ベルリンから日本へ、佐野が書き送った論説タイトルそのままに、建築家一生の「覚悟」を得たことにこそある。[71]

佐野は言う。アーキテクトには、「美術を主とする建築家」と『科学を主とする建築家』と二種ある。然らば、今日の日本の建築家は何であるべきか。それは「今日の日本の事情」によって定まらねばならぬ、と。そしてその日本の現状について、残念ながら日露戦争よりこの方、わが国の国力は「到底列強の脚下にも及ばざる」ことを嘆き、「現在の国家は正に臥薪嘗胆の時期である」と断言する。とするなら、我々日本の建築家たるものが取組むべき研究事項は、「国家当然の要求」たる建築科学の発達であって、「如何にして国家を装飾すべきか」という問題ではないと、佐野の覚悟は強かった。

いささか大げさとも思える佐野の焦燥感であったが、それは、欧州到着までに寄航したアジア諸国で、「英国人に東洋が支配され」ているのを目の当たりにし、「日本もうつかりしていると同

【図3-18】絵画館設計競技の審査員及び入賞者。前列右から6人目が阪谷芳郎、後列右から2人目が折下吉延、4人目が田澤義鋪、7人目が佐野利器、9人目が伊東忠太　明治神宮所蔵

様な事になる」と憤慨したことが発端になっていたという。

　帰国後すぐに、佐野利器は神社奉祀調査会調査事務嘱託として任用され、「建築科学の専門家たる覚悟」をもって明治神宮造営事業に従事した。そのような彼の意識がはっきりと現れているのは、耐震耐火を旨として実施した宝物殿及び絵画館（含葬場殿趾）の設計競技に審査員として臨んだときの発言だ。[72] 宝物殿、絵画館、どちらのコンペでも審査員評が『建築雑誌』上に残されている【図3－18】。それを見ると、他の審査員と比して佐野利器の批評は異質である。佐野は自身の宝物殿コンペ評を、「用途構造を建築様姿の根本なりと見ての批評」と題しているが、これなどは「国家当然の建築的要求」を意識した発言に他ならない。

　宝物殿の建物は、耐震耐火なることと社殿との調和を失わざることを設計条件としていた。この条件を佐野は、単に社殿と宝物殿の調和の問題ではなく、「国土と耐久的建築の調和」の問題として考えるべきであると敷衍しつつ批評を展開する。「我が国従来の木造建築物の附近にありて之と調和を失はざる耐久的建築の様姿を得るといふことは、我建築上の要件であるべきである」。とするなら、国土に根づいた伝統的木造社殿と調和する耐震耐火式宝物殿とは、どのような建築様式であるべきか。

佐野は、この点に関してコンペ参加者の設計方針を分類し、その応募作品を「和風派」「洋風派」「支那派」「気分派」の四つに大別した。彼によれば、和式社殿との調和を絶対視する「和風派」、用途構造の問題を主として調和を従と考える「洋風派」、はたまた我が国の風土は支那に近いとして支那建築を範とする「支那派」、これら前三者はいずれも理想的とは言いがたく、第四の「気分派」こそ採るべき態度であると断ずる。佐野がいう気分派とは、「用途構造は建築様姿の根本であるといふ理想」にまず立脚し、次に気分の問題として建築表現の調和を考えるという立場をいう。しかし、これは徹底しすぎれば所謂「折衷」となり、その逆だと「洋風臭味」に陥る恐れがあり、佐野本人も「気分派の理想は其の実現が最も難事である」と断っている。要するに、佐野利器にとっての関心事は、何よりもまず鉄筋コンクリートによる耐震耐火の実現ということ、その一点なのだ。

一方、絵画館及び葬場殿趾記念建造物のコンペ評でも、この気分としての建築表現について、再び次のように言及している。「レネサンス或はクラシック式と云ふ様な西洋の殆んど真写に近い型に依らすして」、「吾々建築家は形といふ事を前に民族的我を自覚せねばならぬ」。民族的自我を自覚した建築表現——。葬場殿趾のモニュメントはシンプルに「日本精神」を表すものがよいと主張し、騎馬像案や六角塔案を退けて楠を植えたのは、佐野がこのように考えていたからかもしれない。が、もう少し踏み込んで解釈するなら、科学を主とする建築家を自任していた佐野としては、用途構造以外の建築表現とはしょせん「気分」の問題で、むしろ、今日の建築的要請は建築様式や意匠に凝って「国家を装飾」することではないのだと、「建築家の覚悟」を他者に促すところに本意があったのではないだろうか。

ちなみに、絵画館の建築に詳しい東京工業大学大学院教授の藤岡洋保氏によれば、この絵画館は耐震性能について実に周到な配慮のもとに設計が実施されているという。佐野の監督のもとで実施設計をした部下の小林政一は、絵画館に当時の建築法規（佐野の構造計算理論に基づく）が求める値の二倍の耐震性を確保していたという。[73]

ここまで外苑計画の変遷に焦点を置いて、曲線か直線かという苑路の問題、銅像をはじめとする記念のかたちの問題、そして構造と様式の調和の問題を中心として議論を進めてきた。本書では取り上げるに至らなかったが、競技場・野球場・水泳場など、外苑というブラックホール全体の造営には、さらに多くの専門技術とその担い手が関わっていたということは、ここに忘れず記しておきたい。

再び、大正十二年の東京に話を戻す。

工事は着々と進められていた。しかし、その真っ最中に、我が国土はあの日を迎えることになる。

五、震災復興のダイナモ――もう一つの参道

*造営者たちの震災復興

大正十二年九月一日、午前十一時五十八分、マグニチュード七・九の大地震が関東地方を襲った。関東大震災である。東京市内では、その日の午後には市内七十ヶ所余りから火の手が上がり、三日間にわたり市中を焼き尽くした。特に下町の被害は甚大で、地盤がゆるいため家屋倒壊数は山の手の約二・五倍に達し、また火災では、日本橋・浅草・本所区は面積の実に九割以上を焼失している。戦前において世界最大の都市火災であったという。この震災により、九万一千三百四十四名が亡くなっている[74]。

震災直後の数日間に、上野や日比谷公園に避難した人の数は合計百五十七万人ともいわれ、東京市の人口の七割以上が、公園または広場に集中した。当時、造営工事真っ最中だった外苑も、その例外ではなかった。政府の臨時震災救護事務局は、震災翌日の九月二日、明治神宮奉賛会会長徳川家達宛に、罹災者用バラック設置のための外苑使用許可を求めている[75]。公設バラックは外

苑のほか、日比谷公園、芝公園、上野公園等計六ヶ所に設置されたが、なかでも外苑は敷地七千坪ほどを提供する最大のバラック村となった。外苑バラックは九月十五日に起工し、十月八日に収容を開始している。明治神宮造営局、及び奉賛会側は、競技場を避難民に、絵画館は救護班に提供、造営局技師も自ら救護事務の援助にあたった。ここには、東京市経営の乗合自動車車庫、満鉄の病院、東京府の公設市場、救世軍の伝道館、そして公衆浴場、炊飯所などが設置され、まさにそれ自体で完結した「外苑村」ともいうべき状況を呈していた。震災二ヶ月後の調査によれば、外苑バラックに一千八百八十三世帯、六千七百五十八人が収容されている。[76] その過半数が京橋、深川、本所からの避難者だった。

この震災翌日に成立した第二次山本権兵衛内閣のもとで、内務大臣に就任したのが後藤新平である。親任式を終えた夜、後藤は自ら帝都復興の根本方針を作成した。[77]

一、遷都すべからず
二、復興費に三十億円を要すべし
三、欧米最新の都市計画を採用して、我国に相応しき新都を造営せざるべからず
四、新都市計画実施の為めには、地主に断固たる態度を取らざるべからず

九月二十七日、後藤新平は復興計画策定と事業推進のため帝都復興院を設立、自ら総裁に就任する。この帝都復興院の要である建築局長として、帝都復興事業を牽引したのが、耐震耐火の建

築科学者、佐野利器その人である。
震災当日、佐野は体調を崩して学校を休み、駕籠町大和郷（現文京区本駒込）の自宅にいた。だが、地震が落ち着くや、すぐに人力車を飛ばして大学に行き、さらに当時宮内技師を兼任していたことから宮内省にも駆けつけている。[78]翌日も翌々日も、いてもたってもいられず、関係のある工事現場に足を運び、四日には内務省に自ら赴き、関係者が救護バラック建設の会議をしている中で進言を行っている。そのうち、佐野はバラック計画の采配をふるうことにもなった。そして、帝都復興院が設置される数日前のこと、大学に後藤新平から迎えの車がやってきた。今度、復興の機関ができるから理事兼建築局長を務めてくれという依頼だった。[79]

「なにをするのですか」と言ったところが、「復旧などではなくて是からは復興だ。此際何をするかといふことはソツチで考へろ、俺にわかるか」、此ういふお話であつた。

現在ほど後藤新平が注目される以前から、彼の業績を高く評価してきた都市計画史の研究者・越澤明氏は、後藤と佐野の二人の連携があったからこそ、日本における都市計画の確立、大震災後の東京都市改造の成功が決定付けられたのだ、と断言している。[80]
二人の出会いは、震災以前、さらには大正八年の都市計画法導入以前にまで遡る。佐野利器は、都市研究会（大正六年）、都市計画調査会（大正七年）、東京市政調査会（大正十一年）と、一貫して後藤新平のブレーンだった。建築家の覚悟を固め、時に滑稽に思われるほど国家の建築的要求に身を捧げようとしてきた佐野利器だったが、まさに危機に直面した大正十二年九月、この国が後藤と佐野という二人のリーダーシップを得たことはまことに幸いというほかはなかった。

実は、後藤新平指揮下で都市計画を推進した人物と明治神宮造営事業に携わった主要人物は、かなりの部分でオーバーラップしている。佐野利器しかり、後藤とはドイツ留学時代からの友人で、佐野同様、震災直後に直接、呼び出しがかかったという本多静六しかり、また日本初の都市学調査研究機関・東京市政調査会で後藤派の中心的メンバーとして運営にあたった阪谷芳郎しかりだ。[81] そして、今ひとり、明治神宮造営者たちの震災復興という観点からスポットをあてたい人物がいる。山形出身エンジニアの三人目、折下吉延だ。

震災発生時に外苑課の庭園主任技師をしていた折下は、罹災後は内務省復興局建築部の公園課長も兼務することになる。これは「公園」を冠した、日本で最初の課長ポストだという。折下の弟子、田阪美徳が指摘するように、林学系の本多らが学問としての造園確立に力を注ぎ、文字を通じて造園学の普及を目途としたのに対し、農学系は実務本意で、残された著作物も少ない。折下吉延にしても田阪が代表となりまとめた『折下吉延先生業績録』がある程度で、本人が著したものは僅かである。[82] その中から、可能な限り折下の仕事と人となりを追いかけてみたい。公園行政の実務に没頭した人物、その彼の出発点となったのが明治神宮造営事業だった。

*折下の世界都市計画めぐり

折下吉延にとって人生初の海外体験は、明治神宮造営中の大正八年に実現している【図3－19】。渡航の目的を、本人は以下のように述べている。[83]

参りました目的は、第一に唯今私共の担当して居りまする明治神宮外苑造設の参考に資する為め欧米に於ける公園、庭園の視察調査、また内務省の方から依嘱を受けまして都市計画の上から見たる公園の系統、並木道、運動場の設備並に欧米に於ける史蹟名勝天然紀念物保存事業等に就き、主として視察をして参りました次第であります。

【図3-19】第一高等学校ボート部時代の折下吉延（中央）　山形県立図書館所蔵

当時、都市改造事業を担っていた内務省の市区改正委員会と明治神宮奉賛会から、それぞれ委嘱をうけて、欧州視察を果たしたという事実はまことに興味深い。折下吉延が外苑造営と都市計画の両面で、期待を集めた人物であったということでもあり、同時に、外苑造営と都市計画は、「公園」をキーワードにリンクする事業であったことも示唆している。日本で最初の都市計

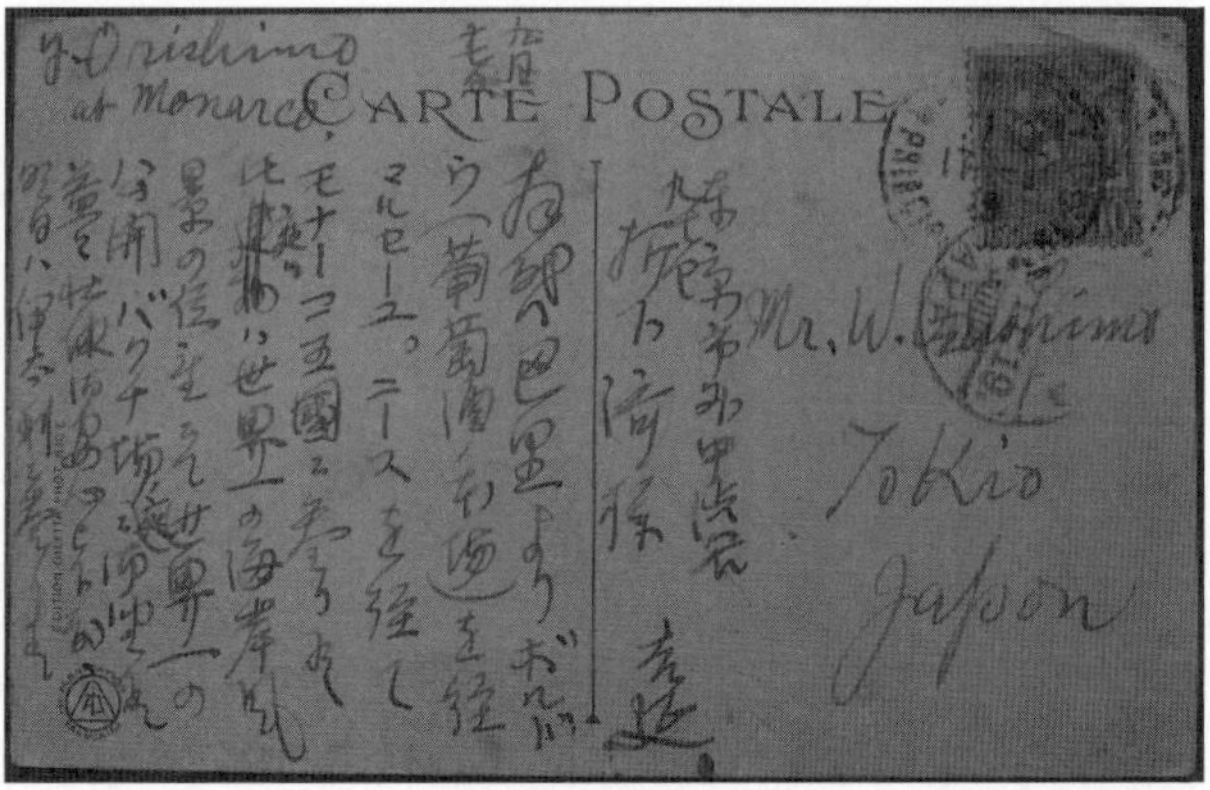

【図3-20】折下吉延が欧州視察中にモナコから送った絵葉書　山形県立図書館所蔵

画法が制定されるのが、折下が海外に向かう年と同じ大正八年のことであるから、欧州各国の都市計画視察という渡航目的そのものが画期的だったといえる[84]。

折下の業績録によれば、この出張は奉賛会理事長であった阪谷芳郎が、明治神宮造営局とも協議のうえ進めた結果、実現したという。当時、第一次世界大戦の余波で物価が高騰したため、当初の予算では外苑工事遂行が難しくなっていた。奉賛会は造営局と相談のうえ、工事竣功を延期し、物価安定を待ちながら奉賛会資金の利殖を図るのが得策だと判断した。そこで折下は阪谷の勧めにより、大正八年五月十五日付で造営局を一時休職し、かわりに奉賛会と市区改正委員会から嘱託手当の支給を得て、欧州各国を回ることにしたのだった[85]。

五月二十四日、横浜を出航。翌年一月二十五日に神戸港に帰還するまで、アメリカ、イギリス、フランス、イタリア、スイス、オランダ、ドイツ、ベルギーと欧州各国をまわっている【図3-20】。

折下が日本園芸会や都市研究会でおこなった帰朝報告等の記録をもとにして、彼がこの視察で何を見て、何を考えたのか整理してみる。[86]

まず彼は、都市計画の鼎の三足として、上下水道・道路港湾等の土木事業、住宅・商店・公共建築等の建築事業、そして公園に関する事業をあげ、この三者のなかでも公園計画を第一に考えなくてはならないと力説した。都市計画では、公園の土地を予め選定し、配置を考えておかなくてはならない。後から付け加えるのは容易ではないからだ。「拵へるのは後でもよいが、計画は必ず先にしなければならぬ[87]」。

では、公園配置の計画はいかにあるべきか。折下は、この点について、欧米における公園計画の趨勢をみると、「老弱男女の総《ママ》ての遊び場、娯楽場、運動場と云う意味」での公園が必要になってきていることを伝える。[88] 都市化が進むほどに、従来のように空き地や個人の庭を確保するのは難しくなっており、そのぶん公園が「都市住民共同の庭であり運動場」であることが求められるようになっていた。また、公園の作り方も画一的ではなく、人口の分布の状態や地域の特性に応じて、ここは運動場本位の公園が必要だ、あるいはここは娯楽本位の遊び場が必要だ、と区域わけをしている。これを「地域制（ゾーニングシステム）」といい、そのモデルとしてシカゴの例を紹介している。それによると、上中流の住宅が多い南部公園区域には、ジャクソン・パークやワシントン・パーク等、ゴルフ場や乗馬道を備えた堂々たる公園がある。一方、工場労働者が多い西部区域では、遊山的公園ではなく労働者本位の運動場的公園が多く出来ている。後者の運動場本意の公園を「リクリエーションセンター」といい、折下は帰朝報告のなかで、東京でも本所、深川等の労働者が多い地域ではこのタイプが有効ではないかと提言していた。

このように、都市化による公園の不足を補う方法として、もうひとつ折下が注目したのが「ブールバード」であり、「ブールバード・システム」だった。ブールバードとは、フランス語のブルバールからきた言葉である。車道と歩道を区別し、歩道の両側に立派な並木を植え、夏季には涼しき緑陰をつくり散歩に適するよう計画された、それ自体が公園のような「公園道路」である。パリのシャンゼリゼ通りはその好例といえよう。これがシステムになると、各所に散在している大小公園が立派な並木道で連結され、あたかも「市全体が一大公園」となる。この公園と道路の有機的ネットワークが「ブールバード・システム（パークウェー・システム）」で、欧米における最近の公園計画の模範だとしている。折下はこれを「連絡式公園計画」と呼び、対してロンドンの公園計画を「散在式公園計画」と称して、スクエアやサーカスに互いの連絡がないとその欠点を指摘している。[89]

＊公園道路へのチャレンジ

折下の海外調査資料は、内務省都市計画課によって更に研究が進められた。その成果は、その後、内務省が定める公園計画基準や風致地区決定基準としてまとめられ、公園行政に役立てられた。[90]一方、外苑、そして震災後の都市計画事業は、折下にとって「都市市民の新しい公園」を模索する挑戦のフィールドとなった。

第一に、造営局に復職してまもなく取り組んだ、外苑青山口から絵画館への主要道路、通称

「外苑銀杏並木」の実施設計だ。当初の大体計画では、道路の両側に一列ずつ、計二列の並木の予定だったという。だが、帰国後に折下が設計に手を加え、二列ずつ、計四列の銀杏並木に変更している。[91]弟子の田阪が、外苑基本案の本当の作者は折下先生だと憤慨している話は以前に紹介したが、この主要道路の設計変更のことを言っているのではあるまいか。これが、「歩道の両側に立派な並木を植えた」公園道路の第一歩であった。

帝都復興事業は、旧東京市における公園のストックを飛躍的に向上させたといわれる。三大公園（隅田公園、錦糸公園、浜町公園）と、小学校に隣接させ、地域コミュニティのシンボルともなった五十二の小公園がそうである。この三大公園の設計・施工を指揮したのも、折下吉延だった。彼が『都市問題』誌上に発表したレポート、「竣功した復興帝都の新公園」を見ると、復興都市が公園に求める今日的要請にこたえようと、三つの公園それぞれに趣向を凝らしていることがわかる。[92]

浜町公園は日本橋、錦糸公園は江東の本所につくられた。前者は商業地帯、後者は工場労働者とその家族が多いという地域の特性、住民層を意識し、労働者本位の運動場的公園を目指している。折下は、従来の公園は散策逍遥を本位としていたと指摘し、これを「消極的のリクリエーション」のための公園と呼んだ。それに対し、復興公園で試みたのは、健康増進にも寄与する「積極なリクリエーション」の場を創設することだった。浜町公園には児童運動場やプールが、錦糸公園にもトラックフィールドや相撲場が設備され、「江東方面の工場労働者慰安は勿論体育増進」を眼目としたという。

隅田公園についても、隅田川が明治初年以来、東都で唯一のボートレース場であることから、観覧の便を考慮した造りになっている。面白いのは、「明治神宮外苑が陸上運動の中心とするに対し、隅田公園を水上運動の中心となす計画」であった、と折下がその計画の由縁を説明していることだ。明治神宮への言及は他にも見られる。[93]

従来上野に芝に乃至新しかつた日比谷にも未だ芝生地の公開せるものがなかつたのであるが、今回凡ての園地を園路、広場其他植込地を除き芝生地としたのである。之れ先年来吾等の苦心せる一事であつたが幸明治神宮内苑宝物殿附近にて先づ試みる機会を得、次で明治神宮外苑に於ては全苑を芝生地とした。

従来の公園では場所を限っての植栽で、しかも立入禁止のところばかりだった芝生地だが、今度の復興公園では全面的に導入し、しかも一般に公開することにした。それには、宝物殿前芝地と外苑での試行錯誤が、先行体験として非常に役立ったというのだ。このように語る折下においては、明治神宮内外苑造営工事と帝都復興事業は、「公園」というキーワードでひと続きのコンテクストにある。

隅田公園はまた、川沿いの遊歩道《プロムナード》と桜並木を主体として、道路と公園が一体になった公園道路としても画期的だった。折下自身、「本邦唯一の「リバーサイドパークウエー」を造つた」と、その成果を誇っている。[94]

このように都市公園の理想を追いかけた折下のチャレンジは、明治神宮内苑外苑連絡道路、通称裏参道の築造においても発揮された。というのも、外苑銀杏並木と同様に、こちらも欧州視察後の折下によって設計計画が一部変更されているからだ。大正三年六月に神社奉祀調査会が議定した最初期の裏参道は、「車道六間、左右の歩道各一間半、計九間（約十六・三メートル）」というこぢんまりとしたものだった。しかし、折下の設計変更を経て完成した裏参道は、車道と歩道のほかにプロムナード（乗馬道と植樹帯）を備えた、幅員二十間（約三十六・三メートル）の堂々とした公園道路となった【図3－21】。この公園道路は、「連絡道路」の名前通り、内苑と外苑を連結している。明治神宮のこの参道空間で、彼は公園道路の実現は勿論、連絡式公園計画をも構想したのではないだろうか。

【図3－21】明治神宮内苑外苑連絡道路　改造社編『日本地理大系　3　大東京篇』（昭和5年　改造社）

＊参道と公道のクロスロード

ところで表参道が大正九年の「鎮座祭」までに完成したのに対し、裏参道は起工が大正十五年四月、竣功は昭和三年十月である。とすると、この参道計画は、震災以前と以後、両方の都市計画に関わってきたことになる。[95]

なぜこれほどまでに時間がかかったのだろうか。実際のところ、都市街路計画と神宮参道計画は、つねにイコールであったわけではない。それどころか、両者は五年余りの長きにわたって、設計案をめぐり対立していたという事実がある。この問題は、結局、昭和二年三月に、奉賛会側の要求がほぼ容れられるかたちで終結するのだが、後に奉賛会が編纂した『明治神宮外苑志』では、特に「都市計画路線の変更」という一章を設けて、衝突の顚末を書き残している。[96]

本道路は大正十年奉賛会に対して何等の交渉も諮詢もなく議定公布せられたるものにして、事甚だ遺憾なるも、法律上之に抗議する能はず、爾来五年余の久しきに亘り陳情に次ぐに陳情を以てし、漸く解決を見たるなり。

それほど、奉賛会、及び造営局側にとっては、憤懣やるかたない事態だった。

裏表の明治神宮境外道路は、都市計画事業路線としての公道でもあり、その施工主は東京市だった。計画実施にあたっては、内務省都市計画課と造営局が協議して東京市と折衝の上、議決される手続きだった。ところが、大正十年五月に告示された東京都市計画街路は、造営局と奉賛会に大きな衝撃を与えた。問題は、内苑外苑連絡道路と、現在の外苑西通りが交差する部分にある。この計画に従えば、参道の下を公道が通りぬける立体交差を予定した神宮側案とは異なり、参道と公道が平面交差し、さらに外苑西北部の敷地を公道が侵食することになる。

奉賛会と造営局はただちに当局に照会するが、無効に帰したので、大正十二年七月、都市計画中央委員会会長の内務大臣にあてて陳情するにいたった。[97]

然リトセハ明治神宮祭典及競技等多衆群集ノ際ニハ、交通上頗ル危険ノ状ヲ呈スヘク、想像スルサヘ冷汗ヲ禁スル能ハサル次第ニ候。加之該地域ハ曩《さき》ニ零細ノ献金ニ成レル本会資金ヲ以テ、民有地ヲ買収シテ官有地ニ編入セルモノニシテ、公共事業トハ云ヘ本会ノ目的以外ニ供用スルハ聊カ不穏当ニ相聞へ《ママ》候

内苑外苑連絡道は、何より明治神宮参道であって、公道と平面交差しては内苑の祭典や外苑競技場に行き来する群集に危険である。また、公道を敷設する予定の外苑敷地は、国民の奉賛金で民有地を買収したところで、公共事業といえども、それはあんまりではないか、という主張であった。しかし、決着は震災の勃発により先に持ち越された。


関東大震災後、東京の都市計画事業の所管は内務省復興局となり、議決の処理は同局内特別都市計画委員会が担当することになった。この内苑外苑連絡道路問題について、復興局、及び東京市との折衝に最前線であたったのが、明治神宮造営局技師兼復興局技師の折下吉延だった。折下は当局者に内情を縷々説明し、「相手の翻意をかち得るため」の努力を惜しまなかった。

実際、この時期の阪谷芳郎の日記には、折下が頻繁に登場している。[98]

大正十五年九月十四日　日本クラフ　水上、折下、田坂［阪］来ル　外苑裏道路ノ変更設計持参ス

大正十五年九月十八日　今朝伊沢市長ヲ訪ヒ外苑裏道路設計変更ノ件ヲ陳情ス　槇、折下、二荒伯、水上同席ス

大正十五年十二月十六日　［浜口雄幸］内相官邸ニテ相談会　外苑裏市道設計変更ノ件　阪谷、水上、江見、田阪、折下、［……］、堀切［善次郎復興局］長官、［……］、西久保［弘道］市長、［……］

大正十五年末、奉賛会側が経費不足分の十三万円を東京市に寄付することを条件に、奉賛会・造営局案を採用することで合意し、昭和二年二月、正式に都市計画路線化された。

ところで、前章にも登場した造営局林苑技手の上原敬二だが、実は復興局［院］で短期間だが、折下の下で公園技師として働いていたことがある。林学系屈指の学者肌だった上原は、折下のように陳情ごとで頭をさげるのを潔しとしなかった。上司であった折下のことを「徹底した役人気質」と腐し、「誰かが彼を「造園界の外交官」と評しているが、技術家を忘れた外交家は困りものだ」と手厳しく批判している。[99]

しかし、この上原の評はちょっと酷にすぎるのではないか。実務に生き、活字で記したものがほとんどない折下が、何を思っていたのかは、もとより知るすべがない。ここではただ、彼とと

もに「陳情に陳情」の日々をおくった部下の田阪が、次のように書き遺していることを、折下の名誉のために記しておきたいと思う。[100]

【図3-22】大正10年、竣功した宝物殿前芝地の北池前にて。前列左から2人目が折下吉延　明治神宮所蔵

この外苑機能と風致環境を損傷する都市計画路線問題は六年間にわたって論議が重ねられたのであるが、[……]有利な結果をもたらすこととなったのは、[……]先生がこの間にあって終始ねばり強く、その政治性と都市計画家乃至造園家たる専門技術を基盤として、且つ又、復興局と造営局の技師という有利な地位を歩み板として活躍したたまものと称してよい、特筆すべき功績といえよう。

顧みれば折下は、外苑造営と都市計画、両面の期待を帯びて海外を視察した際に、「自由空地」という概念に注目していた。[101] おそらく、オープンスペースの訳語ではないかと思われる。彼は、最近の欧米の学者たちは「都市の保健乃至保安の為」に、この自由空地が重要だと力説している、と報告している。折下の定義に従えば、「自由空地」とは、公園、広場、運動場、並木道は勿論のこと、一般道路、河川、その他建築物に覆われていないところは全て、これに該当するという。さらに、これらのオープンスペースは、都会の空気を新鮮に保つ肺臓であり、かつ立派な防火帯にもなるといい、まさに保健と保安の両面から重要性を指摘していた。宝物殿前芝地から外苑、そして公園道路に至るまで、事業の枠組みを越えて専門技能を発揮し、さらに震災後の復興事業では、頭を下げてでも計画の実現にこぎつけようとした折下吉延。彼を突き動かしていたものは、簡にして要を得た「都市の保健と保安のために」という思いだったのかもしれない。

*コンプレックスを記念する

大正十五年六月二十四日の『東京朝日新聞』は、表参道沿いに新築された賃貸アパートに申込が殺到する様子を伝えている。同潤会青山アパートのことである。「わが国として最も新しく最先端形式を供えた」このアパートには、百三十七戸に対して一千四十七件の申込があり、倍率は七・六倍を記録したという。

同潤会とは、関東大震災罹災者の住宅問題を解決するため、内務省によって設立された財団法人である。後藤新平の復興局で作られる復興都市計画が、主に街路や公園などを中心としたのに対し、同潤会は、「住の問題が被災者生活安定の根本をなす」として住宅建設を担った。これらが復興政策の両輪となった[102]。

この日本最初期の鉄筋コンクリート造アパート、その設計にあたっては、勿論佐野利器の活躍があった[103]。同潤会の取り組みが画期的だったのは、耐震耐火に万全を期した新しい都市型住宅であったばかりでなく、ガス水道電気完備、水洗便所付き、和式・洋式の部屋を選択できるなど、当時として最新の生活様式をも提供しようとしたところにあった。

明治神宮の参道に沿った耐震耐火建築。「国土と耐久的建築の調和」を叫び続けた佐野の理想が、ここに見事に実現したといってもよいかもしれない。表参道が、模範的な都市生活を提供する場となったことは、昭和六年に青山に越してきた作家の安岡章太郎が、当時の印象を以下のようにあらわしていることからもわかる[104]。

> 表参道の堂々たる欅並木は東京で唯一の街路樹らしい街路樹であったし、その並木道に面した鉄筋コンクリート三階の同潤会アパートには水洗便所その他、近代住宅の施設が完備していて、そこに住むことはインテリ家庭やエリート・サラリーマンたちの小さな自尊心をくすぐるものであった。

そして、大正十五年九月、都市計画法の基準に基づき、明治神宮周囲の空間が日本で最初の風致地区に指定される[105]。対象となったのは、表参道、裏参道、そして西参道の各線両側十八メートル（外苑青山入り口付近や表参道終点付近を含む）。「神宮崇敬」にふさわしい沿道環境を維持することが、その指定の趣旨だった。[106] 明治天皇を「記念」する場として構想され、形成された明治神宮コンプレックスという場は、ここにいたり、その場そのものが記念されるべき「都市のモニュメント」となった。

＊再会と再建――戦後復興

昭和二十年四月から五月にかけての空襲で、明治神宮は本殿、拝殿を含む社殿のほとんどを焼失した。現在の社殿は、戦後再建されたものだ。昭和三十三年十一月、遷座祭を執り行い復興を祝している。

明治神宮は、したがって二度「造営」されたことになる。しかし、その営みをとりまく環境は、戦前と戦後で激変した。国家の管理を離れ、戦後は一宗教法人、明治神宮としての造営事業だった。復興造営を論じるのが趣旨ではないので、その詳細は拙著『明治神宮 戦後復興の軌跡』を御覧いただくとして、この章の最後に、戦後も「明治神宮造営者」であり続けた三人の関係を物語るエピソードを紹介しておきたい。[107]

昭和三十年四月、復興造営の根本方針となる「明治神宮復興基本計画」が決定している。この計画を作成したのは、宮司の諮問機関として発足した、明治神宮造営委員会である。その委員のなかには、佐野利器と折下吉延がいた。そして、前年四月に八十六歳でこの世を去った伊東忠太にかわり、社殿計画の中枢に立った人物がいる。建築家の角南隆だ。

角南は、大正四年に東大建築学科を卒業後、技師として明治神宮造営に関わり、伊東忠太の指導をうけた。以後、内務省技師として、国の神社営繕事業に携わってきた人物である。[108] 当時、六十八歳。生前の伊東忠太が、「角南氏あたりに立案させたら」と、神宮側に彼の任用を助言していた。

ところで、この基本計画策定にあたり大きな問題となったのが、新社殿は木造かコンクリートか、どちらであるべきかということだった。コンクリート派の急先鋒は、いうまでもなく佐野鉄だ。「御造営の時は御造営の時代であったので、今度のは是非とも鉄骨鉄筋コンクリートで作りたい」と、自論を力説した。[109] コンクリートを支持したのは、佐野の部下として外苑造営に関わった小林政一。そして、佐野の教え子であり、ともに震災後の耐震耐火建築を手がけてきた内田祥三がいた。

「御鎮座の際は戦災とか敗戦とかを考えに入れていなかったが、今度はそうではない。それを知っていて又焼けるものでは恥ずかしい」（小林）、「戦災によって明治神宮が御炎上した際まことに遺憾に堪えないことと存じていたのであるが、その時以来御再興は是非共不燃焼のもの即ち鉄筋「コンクリート」建というのが持論」（内田[110]）。

彼らの主張には、大震災と大空襲の悲劇を経験している者として、御社殿を二度と焼くようなことがあってはならないという悲痛な思いがあった。

これに対し、同じ会議の席で木造の論陣を張ったのが、折下吉延だ。

「私は社務所は鉄筋でも何でもよいが、此方御本殿の方は屋根まで旧の様にしていただきたい。

これは理窟ではない。理窟抜きの私の感情である」[111]

一方、角南自身の主張はというと、彼は神宮関係者とともに、木造を支持することは述べてはいるが、「私建築家の純理論としては小林君に賛意を表したいのだが、感情の方はなかなかまとまらない」と、その内面の迷いをほのめかせている[112]。

こうして、木造かコンクリートかをめぐる問題は、昭和三十年四月に計画決定を見るまで、実に三年の間、平行線の議論が続いた。ここで事態を転換させる一つの契機となったのが、伊東忠太のもう一人の弟子である岸田日出刀の登場である。

岸田は、自身建築学者として活躍しながら、昭和二十年には『建築学者伊東忠太』という評伝も完成させている。伊東忠太の「神社木造論」継承者である、と自称してはばからない人物であった[113]。

実は、この岸田が参戦したのは、木造派の折下が、事態の膠着を懸念する当時の明治神宮権宮司・伊達巽とともに、頭を下げて援軍を依頼したからだという。この岸田援軍は功を奏し、コンクリート派の小林が後に、「岸田さんがむこうに回ったので、形勢が逆転した」と回想している[114]。

かくして、「社殿の主体は檜素木造とし、屋根は銅板瓦」とするという基本計画が成立した。

自分の主張が認められたからというのでなく、「神社木造論」をわたくしにはっきりと強く訓えて下さった恩師伊東忠太先生も、さぞ地下に喜んでいられることと、ホントにうれしく思った。そしてこの明治神宮の建物こそ、伊東先生が心血をそそいでその造営にあたられた傑作なのである。[115]

昭和三十五年、岸田日出刀が「木かコンクリートか」と題して顛末を綴ったこのエッセイを読むと、かつての伊東忠太の、あの「捉えどころのなさ」をまた思い出さずにはいられない。

三者三様の、伊東忠太、佐野利器、折下吉延の山形トリオ。彼らは、異なる立ち位置から、しかし真正面から「明治神宮」に向き合った。だからこそ、そこに衝突があり、また発見が生まれ、チャレンジにつながった。彼らのせめぎ合いから生まれる力こそが、明治神宮誕生の、街づくりの、そして震災復興の原動力ともなった。明治神宮は、都市のダイナモである。

第四章　記憶の場

一、聖徳記念絵画館という空間編成

＊外苑の「中心施設」として

前章でとりあげた都市計画家、折下吉延らがデザインした外苑の銀杏並木。秋には黄金色に輝くその四並列の街路樹に導かれ、青山口から真っ直ぐに望んだ視線の先に、壮麗な白亜の洋館がある。それが、この章の主人公である明治神宮外苑聖徳記念絵画館だ。平成二十三年（二〇一一）四月、国の重要文化財としてこの絵画館が新たに指定された。文化庁文化審議会は、指定の理由を以下のように発表している。[1]

聖徳記念絵画館は明治神宮外苑の中心施設で、明治天皇の事績を描いた絵画を展示する美術

【図4－1】明治神宮外苑聖徳記念絵画館　明治神宮所蔵

館である。明治神宮造営局の実施計画により大正十五年（一九二六）に竣工した。［……］聖徳記念絵画館は、わが国最初期の美術館建築で、直線を強調した造形表現により、記念性の高い重厚な外観意匠を実現しており、高い価値が認められる。

現在では、神宮球場やフットサルコート等のスポーツ施設のかげで、ひっそりと鎮まっているかに見える絵画館だが、「明治神宮外苑の中心施設」として建設されたことは文化庁が記す通りだ。

大正四年九月に発足する明治神宮奉賛会は、「頌徳紀念の為めにする適当の事業を起し、一は以て盛徳鴻業を偲び奉り、一は以て永く明治大正の盛事を伝ふるの方法を講ぜむ」ことを趣旨としていた。[2] その奉賛会設立前、準備委員会の段階から、明治天皇の盛徳を偲び、明治大正の盛時を後世に伝える記念施設の筆頭候補として掲げられていたのが、「聖蹟絵画館」であった【図4－1】。

御一代ノ事歴中主要ナル事項ニ付現代ノ名家ヲシテ之ヲ描写セシメ普ク衆庶ニ拝観ヲ許シテ祭神ノ鴻業遺徳ヲ景仰セシムルノ一端ニ資セムトス　聖蹟絵画館ハ我国ニ未タ曾テ其ノ例アラサルヲ以テ此際之ヲ建設スルハ最モ適当ナルヘシ又茲ニ祭神ニ御由緒アル史跡ノ一班ヲモ展覧セシメンコトヲ望ム[3]

右は、大正四年前半に奉賛会創立準備委員会が作成した、「明治神宮外苑ニ設ケラルヘキ頌徳記念事業ニ付提案中ノ希望概要」からの引用だが、聖蹟絵画館の建設は、我が国に未だかつて例がない事業であると謳っており、立案者たちの意気込みを感じさせる。

＊完成まで二十年の長期プロジェクト

明治神宮絵画館には、八十点の絵画が陳列されている。それは明治天皇の「御降誕」にはじまり「大葬」で終わる、天皇の生涯を軸とした時系列の絵画群である。さらに、「御降誕」から「初雁の御歌」までの前半四十点が日本画、「グラント将軍と御対話」から「大葬」までは洋画四十点で構成されている。これらは一人の画家によって描かれたものではなく、日本画家・洋画家が原則一人一作ずつ担当（画家によっては複数担当）して制作したものだ[4]（【表4－1】参照）。

今、絵画館に人を案内することがあれば、必ずといってよいほど「わあ、この絵は歴史の教科書で見たことがある」という歓声があがる。徳川最後の将軍・慶喜が二条城に重臣を集め、政権

【表4－1】明治神宮外苑聖徳記念絵画館絵画画題

No.	作品名	揮毫者	No.	作品名	揮毫者
1	御降誕	高橋秋華	41	グラント将軍と御対話	大久保作次郎
2	御深曾木	北野恒富	42	北海道巡幸屯田兵御覧	高村眞夫
3	立親王宣下	橋本永邦	43	山形秋田巡幸鉱山御覧	五味清吉
4	践祚	川崎子虎	44	兌換制度御治定	松岡寿
5	大政奉還	邨田丹陵	45	軍人勅諭下賜	寺崎武男
6	王政復古	島田墨仙	46	条約改正会議	上野広一
7	伏見鳥羽戦	松林桂月	47	岩倉邸行幸	北蓮蔵
8	御元服	伊東紅雲	48	華族女学校行啓	跡見泰
9	二条城太政官代行幸	小堀鞆音	49	東京慈恵医院行啓	満谷国四郎
10	大総督熾仁親王京都進発	高取稚成	50	枢密院憲法会議	二世五姓田芳柳
11	各国公使召見	広島晃甫	51	憲法発布式	和田英作
12	五箇條御誓文	乾南陽	52	憲法発布観兵式行幸啓	片多徳郎
13	江戸開城談判	結城素明	53	歌御会始	山下新太郎
14	大阪行幸諸藩軍艦御覧	岡田三郎助	54	陸海軍大演習御統監	長原孝太郎
15	即位礼	猪飼嘯谷	55	教育勅語下賜	安宅安五郎
16	農民収穫御覧	森村宜稲	56	帝国議会開院式臨御	小杉未醒
17	東京御着輦	小堀鞆音	57	大婚二十五年祝典	長谷川昇
18	皇后冊立	菅楯彦	58	日清役平壌戦	金山平三
19	神宮親謁	松岡映丘	59	日清役黄海海戦	太田喜二郎
20	廃藩置県	小堀鞆音	60	広島大本営軍務親裁	南薫造
21	岩倉大使欧米派遣	山口蓬春	61	広島予備病院行啓	石井柏亭
22	大嘗祭	前田青邨	62	下関講和談判	永地秀太
23	中国西国巡幸長崎御入港	山本森之助	63	台湾鎮定	石川寅治
24	中国西国巡幸鹿児島着御	山内多門	64	靖國神社行幸	清水良雄
25	京浜鉄道開業式行幸	小村大雲	65	振天府	川村清雄
26	琉球藩設置	山田真山	66	日英同盟	山本鼎
27	習志野之原演習行幸	小山栄達	67	赤十字社総会行啓	湯浅一郎
28	富岡製糸場行啓	荒井寛方	68	対露宣戦御前会議	吉田苞
29	御練兵	町田曲江	69	日露役旅順開城	荒井陸男
30	侍講進講	堂本印象	70	日露役奉天戦	鹿子木孟郎
31	徳川邸行幸	木村武山	71	日露役日本海海戦	中村不折
32	皇后宮田植御覧	近藤樵仙	72	ポーツマス講和談判	白滝幾之助
33	地方官会議臨御	磯田長秋	73	凱旋観艦式	東城鉦太郎
34	女子師範学校行啓	矢沢弦月	74	凱旋観兵式	小林万吾
35	奥羽巡幸馬匹御覧	根上富治	75	樺太国境画定	安田稔
36	畝傍陵親謁	吉田秋光	76	観菊会	中沢弘光
37	西南役熊本籠城	近藤樵仙	77	日韓合邦	辻永
38	内国勧業博覧会行幸啓	結城素明	78	東京帝国大学行幸	藤島武二
39	能楽御覧	木島桜谷	79	不豫	田辺至
40	初雁の御歌	鏑木清方	80	大葬	和田三造

出典：明治神宮編『明治神宮叢書』 第20巻（国書刊行会、平成12年）

を天皇に奉還する決意を伝える場面を描いた、「大政奉還」の絵画などはその代表的な例だ。歴史小説を得意とするある作家に、以前お目にかかる機会があったが、その作家が構想を練る上でしばしば訪れるのが聖徳記念絵画館なのだと伺った。調べるほどに、いかにこれらの絵が史実に忠実に描かれているかが分かり、勉強になるのだという。そのように聞けば、どのようにしてこの絵画館が出来上がったのかと、さらに興味がわく。

この絵画館という場の成立を議論するうえで見過ごしてはならないのは、その絵画が既に制作されてある、いわば「ありもの」を蒐集して陳列したのではなく、美術館としての絵画館建設と並行し、この場のために一から描かれた作品だったということである。ここにおいては、何を描くのかという「画題」の選定そのものも、絵画館設立のプロセスとして重要であったことはいうまでもない。

また、その計画の立案から完成まで、絵画館造営とはかなり長期にわたる事業であったという点も注目に値する。冒頭の文化庁による説明では、絵画館の竣功は大正十五年である。建造物についてては確かにそうなのだが、その中味である八十点の絵画が全て完成し陳列が終了するまでには、それからさらに十年が必要だった。つまり、大正四年の奉賛会設立から、昭和十一年四月に「壁画完成記念式」を迎えるまで、実に二十年をかけた大プロジェクトが絵画館造営事業なのだ。年月を経て、記念すべき「盛徳鴻業」、「明治大正ノ盛事」はどのように理解され、そして形を与えられるに至ったのか。

この章では、明治神宮外苑聖徳記念絵画館という「記憶の場」の創成過程を、第一に、八十枚の画題の選定とその考証という歴史編纂の側面から、次に、選定された画題を「歴史画」として表現する、歴史の視覚化の側面から、そして、最後に、歴史を展覧する空間づくりという側面から捉えなおしてみたい。それぞれの分野に、自身の西洋体験を踏まえつつ、近代日本を代表する「記念」の場をつくろうと正面から挑む人物が登場する。[5]

＊歴史編纂のオペレーション

今、絵画館の成り立ちを以下の三段階の歴史編纂行為として考えてみたい。「段階」という表現をここでは使っているが、これらのオペレーションは時系列というよりは、むしろ並行し、時には互いに作用しあう過程であること、また、すべての過程が「過去」の「評価」に関与する行為であることをあらかじめ確認しておきたい。[6]

①画題選定過程

明治神宮奉賛会が画題の検討に本格的に動き出した痕跡は、大正五年春に遡ることができる。三月四日、奉賛会副会長の阪谷芳郎は、麻布区役所での演説で、絵画館構想をこのように説明している。[7]

（前略）其紀念館は、其内に這込《ママ》つて拝見すると、先帝が如何に艱難辛苦を遊ばして明治の事業が出来たのであるかと云ふことが分る。日本は今一等国とか言つて世界に誇つて居るけれ共、今日の日本の地位は如何なる御艱難辛苦から出来たのであるかと云ふ事を、今後の日本国民によく記憶せしめ永く其御恩を忘れしめぬやうに聖績《ママ》記念絵画館を造ると云ふ事に成つて居ります。(「明治神宮奉賛会経過」)

阪谷は同時に、絵画館に展示する歴史絵画の画題案として、「ペルリ渡来」「鳥羽伏見の戦争」「日露戦争」等を例に挙げているが、この時点の奉賛会は、誰が画題を決定するのかはおろか、合計何枚の絵画即ち画題が必要なのかということにすら合意がなかった。当初、一枚一万円で購入し計五十枚という予算立てをしていた資料も見つかっていることから、五十題程度の画題が初期の予定だったのではないかとも思われる。

翌六年五月二十五日、明治神宮奉賛会は、絵画館創設事業推進のため、奉賛会の下部組織として新たに絵画館委員会を結成した。画題選定を担当することになったのは、十名からなるこの委員会である。彼らがどのような人物であったのかについては、後に詳しく見ていく。大正七年一月二十五日、十一回目の絵画館委員会において、全八十五題からなる暫定的な画題案「第一成案」が決定する。絵画館委員会が最終的な委員会議決事項として、「第二成案」を奉賛会会長宛に提出したのが、大正十年八月五日。この八十題からなる最終案は、翌十一年七月、奉賛会総裁伏見宮殿下の御裁可により確定に至る。奉賛会初期の画題検討作業から実に六年余りが経過していたという事実からしても、画題選定が、絵画館制作にとっていかに重要と考えられていたのかが分かる。

②画題考証過程

①の画題選定過程とはまた、画題としてふさわしい歴史的事象を調査し、さらにそれに註釈を施す過程でもあった。

大正七年一月末に第一成案が決定した後、九月二十一日の第十二回絵画館委員会で、五名からなる絵画館委員会特別委員会が組織される。この特別委員会の目的は、暫定画題案に基づき、まず絵の場面となる現地調査を実施し、参考資料及び当時を知る地元の証言を収集する。そして現地調査をもとに画題考証の参考下絵を制作する。さらに歴史事実を考証し解説文を作成し、これらの画題考証図及び文書をもとに、各画題が妥当であるかを検討することだった。それはまた一連の画題のバランスや前後関係を考慮し、配置・取捨選択をする過程でもあった。

考証作業とは、単に絵画制作のためのメモ書を作成するのではなく、考証図及び考証文書を冊子にまとめることを意味した。まさに歴史編纂である。第一成案に基づき、まず八十五の画題についての解説が大正七年夏までには出来あがり、絵画館顧問委員及び奉賛会理事あてに送付されている。この時点では、「画題解説」の目的は、絵画館が完成した暁に絵画と共に展覧する説明書、その習作ということにあった。しかし、その後十月の奉賛会常議員会で、「解説ヲ単ニ壁画観覧者ニ対スル画題ノ説明ニ止メス、尚ホ進テ一層精細ナル事実ヲ記述シ、一ハ以テ当時ノ史実ヲ遺漏ナク闡明スルト同時ニ、一ハ以テ壁画執筆者ノ完全ナル参考書トナルヘキモノヲ作ルヘシトノ意見」が出るに及び、遂に簡単な画題の解説と精密な史実の記述と二種の説明書を編纂することが決定する[8]。ここにおいて、下絵と画題解説は、精密な歴史書として、また同時に画家が精密な絵を描くための参考書として刊行されることが目指されることになる。

この画題考証図と画題解説は、大正十年八月、最終画題八十が決定の際に奉賛会に提出され、印刷の後に画家に配られた。このように、絵画館における歴史編纂とは、歴史絵画として結実するだけでなく、画題解説そのものが、一つの歴史解説書として実現を見ていたということは興味深い事実である。

③絵画制作過程

画題決定により即、作品を描くには至らない。絵画館創成事業では、画家による作画行為以前に、画家の選定、絵画奉納者の選定、そして絵の大きさ・画材の選択といったさまざまな要素が大きな役割を果たすことになる。

絵画館委員会が画題を結了すると、明治神宮奉賛会は続いて、大正十一年十月に「選画協議委員会」を組織する。しかし翌十二年七月には、この選画協議委員会を二つに分けさらにメンバーを増やし、八名からなる「絵画委員会」と、十五名の「壁画調成委員会」を立ち上げる。絵画委員会は、画題・画家と絵のスポンサーに名乗りをあげた奉納希望者とのマッチングを担当。一方、壁画調成委員会は、洋画家・日本画家から構成され、八十枚の絵画揮毫者の選定に関わった。最初の絵画館委員会から数えると、五つの委員会があいついで組織される必要があったという事実は、このプロセスが順調ではなかったことを示唆している。画家の選定や絵画の本質をめぐっての委員と画家、そして画家同士の対立構造については、後に詳しく検討したい。

二、画題選定と国史編纂――金子堅太郎

＊天皇紀・維新史・絵画館

絵画館絵画の制作という歴史編纂は、絵画館という場にのみ留まる行為ではなく、「国史」――国の歴史編纂事業とも相互に関わりあいを持った、規模の大きな営みだった。

明治の末年から大正初期にかけて、我が国の歴史編纂を担う二大事業が本格的に始動する。明治四十四年五月十日に文部省に設置された、維新史料編纂会における『大日本維新史料』の編纂が一つであり、もう一つは、大正三年十二月一日に宮内省に設置された、臨時編修局（大正五年十一月に臨時帝室編修局と改称）による『明治天皇紀』の編纂である。[9] 前者は、国家事業として維新に関する記録・文書や談話等を蒐集、編纂するため、文部大臣の管轄下に置かれた政府直轄の史料編纂組織である。それに対して後者は、宮内省による修史事業で、『明治天皇紀』を編修することを目的として、皇室令により官制が定められた。この二大修史事業については後述するので、話を進める。

【表4-2】絵画館委員会・絵画館委員会内特別委員会委員

絵画館委員会（大正6年5月25日結成）		
顧問・議長	維新史料編纂会総裁・臨時帝室編修局副総裁	金子堅太郎
顧問	臨時帝室編修局御用掛	藤波言忠
委員	維新史料編纂会委員	三上参次
	維新史料編纂会事務局長（〜大正6年8月18日）	赤司鷹一郎
	南葵文庫総裁・日本図書館協会総裁	徳川頼倫
	東京美術学校校長	正木直彦
	維新史料編纂会委員	萩野由之
	維新史料編纂会委員・臨時帝室編修局御用掛	小牧昌業
	臨時帝室編修局編修官	池辺義象
	維新史料編纂会委員・臨時帝室編修局御用掛	中原邦平
絵画館委員会内特別委員会（大正7年9月21日結成）		
特別委員	臨時帝室編修局御用掛	藤波言忠
	明治神宮奉賛会常任理事	水上浩躬
	臨時帝室編修局編修官	池辺義象
	維新史料編纂会事務局長・臨時帝室編修局御用掛	黒澤次久
※嘱託		二世五姓田芳柳

※肩書きは結成時のもの
出典：明治神宮奉賛会編『明治神宮外苑志』、箱石大「維新史料編纂会の成立過程」、岩壁義光「明治天皇紀編纂と史料公開・保存」他

ここで、画題の選定に関わった絵画館委員会と、実地での画題考証作業を担当した絵画館委員会内特別委員会の顔ぶれを確認してみよう。【表4－2】から明らかなように、二十世紀初頭の日本を代表する二つの国史編纂事業のメンバーが、画題選定と画題考証過程の主要スタッフとして関わっている。そしてこれは、当初から明治神宮奉賛会が意図するところでもあった。阪谷芳郎の日記から確認できるところでは、まず大正四年八月二十日に、維新史料編纂会の事務所へ赤司鷹一郎を訪ねている。[10]

大正四年八月二十日　維新史料編纂局ニ赤司［鷹一郎］局長ヲ訪フ

その用件は、編纂会事務所がある敷地に明治神宮奉賛会事務所も間借りできないかというものだった。事実、九月六日に創立準備会から正式発足

した奉賛会は、一ヶ月後の十月六日には、その事務所を編纂会と同じ「東京市麴町区三年町御料地内」に移している。

そして、絵画館委員会設置に先立つこと一年以上前の大正五年一月十日、阪谷が訪ねて画題案の制作を依頼したのが、金子堅太郎である。[11] のちに同委員会の議長を務めることになる金子堅太郎は、当時維新史料編纂会総裁にして臨時編修局の副総裁。大正十一年には後者の総裁にも就任する[12]【図4－2】。名実共に日本の国史編纂の要職を歴任し、また絵画館造営にあたっては奉賛会の絶大な信頼を集めた金子堅太郎とは、いったいどのような人物なのか。

【図4-2】金子堅太郎　日本大学総合学術情報センター所蔵

＊「国史」待望論──「欧米議院制度取調」

近代史の文脈における金子堅太郎は、歴史編纂の修史家としてより、明治二十二年に発布された明治憲法起草に参画した人物としてまず知られている。金子については、日本法律学校（のちの日本大学）初代校長でもあったため、日本大学精神文化研究所・高瀬暢彦氏を中心に近年、基礎資料整備及び総合的な研究が進みつつある。[13] また、日露戦争講和における金子の対米工作にスポットを当て、「戦争終結を有利に導いた日本広報外交の先駆者」としてその業績を辿った、日本外交史の研究者・松村正義氏の優れた労作がある。[14] 興味深いことに、この方面での金子の活躍に着目した新著が、ここ数年複数刊行されている。『日露戦争　もう一つの戦い―アメリカ世論を動かした五人の英語名人―』（塩崎智　平成十八年）、『明治三十七年のインテリジェンス外交―戦争をいかに終わらせるか―』（前坂俊之　平成二十二年）等がそうである。明治三十七年、金子の渡米は、セオドア・ルーズヴェルト大統領をはじめとする米国民に友好的な対日世論を形成せよという、時の枢密院議長・伊藤博文からの密命を帯びてのことだった。

　金子がこの大役を果たし得たのは、彼がアメリカを熟知し、かつ十分な人脈を得ていたことによる。

　青年期の金子は、郷里・福岡の旧藩主、黒田長知の随行として、岩倉具視の欧米使節団に加わり、アメリカに渡っている。明治四年（一八七一）、十八歳の時のことだ。黒田と金子は、シカゴで使節団一行と分かれ、ニューヨークを経由してボストンに向かう。というのも、二人の渡航目的がアメリカ留学だったからだ。金子に留学を命じたのは、長知の父親である黒田長溥だった。この老公は、「必ず一科の専門学を卒業して帰朝の上、皇国の官吏となりて皇室に忠勤を尽せ」、そのためには「幾年掛りても学費は当家より支弁」すると約束するほど、金子の才能を見込んでいた。[15] 金子堅太郎は、その期待によく応え、ボストンの初等中学校から入り直して英語を学び、ついに明治九年、ハーバード・ロー・スクールに入学する。ルーズヴェルトとは、ハーバード同窓ということからの縁があった【図4－3】。

明治期前半のボストン日本留学生で主要人物の一人だった金子だが、彼が自国の歴史編纂の必要性に目覚めるのは、明治二十二年、憲法発布後に渡った二度目の異国の地でのことだ。この度の欧米視察の目的は、第一に、制定されたばかりの日本国憲法について、各国の学者・政治家の意見を徴収し条約改正に備えること、第二に、来る明治二十三年に予定されている帝国議会開設に先立ち、欧米の議会制度を調べることだった。明治二十二年七月、横浜を出帆し、米国・英国・フランス・ドイツ・ロシア・オーストリア・ハンガリー・イタリアを巡回し、翌年六月に帰国。その調査結果は、総理大臣山縣有朋、伊藤博文、明治天皇へ報告され、『欧米議院制度取調巡回記』としてまとめられた。[16]

【図4－3】明治5年、留学先ボストンにて。金子堅太郎（右から2人目）と団琢磨　日本大学総合学術情報センター所蔵

ところでこの視察中、金子が「本邦ノ制度文物」に関して西洋の学者から得た最も有益な勧告とは、「国史編纂ノ一事」であった。金子に日本国史編纂の要を説いた学者には、ウィーン大学の憲法学者シュタイン、英国哲学者ハーバート・スペンサー、オックスフォード大学教授兼下院議員ゼイムス・ブライスらがいた。既に明治初期に伊

藤博文らが足繁く訪れ、その憲法学説に深い信頼を寄せていたシュタインは、日本国憲法の「周緻精確」なることは、欧州憲法に並ぶものであると評価しつつ、日本古来よりの国体制度及び習慣の沿革を記した日本憲法史というべきものが不備であると指摘する。それ無くしては、「或ハ日本ノ憲法ヲ以テ土耳其ノ憲法ト同一視シ其源ヲ国体及国史ニ採ラスシテ単ニ学説ヨリ敷衍シ来リタル一種ノ紙上憲法ト評サルルヤモ計リ難シ」。同様に、スペンサーも、欧米人が支那の歴史は知っていても日本の歴史を知らないのは、欧米語による歴史書があるかないかの違いであるとし、「日本古来の歴史を詳かに外国人に知らしめ、また日本国の将来の希望等を世界に発布するの必要あり」と断言する。[17]

彼ら欧米学者の要請を真摯に受けとめ、帰国後の明治二十三年七月、金子は「国史編纂局ヲ設クルノ議」として、山縣有朋総理大臣及び土方久元宮内大臣に宛てて、国史編纂の必要と編纂局設置を建議する。[18]

苟クモ国トシテ其歴史ナケレハ欧米人ハ其国ニ対シ国タルノ尊敬ヲ与ヘサルヘシ。国トシテ尊敬セラルル事ナケレハ如何ニ内政ノ改良ニ熱心シ立憲ノ政体ヲ設立シ条約ノ改正ヲ決行シ文明ノ競争場裏ニ於テ泰西諸国ト馳驅セント欲スルモ何ノ効カ之レアランヤ

欧米諸国に対等な立憲国家として認知され、尊敬を勝ち得るためにも、「真正ナル本邦歴史」を確立することは金子の悲願となった。

【表4－3】明治神宮外苑聖徳記念絵画館画題案のさまざま

	作成日	画題案	画題数	所蔵先	備考
①	大正5.3.29	「金子堅太郎案」	55題	明治神宮	「御誕生地ト祐ノ井」から「桃山ノ御陵」までの55題
②	大正6.1.27	「臨時帝室編修局案（藤波言忠案）」	54題	明治神宮	藤波を通じて、臨時帝室編修局案として得る。「中山御産所」から「不豫」まで
③	大正6.6.25	「維新史料編纂会案」	64題79場	明治神宮	大正6.6.25　編纂会は三度の会議の後、臨帝案も斟酌して提出。大正6.7.20の第1回絵画館委員会に提出された
④	大正6.11.29	「維新史料編纂会種類別画題」	75題	明治神宮	選定過程で、作成したものか。種類別と地方別の分類
⑤	大正7.1.25	「聖徳記念絵画館画題案（第三回）」	105題	明治神宮	大正7.1.25の第11回絵画館委員会に提出。手書きの書き込みあり。書き込みの指示を反映させると、第一成案の85題に一致する
⑥	大正7.1.25	「聖徳記念絵画館説明原案草稿」	123題	明治神宮	第一成案決定までに各委員によって作成された画題案および説明原案を綴ったもので、⑦の草稿段階と思われる。画題は時系列に整理されておらず、同一画題の重複あり（123題は、重複を省いた画題数）。臨時帝室編修局と維新史料編纂会、両方の原稿用紙を使用【図4－4】
⑦	大正7.1.25	「第一成案」	85題		
⑧	大正7.春	「聖徳記念絵画館画題説明」乾坤二冊	85題	宮内庁書陵部	第一成案に基づき作成された85題分の画題解説文集。池辺義象執筆。墨書で和とじ。臨時帝室編修局の原稿用紙を使用
⑨	大正10.8.5	「第二成案」	80題		

出典：⑧宮内庁書陵部、他は明治神宮所蔵『阪谷芳郎明治神宮関係書類』による

＊「画題選定ノ方針」

ここで、金子が議長を務めた絵画館委員会による画題選定過程を辿り、歴史編纂の方針がどのように定まっていったのかを確認してみたい。大正五年一月に阪谷が金子を訪ね画題案の作成を依頼してから、大正十年一月二十八日の絵画館委員会で最終的な成案が審議結了するまで、筆者が確認し得たところで、【表4－3】に示すように、制作者と制作時期が異なる複数の画題案があったことが分か

っている。[19]

提案されながら却下される画題、あるいは採用される画題の類似性等から推察される選定方針、その変更の方向性として、少なくとも次の二点が指摘できる。

第一に、明治天皇及び昭憲皇太后個人にまつわる出来事よりも、国事にまつわる出来事が重視されていくという傾向だ。つまり、天皇の伝記から国の歴史へと、画題選定方針が収斂されていく。具体的に、天皇皇后の伝記記述的な画題で、最終案以前に却下されたものとして、「赤坂離宮内ニテ御射的ノ図」「神奈川県下蓮光寺ニテ兎狩ノ図」などがある。また、大森梅屋敷や小金井への「御遠乗」といった出来事も、画題候補から消えている。

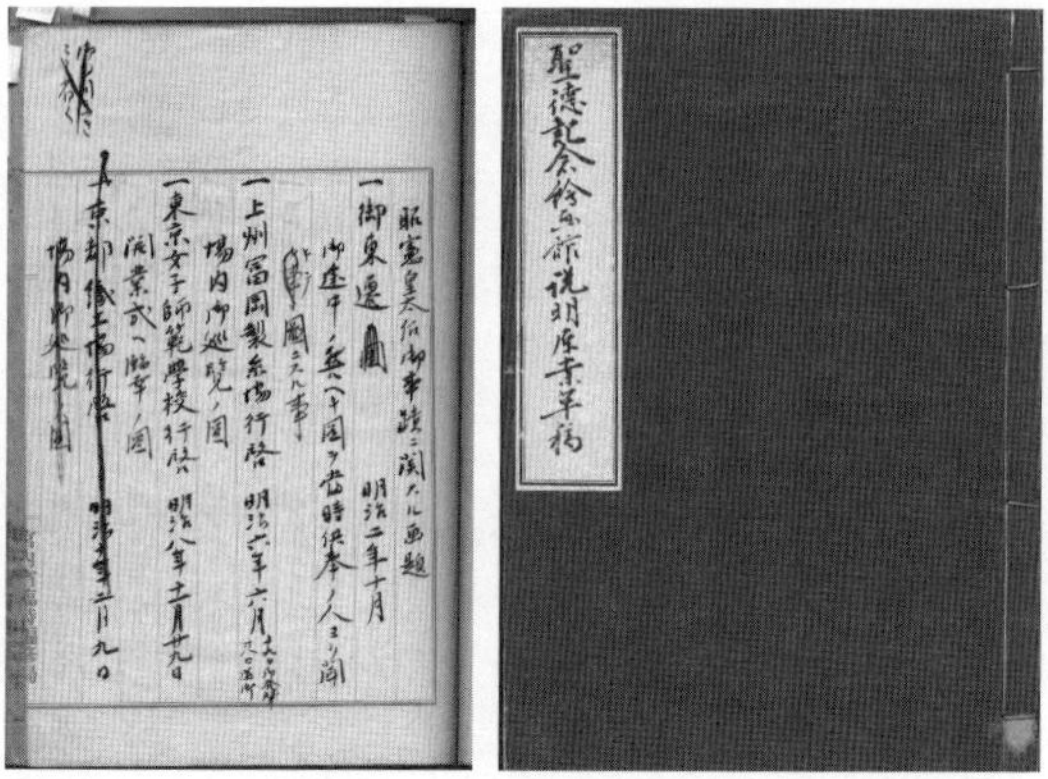

【図４－４】『聖徳記念絵画館説明原案草稿』　明治神宮所蔵

第二に、明治天皇と元勲あるいは特定の功臣等との関係を示す出来事よりも、天皇とより広範な国民との関係を示す出来事を重視していくという傾向である。これも要するに、元勲にとっての天皇から国民にとっての天皇へという、画題選択の方針転換がうかがわれる。この方向性により却下となった画題としては、「三條實美邸への行幸」、「第一回帝国議会開会に付き元勲功臣の墓前に勅使を遣はして申告せしめ給ふ図」、「越中島にて四藩［薩長土肥］に親閲する図」などが

である。

　このように、第一成案成立までに外れる画題がある一方で、絵画館委員会は「種類別」「地方別」といった分類で、絵画テーマがバランスよく配置されるよう配慮を重ねている。例えば、【表4－3】④の案では、「種類別」―宮廷・大政・外交・内政・財政・陸軍・海軍・司法・教育・勧業・交通、「地方別」―京都府・東京府・畿内・東海道・東山道・北陸道・山陰道・山陽道・南海道・西海道・沖縄・北海道・樺太・台湾・朝鮮・支那・米国に、七十五の画題が満遍なくこれらをカバーするよう検討している。この「種類別」分類は、最終画題案においては、「内政」に関わる項目がさらに敬神・愛民・慈善・徳行・文事と細分化される。

　このあたりの作業については、奉賛会常任理事の水上浩躬が、「壁画題撰定ノ経過及其成果」と題して後に報告している。[20] 水上は、かつては大蔵省に勤務し、神戸市長も務めた人物だが、大蔵省時代から阪谷芳郎の信頼が厚く、市長引退後に乞われて奉賛会の職に就いた。終始、絵画館委員会の取りまとめにあたった担当者である。[21] その水上の報告によると、「種類別」では大政・外交・軍事が半分を占め、また地方別では東京・京都がどうしても半分以上を占める結果になってしまったという。それでも委員らが、画題が「広く各事業」を網羅し、かつ「本土の西偏東隅より新領土まで」分布するよう、かなり苦心したことを告白している。

　ところで、絵画館委員会は、最終画題の決定時、次の三点からなる「画題選定ノ方針」を掲げている。[22]

一、画題ノ選定ハ明治天皇御事歴ノ梗概ヲ掲ケテ聖徳大業ヲ奉頌シ併テ皇后宮ノ坤徳ヲ顕揚スルヲ目的トセリ
一、事項ノ性質ニ依リテハ之ヲ正面ヨリ描クヨリモ寧ロ側面ヨリ写ス方却テ能ク其真相ヲ現ハスニ適スルモノアリ故ニ御身辺ニ接触セサル画題モ亦少ナカラス
一、史実ヨリ見レハ甚タ重大ナル事項ナルモ絵画トシテハ其題材ヲ取リ難キニヨリ已ムコトヲ得ス之ヲ省略セルモノアリ

二項目の意図するところが分かりにくいが、この方針に関し先の水上は、「御身辺ノ遠近ニ拘ハラス」という表現を使って説明している。つまり、明治天皇の姿が画面では小さくなる場合でも、「国運発展ニ大関係アルモノ」であれば画題案として重視したことを示している。[23] 同項目の「正面ヨリ描クヨリモ寧ロ側面」という表現をめぐっては、天皇を正面から描くことを憚る方針という解釈をする研究者も多い。[24] しかし、画題選定の経緯を見てくると、むしろ「種類別」「地方別」に遍く題材を配置した結果、天皇の「身辺」から離れ「側面」を描く絵も少なくない事情を釈明しているようにも筆者には読める。

さまざまな題材から「国運発展」を伝え、かつ広範な層の国民が画題にコミットできるようにという配慮は、内乱の扱いにも同様に見ることができる。既に、維新史料編纂会が大正六年六月に設けた画題選定方針に「戦争画ノ如キモ残酷ニ亘ラサル様注意スヘキモノトス」とあったが、戦争、特に内乱をどう扱うかで絵画館委員会の議論が紛糾した。例えば、同年九月二十八日の会

議では、「内乱ハ皇室ノ為メニ画ニセサルヲ可トスノ説」が問題となっている。[25] 鳥羽伏見の戦いなどがその代表だった。画題案の変遷を見ると、鳥羽伏見戦と西南役熊本籠城は「国運発展ニ大関係アルモノ」として採用を認める。[26] 一方で、【表4－3】③⑤の画題案にあった「会津戦争(若松城攻囲の図)」は画題からはずされ、また同じ西南の役でも、田原坂の戦の図・城山の戦の図といった場面候補は削除され、直接に内乱を描いた場面を避け「残酷ニ亘ラサル様注意」した様子が窺われる。

＊金子の絵画館画題案

ところで、明治神宮が所蔵する阪谷芳郎の明治神宮関係書類には、「[大正]五年三月二十九日金子堅太郎氏ヨリ受」と添え書きされた、画題草案が綴られている。[27] 一行目に「明治天皇紀ノ概要」と題し、以下五十五項目の歴史的場面が列挙されている。これが、聖徳記念絵画館のための画題案であることは、前日付の阪谷の日記に、次の記述があることで明らかである。[28]

大正五年三月二十八日付　金子堅太郎氏来状　聖徳記念絵画館画題五十五項

三月二十八日付の金子草案と手紙を、翌日阪谷が受け取ったという流れであろうか。最初期の絵画館画題草案として貴重であり、また修史事業及び絵画館設立事業に対する金子堅太郎の態度

【表4－4】金子堅太郎による聖徳記念絵画館画題案（大正５年３月29日　阪谷芳郎受）
※網掛けハイライトは、最終案の画題80に反映されていない画題

No.	画題	No.	画題	No.	画題
1	御誕生地ト祐ノ井	21	東京奠都	41	馬関ノ講話談判
2	米国水師提督ペリー来航	22	皇后冊立	42	三国干渉ト遼東還附
3	米国ト和親条約ヲ締結ス	23	東京横濱間鉄道開通式ニ臨幸	43	日英同盟
4	安政六年父帝ニ陪シ観兵式上覧	24	廃藩置県	44	日露戦争ト仁川ノ海戦
5	和宮降嫁	25	征韓論及内閣分離	45	旅順ノ開戦
6	勅使三條實美ノ江戸下向	26	民選議院設立ノ建議	46	奉天ノ激戦
7	将軍家茂上洛幷ニ攘夷ノ期日勅定	27	九州巡幸	47	米国ニテ講和條約ヲ締結ス
8	大和行幸及ヒ攘夷親征ノ勅旨	28	台湾征討	48	青山ニ於ケル凱旋観兵式
9	三條實美等長州ニ脱走ス	29	立憲政体ノ勅諭及元老院大審院ノ設置	49	東京湾内ノ観艦式
10	蛤門ノ戦争	30	西南戦争	50	日韓合併
11	長州征伐	31	第一回内国勧業博覧会ニ天皇皇后臨幸	51	御病中二重橋外ノ光景
12	天皇踐祚	32	国会開設ノ詔勅	52	崩御発表当時ノ光景
13	徳川慶喜大政ノ奉還	33	枢密院ノ憲法制定会議	53	御大葬ノ行列
14	維新ノ詔勅発表	34	憲法発布式	54	青山ノ祭場
15	伏見鳥羽ノ戦争	35	第一回帝国議会開院式	55	桃山ノ御陵
16	五ヶ條ノ誓文発表	36	教育勅語ノ発布		
17	江戸城明渡	37	大婚二十五年ノ祝典		
18	上野ノ戦争	38	日清戦争豊島ノ海戦		
19	即位式	39	廣島ノ大本営		
20	吹上禁苑ノ大嘗祭	40	威海衛占領ト丁汝昌ノ降伏		

出典：明治神宮所蔵『阪谷芳郎明治神宮関係書類』

を知る上で重要なので、ここにその五十五題を一覧にして紹介する【表4－4】。最終的な画題八十（【表4－1】参照）と比較しながらご覧いただきたい。

先ほど筆者は、【表4－3】に掲げた複数の画題案を考察し、明治天皇の逸事から明治時代全般における歴史的出来事のほうへと、画題選定方針が変遷していると述べた。にもかかわらず、この傾向には例外がある。それが、この金子堅太郎による画題案①だ。むしろ、金子案は初めから、「明治天皇の歴史」というより「明治時代の歴史」を意識

して、画題を選考していた様子がうかがわれる。金子案のうち最終八十画題に反映されなかった「米国水師提督ペリー来航」、「米国ト和親条約ヲ締結ス」などの項目を見ると、彼においては「伝記画より国史画」の方針が、かえって徹底しすぎていたのではないかという印象すらうける。【表4-3】に掲げた画題草稿は、個人あるいは組織単位で制作者がさまざまに異なっているが、それらが統合されていく段階で、絵画館委員会議長である金子の方針が基本となっていったのではないかと考えることができる。

＊天皇紀から国史へ

このような絵画館画題選定における歴史編纂の態度は、文部省・維新史料編纂会と宮内省・臨時帝室編修局に代表される国家の歴史編纂とどのような関係性を有するか。国史編纂の現場における金子堅太郎の動向を手がかりに、議論を進めていきたい。

大正四年七月、ともに国史の編纂を与りながら横の連携がなかった、文部省と宮内省の局の間に、初めて協定が結ばれる。史料・人事・編纂内容等について互いに協力しあうことを約したものだ。この協定で、両局をまたがり、維新史料編纂会総裁と臨時編修局副総裁職を兼務することになったのが、金子堅太郎であった。[29]

金子は、絵画館委員会で審議を重ねていた大正六年から七年にかけて、『明治天皇紀』の編修方針を大きく転換させている。一言で言うなら、『明治天皇紀』は明治天皇の伝記であると同時に国史であるべきだと主張し、それを新たな編修綱領にすえるのである。このような流れは、まさに絵画館画題選定の経過と深く関わっているのではないかと推察できる。

元宮内庁書陵部編修課首席研究官、堀口修氏らによる、宮内省臨時帝室編修局に関する一連の研究によれば、『明治天皇紀』には少なくとも三度の大きな編修方針の変更があった[30]。草創期大正四年の「編修要綱」では、「明治天皇実録ハ専ラ御盛徳御聖蹟ヲ主トシテ編纂スルモノニシテ、国史ノ編纂トハ自ラ其主旨ヲ異ニスルモノトス」と明示されていた[31]。これに異議を申し入れたのが大正七年当時の金子である。『明治天皇紀』は単に行実の記述にとどまることなく、国勢の全般にわたる編修をすべきであり、明治国家発展の歴史を除外した天皇の伝記はありえないというのが彼の主張だった。この金子の建議はいれられ、七年十月に新たに編修綱領が定められる。

さらに大正八年、総裁職にあった田中光顕が罷免されると、翌年には「明治天皇紀編修綱領」を定め、『明治天皇紀』は天皇の事蹟を記すとともに、明治時代史でなくてはならぬとして持論を現実のものとする。「一、天皇ハ国ヲ以テ家トシ給フカ故ニ、天皇紀ハ天皇ノ言行ヲ記スル伝記タルト共ニ天皇ノ治世中ニ起リタル大小ノ事変国勢ノ隆替ヲ録スル国史タラサルヘカラサル事[32]」。

この時期の金子について特筆しておきたいのは、天皇紀の編修方針についてルーズヴェルトに助言を乞うていることだ。大正七年十一月六日付で金子へ宛てた返信文で、ルーズヴェルトは『明治天皇紀』の参考となるような模範書は無いと断言し、金子自身が模範となる書を書くべしと激励している[33]。

[……] because Emperors are so important when they amount to anything at all that the life worth reading must necessarily be a study of all the social phenomena of their times

[……] 皇帝にして何等かの価値ある人ならば其の伝記を披読して必ず当時の社会の全般の現象を知悉し得べく其所に皇帝の価値あるべきものに候

誉れ高き米国の親友の助言をうけ、明治天皇治世の「社会の全般の現象」を悉く記録すべく、金子は意を強くしたのではあるまいか。どんなモデルにも則らず明治天皇の伝記を書く。自分を助け出し導いたのは、実にルーズヴェルトからのこの手紙であったと、彼自身が後年になって述べている。[34]

＊「国史」展覧の場を求めて

ここまで、絵画館画題選定や国史編纂が、金子堅太郎の主張のもとに順調に行われたかのような印象を与えたとしたら、それは誇張である。絵画館造営にあたっては、編纂の担い手は修史家のみではない。画家や絵画奉納者らの思惑や相互交渉が、描かれるべき「歴史」の生成そのものにも深く影響したことは、次節で詳しく見るだろう。一方で、明治二十三年に金子が国史編纂局を設けることを建議してからその設置まで、二十年余りの歳月がかかったのも、修史事業に対する国内の態度が定まらなかったからに他ならない[35]。例えば、金子の建議に対して伊藤博文が示した見解は興味深い。伊藤は次のように発言して、議会開設の折、国史編纂は時期尚早であると返答しているのだ。

「明治初年以来――遠くは蛤門の戦争以来――薩長は色々衝突して居る、今日維新の史料を集めるとして蛤門の事に及べば忽ち薩長の衝突のことに及ばねばならぬではないか」。「薩長がやっとこさ聯合して此の議会に当らうといふ時に是は薩長の内輪壊れをさせる仕事だよ、〔……〕今は時期でない！」[36]。

また大正四年まで、文部・宮内省間で歴史編纂の協力体制を整えるのが遅れたのも、いわば「官製」・「欽定」の歴史のあいだでの対立構造があったからだという。これについては、文部省と宮内省のどちらが維新史料編纂事業を所管にすべきかが問題となったという例がある。この時に結局、文部省の管轄となったのは、宮内省の主宰するところとするなら、世間では、薩長の奴らが天皇陛下を利用して手前味噌をつけるのだと非難がおこるにちがいない。「公然と政府の事業として」文部省内に置くべし、という山縣有朋の主張が重視されたからだ[37]。金子堅太郎の言葉を借りるなら、まさに「真正ナル本邦歴史」の「真正さ」をめぐる試行錯誤の過程のなかに、絵画館の造営事業は位置していた。

この節の最後に、絵画館と国史編纂の一連の係わり合いのなかで、実現を見たもの、幻と消えたものをそれぞれ紹介しておきたい。明治二十二年、欧米学者に日本通史の不在を指摘されて以来、金子が悲願としていたのは通史の刊行とその欧文翻訳だった。この願いは、臨時編修局でも維新史料編纂会でもなく、絵画館において現実となった。絵画館が画題選定という歴史編纂作業の成果を、絵画及びその画題説明書を通して一般に展覧することを眼目としていたのに対し、両部署は当初、一般への公開は目的としていなかった。維新史料編纂会が作成した資料稿本は、昭和十三年に四千二百十五冊が完成する。しかし、この資料稿本の編纂出版は当初の事業目的であっても、この時点まで、それを明治維新史として通史的に出版する企画はなかった。それが、『維新史』（昭和十四―十六年）と『概観維新史』（昭和十五年）として刊行されることになったのは、昭和十年の天皇機関説問題への対応策として、文部大臣が明治維新通史の編纂を要請したことからである。[38]

一方、『明治天皇紀』二百六十巻の編修が昭和八年に終了した際には、タイプ版刷が作成されているが、わずか三部である。一部が天皇へ、一部が宮内大臣へ、そして一部が編修局に事務用として残されたのみだった。その後、昭和九年から「公刊明治天皇御紀」の事業が進められることになるが、敗戦により完成を見ずに終了。明治百年記念事業の一環として、天皇紀が一般向けに刊行されることになったのは、実に昭和四十二年のことである。[39]

つまり、その当初の目的からしても刊行時期からしても、これらの歴史編纂の成果が、「通史」として一般に公開されることになったのは、昭和十一年の絵画館絵画が実に最初であったといえる。さらに、画題考証の成果を綴った『聖徳記念絵画館壁画解説』は、早くも昭和八年には、明治神宮奉賛会により『Explanatory notes on the pictures in the Memorial Picture Gallery Meiji Jingu』として英訳出版されている。その翻訳にあたっては、「金子々爵其他権威者ニ相談」して万全を期すべきことを阪谷が指示している。[40]

一方で、幻の「国史図書館構想」と呼ぶべきものがあった。明治神宮奉賛会では、伊藤公爵家から寄贈になった憲法記念館を図書館として、「御一代ニ渉ル文書図画ヲ収容シテ永遠ニ保存シ且学者ノ研究資料其講話宣伝ノ題材」とすることを計画していた。このうち文書として想定していたのが、維新史料編纂会および臨時帝室編修局が蒐集作成した稿本史料であった。この建議案は、大正十一年四月十一日、奉賛会理事及常議員会で議決。十五日付で、奉賛会会長徳川家達から文部大臣中橋徳五郎・宮内大臣牧野伸顕に宛てて送付されている。

思フニ維新史料編纂会及臨時帝室編修局ノ御事業ハ明治神宮トハ最モ密接ノ関係ニ有之其御事業結了ノ上多年蒐集作成相成候文書図画ヲ一束シテ該図書館ニ御寄贈相成候ハバ実ニ神宮ノ為無上ノ記念物タルベク、後世ニ於テ南都正倉院ト併称シ帝国ノ国宝トシテ認メラルヘキ儀ト存候

右の引用冒頭からも明らかであるように、明治神宮奉賛会は、文部省と宮内省がそれぞれ所管する二大修史事業が、明治神宮と「最モ密接」な関係を有すると理解していた。ゆえに、明治神宮こそ、その編纂事業で蒐集した文書・記録・談話等を保存公開する場所としてふさわしい。この明治神宮図書館が実現すれば、それは正倉院と同じような意義がある。奉賛会はそのように考えていた。

しかし、この図書館は、残念ながら実現しなかった。翌年九月の関東大震災により、奉賛会はその事務所を焼失。既に伊藤公爵家から寄贈されていた多数の図書類をふくむ所蔵資料のほとんどを焼失したことで、構想そのものが立ち消えになってしまったように思われる。

三、歴史を描く――二世五姓田芳柳

＊歴史画をめぐる攻防

大正七年一月、八十五題からなる暫定的な画題案（第一成案）が成立するや、絵画館委員会ではそれぞれの歴史的題材に関する現地調査及び参考資料収集が開始された。画題考証の作業である。

絵画館建設の進捗状況は、しばしば新聞雑誌等に取り上げられ、その都度議論の対象となった。例えば、考証作業が進められていた大正七年八月の『美術旬報』には、作品はおろか画題も揃わない段階で絵画館建物の設計が始まったことを痛烈に皮肉る論評が紹介されている。曰く、「その収むべき内容物が未だ決定せざるに拘はらず、既にその容器の形式を定めんとするは、［……］中味がお刺身であるか、西洋料理であるか、それとも支那料理であるか解らないのに、容器の選択」をするようなものではないか。日本画・西洋画のどちらで描くか、それすら決まっていないではないかという批判である。[41]

このように絵画館の建設が注目を集めたのは、そもそも戦前の日本では近代絵画を扱う常設美術館がほとんど存在しなかったことに由来する。公立の美術館としては、東京府美術館（大正十五年）、京都市美術館（昭和八年）、大阪市立美術館（昭和十一年）があるが、大正十年に建設が決定した東京府美術館にしても、常設ではなく帝展（帝国美術院展覧会）その他の展覧会場として利用されたに過ぎない。[42] このような状況であったから、奉賛会による絵画館造営を、日本初の近代絵画常設美術館として期待する動きも大きかった。ここに、修史家とはまた異なる力学に基づいた「記憶の場」形成の担い手たちが登場してくる契機がある。画題考証から画家による作品制作まで、歴史の視覚化の過程を辿りながら、彼ら担い手たちが果たした役割を振り返ってみたい。

美術史の分野では、「天皇の肖像」または「戦争画」といった観点から絵画館の個別の絵画を対象とした先行研究がある。[43] これらの成果については、議論の該当箇所でその都度触れていくことにする。一方、八十点の絵画が絵画群として構想されたことを考えるなら、その一連は「歴史画」である。[44]「歴史画」については、近代日本美術におけるその意義が、あるいは「歴史画」という存在そのものが、最近まで軽視される傾向があったという指摘がある。それはどのような事情によるのだろうか。

洋画の世界では、明治中期に当時の洋画家たちのほとんどが集結して明治美術会を結成していた。これは日本最初の国立美術教育学校、工部美術学校の出身者たちを主としていた。しかし、その後フランスで印象派の影響を受けて帰国した黒田清輝らが、新たに白馬会を起こしたことで、こちらが新派と呼ばれるのに対し、工部美術学校系の画家は旧派と称される対立構造が生じた。以後の状況について、近代美術史研究者の河田明久氏が興味深い分析をしている。いわく、「戦後の洋画史は、［……］白馬会系列（新派）の画家たちを重視するかたむきがあり、それと対立する」明治美術会などの旧派系列の画家たちを軽く扱いがちだった。「このような美術史自体のゆがみが、むしろ旧派系の画家たちが中心となって生み出した歴史画や戦争画の存在をもみえなくしてしまっ」ていると。[45] いわゆる旧派、保守に属するとくくられた画家とその画業に対する軽視という問題だ。

日本画についても同様に、文展（文部省美術展覧会）とそれに続く帝展という官展の出品作に多く見られるような「明治期の保守伝統派の画家たちの作品」は、「美術史上での価値が永く認められることなく埋もれつづけて」きたと指摘されている。[46]

絵画館を彩った揮毫者の多くが、まさにこの埋もれた存在に該当している。とするなら、我々は美術史のゆがみをさかのぼり、「歴史画」を必要としていたその時代状況に迫らねばならない。このような美術史理解にもとづき、「歴史画」としての絵画館絵画を考察した美術史学者・林洋子氏は「絵画館は明治の時代絵巻であると同時に、明治絵画の終焉の場所」であるとし、また近代美術史が専門の高柳有紀子氏は、絵画館は「未熟におわったわが国の「歴史画」をそのまま映し出す存在」であるとの見方を提示している。[47] 筆者の関心は、美術史上における絵画館絵画の位置を明らかにするということよりは、むしろ、絵画館建設過程で「歴史を描く」ことに拘った人々は、何を求め、何を実現しようとしたのかにある。なんとなれば、絵画館「歴史画」の登場には、「歴史」をめぐる画家と国史編纂者、両者の攻防こそが深く関わっているからである。

*歴史の視覚化のために

画題考証作業を担当したのは、絵画館委員会内特別委員会のメンバーだった。前節【表4−2】が示す通り、その多くが国史編纂の従事者である。特別委員会が正式に発足したのは大正七年九月だが、調査は第一成案決定直後から既に始まっていた。この初期段階から国史編纂の従事者に交じり、嘱託画家として考証過程に立ち会った人物がいた。二世五姓田芳柳である【図4−5】。

【図4−5】二世五姓田芳柳　さしま郷土館ミューズ所蔵

二世芳柳の任用は、絵画館委員である東京美術学校・正木直彦の推薦があったからというが、奉賛会常任理事かつ特別委員でもあった水上浩躬は、「スケッチノ早イ余リ画家振ラナイ」ところを良しとしたと評している[48]。画家ぶらない画家——。この言い回しに、歴史考証担当者と揮毫画家の狭間に置かれた参考下絵の描き手として、二世芳柳が演じた微妙な役回りをうかがい知ることができる。

元治元年（一八六四）八月、下総国猿島郡沓掛村（現茨城県坂東市）で大工の六男として生まれた二世芳柳（幼名は倉持子之吉）は、絵が好きな少年で、級友に求められては義経・弁慶・清正などの武者絵を描いていた。郷里には現在も、十代前半に彼が描いた歴史・神話を題材にした絵馬等が複数残っている。今、二世五姓田芳柳の画業を辿ってみれば、時代とともに変化を遂げた歴史とその描き手との関係性が見えてくる[49]。

子之吉が本格的に絵を学び始めるのは、明治十一年、十三歳で東京・五姓田塾に入門してからである。この画塾では、初代五姓田芳柳と彼の次男である義松が指導にあたっていた。初代芳柳は、歌川国芳に浮世絵を学んだのち洋画の技術を取り入れ、外国人向けのいわゆる「横浜絵」を制作した職業絵師である。一方、義松はイギリス人報道画家チャールズ・ワーグマンに師事して西洋画を学んでいる。子之吉は、明治十三年四月には義松の正式な内弟子となった。同年七月、師の義松がパリへ留学。これにあたり、子之吉は初代芳柳の養嗣子となる。義松の渡仏後には、彼にかわりワーグマンの指導をうけ、さらに工部美術学校のサンジョバンニに油絵を、カッペレッティから遠近法を学び、本格的な西洋絵画技術を習得した。明治二十年、初代から「芳柳」号を受け継いで二世芳柳を名乗り、五姓田塾当主となる。二十二歳のことである[50]。

五姓田の系譜で特筆すべきは、明治七年、初代が宮内省の依頼をうけ、明治天皇の肖像写真に基づいて肖像画を描いたことを始めとし、明治十一年には、義松がやはり宮内省の命で北陸・東海道巡幸に随行し、記録画を作成する等、明治天皇の肖像及び事蹟画を得意としていたことだ。

つまり、五姓田派画流の後継者として二世芳柳が誇る、卓越した洋画技術と明治天皇絵画への習熟度が、絵画館画題考証図の制作を任ぜられる大きな要因だったことは疑いないところだろう。

*パノラマ絵からの転換点

歴史を描くという分野で、二世芳柳の名が知られるようになるのは、明治二十年代から末年にかけて盛況を誇ったパノラマ（及びジオラマ）絵師としての活躍による。[51] パノラマとは、今から二百二十年ほど前に、イギリスで始まった一種の見世物のこと。直径数十メートルに及ぶ円形の劇場の内壁一面に、遠近法を施した絵を描いたもので、この建物をパノラマ館と呼んだ。観客はホールの中央から、三百六十度にぐるりと取り囲まれた絵を楽しむ趣向である。日本では、明治二十三年五月に開館した、上野パノラマ館が最初になる。戊辰戦争の白河戦を描いたものが、日本で初めてのパノラマ縦覧といわれる。同月には浅草に日本パノラマ館が、その後は全国各地に開館し、大衆から絶大な人気を得た。二世芳柳は、早くは明治二十八年、日清戦争・平壌戦を題材としたパノラマ画を、洋画家の小山正太郎らとともに制作している。以後、歴史を素材とした「蒙古来寇」「本能寺襲撃図」や、日清・日露戦争の戦場を描いた「旅順背面攻撃図」「日本海大海戦」等、臨場感あふれるパノラマを次々と手がけた。

日本におけるパノラマ絵画の第一人者として、二世芳柳の到達点ともいうべき作品となったのが、農商務省の命をうけて制作した「日本古代ヨリ現代ニ至ル風俗変遷図」のジオラマだ。これ

【図4－6】二世五姓田芳柳制作、日英博覧会でのジオラマ「日本古代ヨリ現代ニ至ル風俗変遷図」。「歴史館」の様子（左）と「足利時代」の展示　『Official Report Japan-British Exhibition』

は、明治四十三年五月十四日から十月二十九日まで、ロンドン・ホワイトシティーで開催された日英博覧会に出展されたものである。[52]「上古より現代に至る迄の大和民族の生活状態を描きて、建築、服装、交通機関、兵器、風景、行事等の変遷を現はさん」——その内容は、二千五百年の日本の歴史を「神武時代」から「現代の日本」まで十二の区分に分けて展示するもので、総延長百メートル以上に及ぶ大作である[53]【図4－6】。開催前年の八月から京阪神地方への実地調査を開始し、制作は上野にあった東京勧業協会の建物を利用して行ったが、完成までに四ヶ月余りを費やした。一連の作品は、英国への搬出前に同協会にて展覧されている。

　博覧会場で「ジャパニーズ・ヒストリカル・パレス」と名づけられたこの歴史展示が、日本の歴史に対する正当な評価を対外的に求めることを強く意識して制作されたことは、博覧会の公式報告書が以下のように記す通りである。[54]

日本当局が日英博覧会を開催する主要目的の一つは、同盟国に対し、日本の文明が昨今の獲得物ではなく、長い歴史的発展のうえにあるのだという事実を示すことにあった。この趣旨に鑑み、日本委員会は二千五百年以上にわたる日本の歴史を十二に区分し、それぞれの風俗・習慣等を展示することにした。

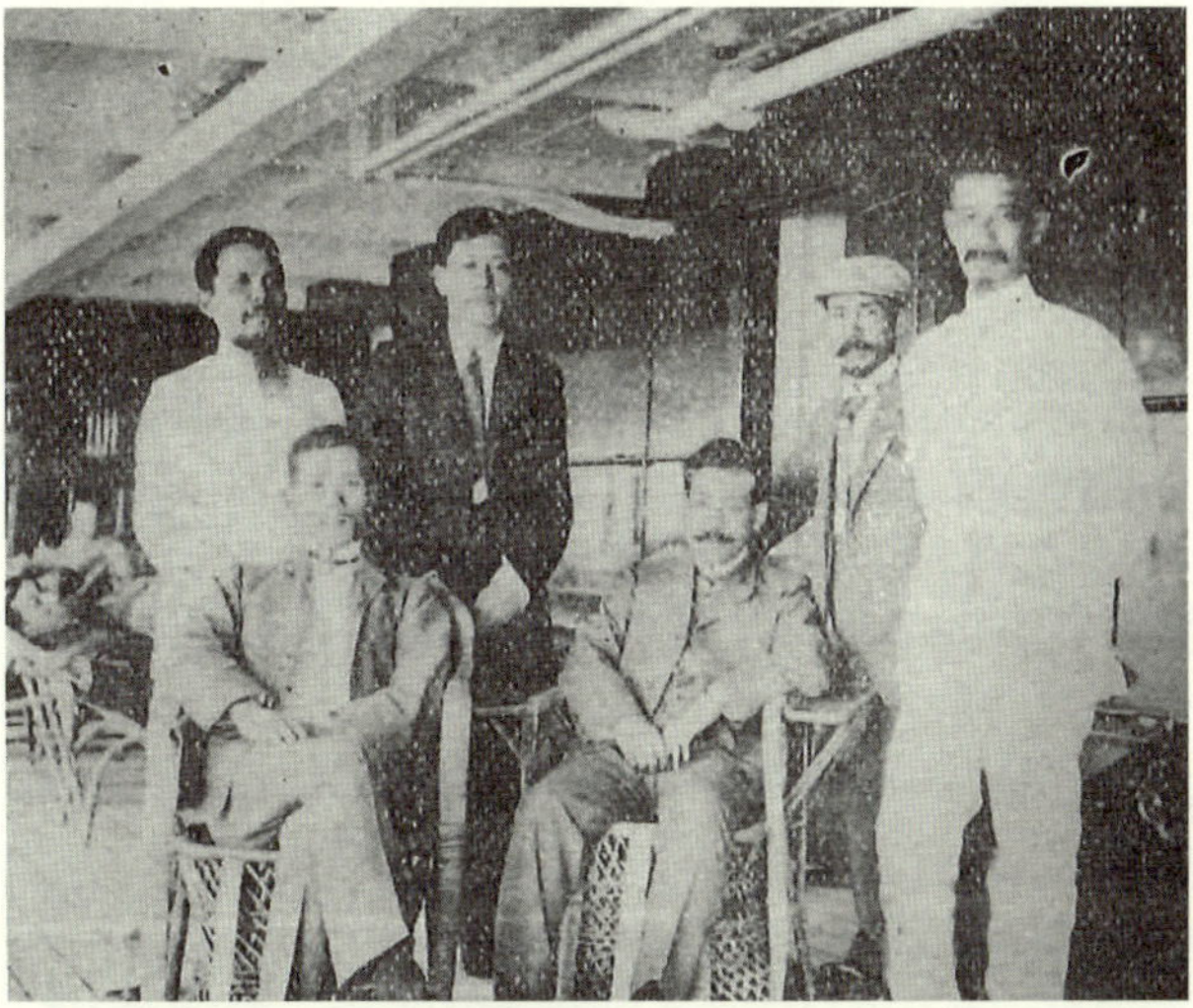

【図4-7】ロンドンへ向かう船上で。後列左端から二世五姓田芳柳、同乗した画家仲間の三宅克己、茂木習古、東城鉦太郎　三宅克己『欧州絵行脚』(画報社、明治44年)

ちなみに、望月小太郎が著し『JAPAN TO－DAY』と題した英文による博覧会記念刊行物に、金子堅太郎が上記とまったく同趣旨の序文を寄せているのは、大変興味深いところである。[55]

明治四十三年一月十九日、二世芳柳は農商務省の日英博覧会事務局嘱託員として渡英する。彼にとって、この度の出張とその帰途にヨーロッパ各国およびアジア諸国を巡歴したのが、唯一の異国体験となった。[56]

さて、「ジャパニーズ・ヒストリカル・パレス」は博覧会で好評を博し、二世芳柳はこの作品で名誉賞を受賞する。芳柳にとって、パノラマ・ジオラマを用いた歴史表現は、異国ロンドンの地で最高潮を迎えるが、同時にそれは終焉でもあった。活動写真の流行により、当時日本でもすでにパノラマ人気に翳りが出ていたが、一つの時代の終わりをその目で目撃した印象を、芳柳はこのように綴っている。[57]

四十三年五月、倫敦郊外の遊園地（水晶宮の在所）にて、普仏戦争のパノラマを見たるも、差程のものに非ず。仏独等にも、パノラマのある事を聞かざりしは、已に已に、廃業せられしものなるべし。（「パノラマ談」）

パノラマ絵師から歴史画家へ。明治から大正への時代の移り変わりに沿うように、二世芳柳も転換期を迎える。

＊画題考証と参考下絵――精細なる事実を求めて

特別委員会における二世芳柳の役割は、他の委員とともに当時の模様を調査し、参考史料を収集し、以て「壁画執筆者ノ完全ナル参考書」とせんがため、画題ごとの下絵を調製することだった。[58]パノラマ絵画の時代から実地調査、武具・装束等の時代考証は実施していたが、ここに至り、国史編纂の専門家とともに「精細なる事実」を求めて、三年間に及ぶ考証作業に没頭することになる。二世芳柳の画業を整理した美術史家の山口正彦氏は、絵画館画題考証とその下図作成は、彼にとって「生涯を通じて最も心血を注いだ」仕事であったと位置づけているが、事実であろう。[59] 絵画館絵画の画題考証過程について特筆すべき点をいくつかあげておきたい。第一に徹底した現地調査である。『明治神宮奉賛会通信』の経過報告欄からも、以下のような画題資料調査のための出張が確認できる。[60]

大正七年五月六日　水上・藤波・五姓田・上野、近畿・山陽地方へ出張
大正七年六月十三日　水上・五姓田、東北・北海道へ出張
大正八年七月十三日　水上・藤波・黒澤・池辺・五姓田、日光田母澤御用邸に出張
大正八年七月二十六日　水上・藤波・黒澤・池辺・五姓田・上野、宮城内を拝観
大正八年十月十一日　水上・五姓田、鹿児島・熊本・長崎へ出張

例えば、近畿・山陽出張では、「農民収穫御覧」（尾張熱田）、「陸海軍大演習御統監」（愛知雁宿山）、「下関講和談判」（山口下関）、「広島大本営軍務親裁」、そして京都では二条城から鳥羽伏見戦の跡に至るまで、約二週間をかけて実地踏査を実施している。

このような調査は、随時「先帝ノ御遺跡ヲ謹写ノ絵行脚、明治神宮絵画館ノ壁画ノ下絵ヲ写生ニ東北へ」（『東京日日新聞』大正七年六月九日）のように新聞で報じられ、その都度五姓田らの談話が紹介され話題となった。また、宮城内・御用邸内等、絵画館画題という性質故に調査立入りが許されるケースも多かった。先頃、外苑聖徳記念絵画館施設内で見つかったガラス乾板の一

【図4-8】絵画館絵画の参考資料として撮影されたガラス乾板。「大政奉還」の二条城二の丸御殿（左）と「憲法発布式」の明治宮殿正殿　明治神宮所蔵

部は、このような調査の際（及び、揮毫者による再度の調査の際）に撮影されたものと見られ、当時の宮城内を写した画像等、それ自体が現在では貴重な歴史史料となっている【図4－8】。

次に、資料調査は慎重を極め、時には資料そのものの真贋に調べが及ぶほどであったこと。その興味深い例として、ここに二世芳柳が故郷の名士塚原嘉秀氏に送った書簡がある[61]。これによれば、画題調査の会議上で坂本龍馬の書が審議対象になったという。その真贋をめぐり、まず臨時帝室編修局の藤波・池辺、維新史料編纂会・黒澤らが展覧するが「決定に至らず」、次に維新史料編纂会で金子以下、三上・小牧らが展覧し「遺憾ながら落第と確定」した。龍馬の偽書がどのようなものであったか、また如何なる画題案との関係で調査対象となったのかについては残念ながら分からないが、絵画館壁画資料調査が既に国史編纂の領分と分かち難く結びついていることは、この例からも明らかだ。

さらに、画題調査の成果が逆に国史編纂のための稿本史料となる場合もあった。先述の近畿・山陽出張で訪ねた尾張熱田の「農民収穫御覧」画題調査がそうである。これは明治元年九月二十七日、熱田八丁畷で稲の収穫を御覧になったことを題材としている。

その際、明治天皇は饅頭三千個を農民に下賜されているが、その行幸饅頭を謹製した当地「つくは祢屋」には、「明治維新史料編纂ニ関スル書類」と題する綴が所蔵されている。綴の但書を確認すると、この書類はまさしく大正七年五月七日、近畿・山陽出張で藤波・五姓田らが調査に訪れた際、当主石黒鐘次郎が報告・提出した綴の謄本である。[62] ここで戦後公刊された『明治天皇紀』明治元年九月二十七日の項を見ると、果たして『石黒鐘次郎報告』がこの「史実」を裏付ける史料稿本として掲げられていることが分かる。絵画館における歴史編纂と臨時帝室編修局による『明治天皇紀』編纂は、互いに交錯しつつ渾然一体として進められたことを如実に示す貴重な事例である。[63]

大正十年八月、終に五姓田による画題考証図が完成した。[64] 実はこの考証図のさらに下絵段階と思われる五姓田本人のデッサンが茨城県近代美術館に所蔵されている。図とともに書き込まれたメモの記述等を見ると、彼がいかに「精細なる事実」の再現に心を砕いていたかが推察できる。[65]

しかし、「史実」と「写実」の追求は必ずしも同調せず、むしろ関係者らの思惑を乗せて対立に至る可能性すら孕んでいた。

＊「史実」と「写実」のはざまで

大正七年五月四日、主に洋画家からなる国民美術協会は、絵画館について協議し、意見書を提出することで合意。十五日、協会会頭中條精一郎、理事坂井犀水は、奉賛会理事長阪谷に面会して建議書を提出している。[66]彼らの主張は、絵画館の絵画は洋画にせよということだった。その理由としてあげられたのは、第一に、先帝の業績を表現するには、装飾的意義よりも、むしろ描写の「正確」と表現の厳粛とが大切であること、第二に、であるなら洋画の方が日本画より事物の「写実的」な描写に優れており、また洋画の方が新材料を用いるので「耐久力」に優れ、「永久」に記念することが可能であるからという点だった。国民美術協会は、画題第一成案が決定する以前の大正六年末頃には『美術旬報』等で、いわば「絵画館は西洋画で」キャンペーンを展開していた。曰く、「人物を主とすべき歴史画、特に主たる人物の肖像やその活躍を写すべきことを要件とする近代の事蹟を描くのに、古い絵巻物の摸写を基礎とする日本画家の手腕が果して適当して居るかどうか、頗る疑はしい[67]」。

また、二世芳柳に下絵を描かせることについても、その出発点においてすでに、「錯誤ニ基ケルモノト云フベシ」と批判が相次いだ。下絵によって画家の構図にまで立ち入ることになるとは、「美術ノ本質」を理解するものがすることではないという手厳しい意見である。[68]

動いたのは西洋画家だけではなかった。日本画家らも、第二成案が結了しいよいよ画家の選定が始まろうとする大正十二年二月二十二日、三十二名の連名で仰天の建議書を奉賛会に提出するのである。代表は、横山大観・下村観山・川合玉堂・小堀鞆音というそうそうたる顔ぶれだった。[69]

「聖徳記念絵画館ハ之ヲ改メテ聖徳記念美術館トナシ、壁画ヲ以テ御事蹟ヲ奉写スルノ企図ヲ止メ、〔……〕明治、大正聖代ノ優秀ナル美術上ノ作品ヲ蒐集陳列シ以テ明治天皇ノ稜威ニ拠リテ前古ニ類例ナキ発達興隆ヲ見タル明治大正ノ美術ヲ永世ニ伝フルノ挙トナサレンコトヲ希望ス」。

その理由は、明治天皇の大業は「形図」をもって奉写できるものではなく、無理にやろうとすれば不統一不一致で醜くなり、「聖徳ヲ瀆ス」ということだったが、果たしてこの建議の真意は不明である。「写実性」という問題で洋画陣営との確執があったことは事実であるし、何より美術家側の預かり知らないところで画題や画家が選定されること、また奉納者の口利きで「実力」の乏しい画家が選ばれるような事態への不満もあったようである。この建議は、絵画館の構想は奉賛会設立当初の目的であり、すでに画題も決定し献金も集めているので承知しかねる、という阪谷の返答で一応は決着する。

しかし、このような建議書の応酬により、絵画館絵画制作に重要な変更がもたらされた。第一に、従来の絵画館委員会を引き継ぎ、ほとんど歴史編纂関係者で構成されていた「選画協議委員会」の機能を二つにわけ、新たに画家によって構成する、揮毫者選定のための「壁画調成委員会」を設けることになったこと。ここには、玉堂や大観も名を連ねている。第二に、にもかかわらず大正十四年四月二十三日、大観と玉堂は壁画調成委員を辞任し、これにより画家の選定は引続き難航し、結果として絵画館絵画の作成がさらに遅れるのを余儀なくされたということ。大正十五年十月二十二日の外苑奉献式では、絵画館という箱は完成していたが、実は中身の絵画は、洋画が四点、日本画に至っては一点のみの計五点しか完成・陳列されなかったという事態は、このような縺れ合いが原因でもあったのだ。絵画館という場が人々の歴史や記憶の編成にどのように関わったのかを考えるなら、昭和十一年に至るまで完成が遅延したというその空白の期間自体が、大きな意味を持ったものとして考えられるべきであろう。

【図4-9】「大葬」。二世芳柳の画題考証下絵（左）と和田三造の作品　明治神宮所蔵

実際のところ、揮毫者が決定し作品制作段階に入っても、「史実」と「写実」を巡るせめぎあいは続く。画家は、下絵持ち寄り会なる審議会で、奉賛会・壁画調成委員会委員らから下絵の承認を得る必要があったからだ。「大葬」を描いた洋画家・和田三造のケースでは、下絵の段階では「史実ヲ象徴化シ抽象的表現ヲ以テ」描いていたものを、下絵持ち寄り会で拝観者に当時の模様を直覚できるようにしてもらいたい、と注文がついたという。和田の対応は、「写実的ニ象徴的ヲ加味」してやむなく折り合いをつけるというものだった[70]【図4-9】。一方、「不豫」を描いた洋画家・田辺至は、そのように「史実」を楯にして美の領域に干渉しようとする持ち寄り会のあり方に、はっきりと不快感をあらわしている。「下絵ニ対シ完成画ヲ批判スル如キ態度デ」史実を考証し誤謬を指摘するのは、「甚ダ面倒」、「不合理極マル」。これに対しては、奉賛会側も感情を害した画家の許しを乞うため、今後は画家との合同協議で下絵の変更を決定することを申し出ている[71]。

どのような一瞬を場面として切り取るかという選択には、絵のスポンサーである「絵画奉納者」もまた大きく関与する。例

【図４－10】「山形秋田巡幸鉱山御覧」。二世芳柳の画題考証下絵（左）と五味清吉の作品
明治神宮所蔵

えば、「山形秋田巡幸鉱山御覧」の場合、奉納者である秋田鉱山の所有者・古河家には、「会社トシテハ採鉱作業ノ実情モ望マシイガ、天皇ガ至尊ノ御身ヲ以テ坑内迄モ玉歩ヲ進メラレシ事ハ洵ニ畏レ多イ事デ、斯ク迄遊バサレテ鉱山事業ニ御心ヲ注ガセラレタト云フ事ヲ謹写シテ貽ス事が一番イイ」という意向があった[72]。洋画家・五味清吉はその意向を反映し、二世五姓田の参考下絵から構図を大きく変更する。両者を比べれば一見して、工員の作業風景から天皇を中心に大きく配する構図へと修正が加えられたことが明らかである【図４－10】。

＊「明治天皇紀附図」――その後の二世芳柳

絵画館画題考証作業を終えた後、二世五姓田芳柳は、八十枚のうちの一枚「枢密院憲法会議」の制作を任され、大正十五年に完成させている。それから五年後の昭和六年、今度は『明治天皇紀』に附属させる事蹟画として、『明治天皇紀附図』の作成を臨時帝室編修局から依頼される。依頼者は、あの金子堅太郎である。二世芳柳は、聖徳記念絵画館のために制作した画題考証図に基づいて、八十一枚（「伏見桃山陵」の画題が追加された）からなる『附図』を完成。昭和八年九月、金子堅太郎から昭和天皇に『明治天皇紀』二百六十巻とあわせて奉呈された。この時、二世芳柳も天覧の栄に浴している。[73]

当初予定に無かった『附図』を、本紀とともに作成する方針に変更したのは金子である。このことは絵画館造営事業への関わりを通じて、絵画による国史展覧の有効性を金子が認識し、『明治天皇紀』の編修方針に修正を加えたものと理解できよう。さらに、「精細なる事実」の描写を目指し、二世芳柳をはじめ画題調査に関わった委員たちが心血を注いで作成した考証図は、実は絵画館ではなく『明治天皇紀附図』において、より五姓田の構図に忠実な形で絵画に実現したともいえる。ここにも絵画館における画題編纂と国史編纂とのあいだの、再度の交錯があった。

四、永遠の空間へ——寺崎武男

*物を言う記念碑として

タブローの中の時空間から、絵画館という展覧空間へ、その絵画館を内包する外苑へ、そして「明治神宮」全体へと視野を広げてみる。これまで、「真正な」歴史、「写実的」な描写に対する、絵画館の作り手たちの執念とでも言うべきものを追いかけてきた。彼ら作り手たちが、やはり執着して言及し続けたキーワードに、「永遠」がある。明治天皇の聖徳を「永遠」に記念するため、「永久」に残るべき歴史とは、絵画とは、そしてそのための空間はいかにあるべきか。

そもそも、明治天皇の聖徳を記念するかたちとして、なぜ「絵画館」だったのか。

明治天皇崩御直後から随所で提案されたさまざまな「記念」事業案が、「明治神宮」という傘の下にいかに統合されていったのかについては、山口輝臣氏の見事な分析がある。「神宮」と「記念」を重ねあわせることにより、「神宮は、明治天皇の記念に関するほとんどの案〔……〕を味方につける」ことが可能になった。[74] 一方、事業推進側は、「記念」であることが提案を実現させるための方便ともなった。実際、外苑の野球場や水泳場は、奉賛会による当初の外苑構想にはなかったもので、これらは関係団体からの懇請を容れて計画の一部を変更し追加増設したものである。さらに、「外苑に一大音楽堂をつくろう」という建議書が、大正九年三月二十九日付で、近衛公爵、武者小路子爵、渡辺鉄蔵東京帝大経済学部教授などの期成同盟会から奉賛会に提出されてもいる。「英国アルバート・ホール程ノ厖大サハ望マヌガ少クトモ六千人ヲ収容スル倫敦ノクヰン・ホール位ノモノハ欲シイ」。このコンサートホール計画は、日本青年館建設事業に吸収させることで実現を見ている。[75]

このように多数の計画と施設を包含して成立する外苑のなかで、絵画館がそのシンボル的な存在として立ち上がってくるには、やはり空間的な配置がそれを決定的なものにしたと言わざるを得ない。既述の通り、外苑の敷地として青山練兵場跡が選ばれた「由緒」とは、この場で明治天皇の大喪が行われたことによる。とりわけ、大喪の際に御轜車を安置した位置は、「国民が先帝の御遺骸に対し永きお別れした処の最後の場所」として「紀念の標」が必要であった。[76]その意味で「葬場殿趾」は記念のなかの記念の中心だった。第三章で外苑計画図の変遷を辿ったが、まさに葬場殿趾と絵画館が重ねあわされ、一体化していく様子を見て取ることができた。「要するに青山練兵場全体の場所は之を一つの紀念碑と看做して、其場所に紀念として物を言はせると云ふ事が一つの理想に成つて居ります」と阪谷が主張するように、まさに絵画館は、物を言う外苑の中心だった。

＊大正の遣欧使節

「物を言う」絵画館、その「何を」については前節で検討したところだが、ここでは「どのように」について考えてみたい。つまり、八十点の絵画を通して「通史」を見せるための空間はどのように構成されたのかという問いである。この問いは、絵画館の作り手たちが、この展覧空間で人々がどのように振舞い、どのように観てくれることを望んでいたのか、という疑問でもある。[77]

永遠に物を言う空間、そのプロデュースの過程を、寺崎武男という一人の洋画家を通してうかがってみたい【図４－11】。彼自身、絵画館八十枚の絵のうち「軍人勅諭下賜」の揮毫者である。

【図４-11】寺崎武男　寺崎裕則氏所蔵

しかし何より注目に値するのは、寺崎武男は明治神宮奉賛会の嘱託として大正八年に渡欧し、三年間をかけて絵画館壁画制作のための調査研究に従事した人物だということである。後年、絵画館のための種々の努力は「徒労ニ終ツタ」と自ら回顧しているように、渡欧調査に基づく提案のすべてが実際に反映されたわけではない。[78]だが、寺崎の視点・主張を追いかけることで、絵画館づくりに携わった人々がここに何を実現しようとしていたか、その大きな流れを知ることが出来る。寺崎にとって「永遠」の理想とは、即ち「不変＝普遍」であり、それは「耐久性」の問題であり、また「保存」の問題でもあった。

寺崎武男は、明治十六年（一八八三）東京赤坂に生まれる。[79] 父遜は官務に従事し、山縣有朋の側近として山縣総理大臣中は秘書官を務めている。随従派遣で渡航経験も豊富で、既に明治五年から二年間英国留学を経験した人物でもあった。一方、画家を志す武男は、明治四十年に東京美術学校西洋画科を卒業後ただちにイタリアに渡り、ヴェネツィア国立高等美術院（アカデミア）に入学。大正五年末に帰国するまで、ヴェネツィアを拠点に欧州各国でルネサンス芸術を学んでいる。大正八年からの奉賛会嘱託時代を含めると、実に十二年以上もの歳月をヨーロッパで送ったことになる【図4－12】。

寺崎武男は、当地ヴェネツィアでも日伊の架け橋として記憶される存在である。明治六年、岩倉具視の使節団遣欧にあわせ、ヨーロッパで最初の日本領事館が設立されたのがヴェネツィアだが、同じ年、ヴェネツィア商業高等学校（現カ・フォスカリ大学）に、イタリアで初めて日本人講師による日本語講座が誕生している。この講座は明治二十一年に一度途絶えるのだが、寺崎は、商工会議所の援助を得て、六代目校長として日本語教育を再開させ、自らも教鞭をとった。[80] 日本帰国後も日伊文化交流に尽力し、昭和五年四月にローマで開催された「日本美術展覧会」では、そのコーディネートを担当。これは横山大観、川合玉堂、前田青邨などそうそうたる顔ぶれが出品した日本画展で、大きな反響を得た。これら多年にわたる日伊親善の功により、イタリア国王ならびに政府より、コメンダトーレ賞、カヴァリエーレ賞を受賞している。ヴェネツィアで寺崎にアトリエ住居を提供するなど世話を焼いた、建築家ジョゼッペ・トーレスの子孫と寺崎家とは、現在でも家族ぐるみの交流を続けているという。[81] ヴェネツィアで訪ねたジョゼッペの孫フランチェスカさんは、武男の思い出を綴ったアルバムを今も大切に保管していた【図4－13】。

【図4-12】ミュンヘンを訪れた寺崎武男（前列左端）と画家仲間たち
寺崎裕則氏所蔵

日本を代表する仕事をする——。寺崎の目を見開かせ、そう決意させた瞬間は、初めてイタリアに渡ってまもなくにやってきた。その日、ラファエロやミケランジェロの名画を見学しようとヴァチカンを訪れていた寺崎は、「ふと、不思議の壁画を発見」する。現在でも、ヴァチカン宮殿の図書館壁面を飾っているフレスコ画だ。そこには、彼より三百年以上前にその場を訪れた故国の少年たち、天正遣欧少年使節の姿が描かれていた。「この僅か十五六歳の少年大使のした仕事」とは何であろうか。思わず、わが身を省みた。この邂逅は、寺崎にとって大きな衝撃となった。[82]

それから間もなく、寺崎は、親友の画家・南薫造

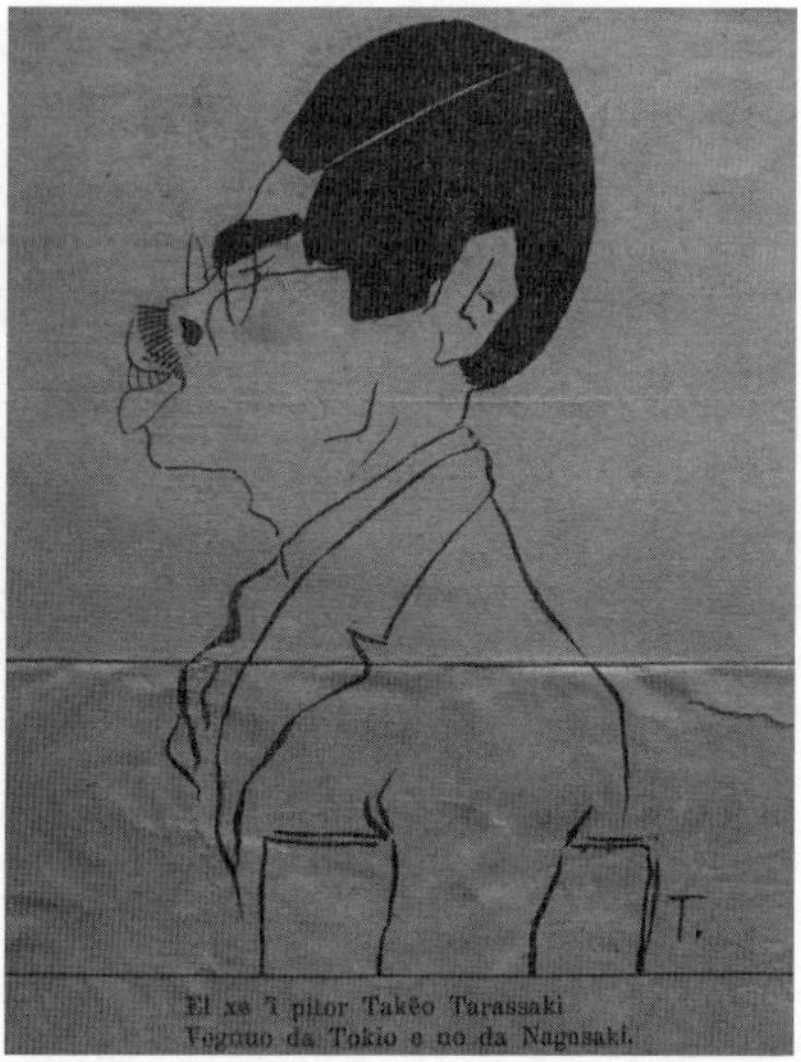

【図4-13】ヴェネツィアで寺崎にアトリエを提供したトーレス家のアルバムから。寺崎のヴェネツィア到着をカリカチュアで紹介した当時の新聞記事がスクラップされていた　フランチェスカ・トーレス氏所蔵

に宛てた明治四十年九月十六日付の葉書で、少年使節について調べ始めたことに触れ、続けてこのように自身の興奮を伝えている。[83]「大に世界的の［な］日本を画こうよ」。少年たちの姿に、一方では「世の中に先立つて仕事をする先駆者、つまり国家の先登に立つて動くもの」としての人生の理想を見出し、かつ一方で、彼らを描写した壁画が持つ力に驚嘆し、「芸術は娯楽品では無く、国家民族に対し、又国民（殊に世に立ち進む可き青年に対し）蹶起の叫びでなければならない」と「壁画道の本質」を確信する。この西洋における覚醒が、その後の絵画館壁画制作に、そして法隆寺輪堂壁画・安房開拓神話壁画等、生涯をかけて描くことになる壁画への情熱へとつながっていく。

大正七年七月、寺崎が発表した「明治神宮の壁画」と題した小論がある。[84]ここで彼は、壁画の「永遠的性質」について触れ、西欧で「千古の今日」も現存している壁画の保存力について研究し、その上で「無理に泰西の慣用的壁画を踏襲」するのではなく確かと信じる新しい方法を追求すべきではないかと提言している。

それから約一年半。奉賛会から委託され再度イタリアに向け出帆したのは、大正八年十二月二十六日のことだった。

＊モデルとしての国史展覧空間

欧州の寺崎武男からは、確認できるだけで八度にわたる長文の研究報告書が、奉賛会に提出されている。これらはその都度『明治神宮奉賛会通信』に掲載され、奉賛会関係者の参考に供された。報告書の具体的な内容は以下の通りである。

大正九年十月十日　五十八号　「パラソオドウカレノ壁画研究」
大正十年八月十日　六十五号「壁画ニ対スル報告及意見」
大正十一年十一月十日　六十六号「仏国に於ける現代壁画」
大正十一年五月十日　六十八号　「下地板ニ就テ」
大正十一年八月十日　六十九号　「壁画保存法に対する報告」
大正十二年二月二十日　七十一号　「壁画報告書」
（帰国前にイタリアから送った報告書の掲載）
大正十二年五月十日　七十二号「東洋壁画ニ就テ」
（帰国前にイタリアから送った報告書の掲載）

【図4-14】寺崎の調査報告で紹介されたヴェルサイユ宮殿「戦争の間」（上）とルーブル美術館「ルーベンスの間」（中）。下は絵画館内　明治神宮所蔵

大正十二年十二月十日　七十三号「調査報告」
（関東大震災後にこれまでの報告の概要を再掲載）

寺崎の調査報告と実際に実現した絵画館空間を比較したうえで、次の三点について指摘しておきたい。

第一に、効果的な絵画の配置に関する点だ。大正十年十一月十日号の『明治神宮奉賛会通信』は、巻頭に寺崎報告の一部であるヴェルサイユ宮殿「戦争の間」とルーブル美術館「ルーベンスの間」の写真を掲載している。一見して、絵画館の内部空間構成がこれらとよく似ていることに驚かされる[85]【図4―14】。寺崎は、ギリシャ壁画から始まる「壁画の根本的系統研究」の最先端に、ナポレオンの戦勝を伝えるフランス壁画を位置づけ、これらを模範とすることで国民を教化する芸術も壁画もないわが国でも、絵画館の壁画により新たな国民芸術が形成される期待があると主張する。もっとも、これらの絵画室への注目は、絵画館建築に関与した伊東忠太や奉賛会の水上浩躬も同様であり、ある程度の合意は既にあったであろう。

彼の目的は、より具体的に、建築と壁画との模範的・普遍的関係を精査することにあった。そして、ヴェルサイユとルーブル、二つのモデルを比較検討しつつ、「戦争の間」の構造を模範的に改良した「ルーベンスの間」こそ、パリで最も優れていると指摘する。すなわち、ヴェルサイユの場合、次のような展覧空間構成上の欠点がある。一、同じ大きさの絵が狭い間隔でずらりと並んでいるために、互いに差別化できずインパクトがない、一、廊下のような細長すぎる空間に配置されているので、観る側と絵の距離が近すぎ全体が視野に入ってこない、一、壁画に対して周囲の壁面装飾が派手すぎて、絵を殺している。それに対して「ルウベンスノ室ニ於ケル絵ノ大サ、人物ノ大サ、室ノ大サトノ如キ其量ヲ得タル観カアル」。このような寺崎の考察は、本格的な常設美術館が数少なかった日本の状況からすれば、まことに先駆的であったろう。

実際の絵画館では、どこまで意図的であったかは定かでないが、絵画の色調を考慮し日本画室は天井を黄色に、洋画室は天井を灰色に、さらに視覚効果から傾斜角をつけて額を掲示することが奉賛会内で協議決定された点は、寺崎の主張が活かされたと考えることができる。

＊神宮紙の誕生

第二に、画材の耐久性に関する点である。これについて寺崎の関心は一貫しており、絵画館の壁画は明治天皇の聖徳を「万世」に伝えることが目的故、最も「保存」を考慮すべきものであるということにあった。湿度の多い日本の風土で永遠に残る絵画の画材は何かという問題意識から、寺崎は、画紙・絵の具・下地板に至るまで試験的に自作し、さらに実際にその画材を用いて「実験」壁画を制作。ヴェネツィアから船便で奉賛会に送付するに至る。実際大正十年六月四日から、奉賛会は「永久に変化せざる材料または色彩」の参考資料として寺崎の実験絵画を会事務所に陳列し、奉賛会役員及び専門家の意見を徴したという。ちなみに、この実験壁画がイタリアにおける天正少年使節を描いた「扶桑万里之風」と題した作品であったことは、彼の意気込みを物語っているようだ。同年七月二十日付の『東京朝日新聞』は、「古壁画　伊太利から奉賛会へ」と題して、寺崎の天正使節団絵画が海を渡る状況を、次のように伝えている。[86]

明治神宮奉賛会嘱託として伊太利滞在中の寺崎武男画伯から此程「扶桑万里の風」と題する壁画が三枚同会へ到着した。右は天正十三年大友、有馬、大村の各藩が耶蘇教の使者として伊藤、千々石、中浦、原の四名を羅馬ベンスへ派遣した当時の往復六年に亘る難航に、通商文化の実を挙げた史蹟に材を取ったものであるが、これは同会が神宮外苑に建設すべき聖徳絵画館の揮毫参考資料のためで、永久に変化せざる材料又は色彩の研究に充つるべく、之に対し委員並に専門家の意見を徴しつつあると。

その寺崎にとり「奉賛会に嘱託中の多年の苦労」の成果となったのが、和紙による基底材料(キャンバス)の実現だった。[87]「永久の保存を要する」絵画館絵画の材料について研究を重ねた結果、「日本紙が世界中一番」保存に良いという結論に達した寺崎は、絵画館委員であり東京美術学校の恩師である正木直彦、および、大蔵省印刷局技師佐伯勝太郎らと相談。佐伯の推薦で高知伊野町の製紙家、中田製紙工場の中田鹿次を訪ねる。当時のやりとりについて、鹿次の兄・中田治三郎が後年次のように回想している。[88]

神宮絵画館の壁画用布のことで、正木先生や佐伯勝太郎博士(造幣局技師物故)や壁画研究者の寺崎武男さん達が絹は持ちが悪いし、麻もどうも良うない。これはどうしても紙ぢやないといかん、といふことになつたが、こんな十尺に九尺ぢやいふ大つきなものがあるわけがない。

当時、日本画で正式とされる素材は絹だった。にもかかわらず紙を採用したのは、絹よりも湿気に強い紙のほうが、常設展示を目的とした絵画館では耐久性に優れているという、寺崎の判断による。ここにおいて聖徳を永久に記念することは、それを描いた絵画を永久に保存するという主張にまったくオーバーラップする。純楮で薬品を使わず、約三メートル四方の手漉き和紙をつくる。当時の技術ではこれほどの一枚和紙の制作は難しく、中田は佐伯の指導のもと試行錯誤に二年を費やした。大正十五年三月、特別に誂えた漉き場に白幕・注連縄を張り、身を清めて作業に臨んだ中田たちが完成させた日本紙は、当時「世界一の手すき紙」と新聞で話題になっている。明治神宮に因んで「神宮紙」と名づけられ、同様に特注で制作された麻製日本画用キャンバスとともに、希望する揮毫者に配布された。[89]

残念ながら、中田が開発試験中の大正十三年四月、寺崎は奉賛会を解嘱されている。これは、揮毫画家の選定に関して調整が難航し、選画協議委員会が再編されていく過程でのことであろう。しかし、神宮紙の長所を誰より知っていた寺崎は、のちまでこれを愛用した。大正十五年十月、絵画館絵画を担当する洋画家としては例外的に、「神宮紙」を使用して「軍人勅諭下賜」を揮毫している。さらに昭和五年、「日本美術展覧会」開催のためイタリアに向かう寺崎とともに、「神宮紙」は海を渡った。この特製日本紙を用い、滞在先のホテル・ロイヤルで完成させた大作こそ、その年の第十七回ヴェネツィア・ビエンナーレ国際展に入賞する「幻想／Kuwannon」である。この作品はイタリア政府に買い上げられ、現在もヴェネツィア現代美術館が所蔵している。[90]

＊絵画館永久保存の法則

第三として最後に、まさにこの「永久保存への追求を持続すること」に対するこだわりについて言及しておきたい。寺崎が、嘱託としてヴェネツィアに向かい最初に取り組んだ研究が、壁画の修繕に立会いその方法を習得することだった。保存に最適の画材で描いた絵画を、理想的な配置に基づいて展覧し、そしてその状態をいかに永く保つかは、彼にとって継続的な懸念事項だった。

事実残念なことに、八十点のうちまだ三十点すら絵画館に納品が完了していない昭和三年四月頃に、既に洋画の一部に黴が繁殖し始めて問題となっている。十二月二十八日の『報知新聞』は、「永遠に輝く絵画館の名画が黴だらけ」と皮肉をこめて伝えている。これら黴が付着した絵画は、洋画であっても神宮紙を画材として使用すべきだという寺崎の主張を容れず、フランス製の画布に制作したものだったから、彼も忸怩たる思いがあったろう。奉賛会にあてて数度、保存体制の不備に対する意見書を書き送っている[91]。このような背景から、昭和三年八月、絵画館のための新たな委員会「絵画保存委員会」が結成されるに至るのである（保存すべき絵画がまだすべて完成してはいないのだが）。

さらに、昭和十四年七月、絵画保存委員会は、絵画を作成した画家全員に宛てて、史実考証のために蒐集・作成した文書、写生図などの資料を絵画館に寄贈するよう依頼書を発送する。「国史上重要の資料であるので」絵画館内に参考室を設けて陳列公開し、「後世に伝え」ることを目的とするものだった[92]。この計画は、震災で幻となった国史図書館構想のリバイバルと言ってもよいかもしれない。しかしここでは、「国史上重要の資料」は、歴史編纂の稿本自体ではなくて、絵画館の画題作成のための資料にとり替わっている。つまり、オリジナルなイベントを再現したものが絵画館絵画であったのが、今度は絵画自体をオリジナルなものとして、その絵画の成り立ちを考証し、資料を保存するというような転換がある。この参考室構想も、しかし、戦時体制に突入するなかついに実現を見ずに終わった。

「写実」や「永遠」を追求しようとした寺崎を含む画家たちの執念は、逆に言うとそれが絵画館の場で思うように実現されないことへの腹立ちであり、怒りでもあった。通史の視覚化という試みは、彼らの言説においては悲痛なまでに理想的な姿を呈してはいたが、その実現過程は、常に試行錯誤の繰り返しであったことに今一度思いを馳せたい。

五、聖徳記念絵画館という経験

＊記憶生成のメカニズム

実際のところ、人々は絵画館でなにを見て、なにを「追憶」したのであろうか。「絵画館の観覧者は正しくリニアに整理された歴史を見た」と考察する先行研究もある。[93] もっとも、完成した絵画館についてはその通りなのだろうが、大正十五年十月二十二日の外苑奉献式から昭和十二年四月の絵画館本公開までの十一年間はどうだったのだろうか。このような疑問を提示するのも、確かに奉献式の翌日は一日だけ絵画館が公開されたものの（納入済絵画は五点のみ）、次に一般の人が絵画館に入るには、昭和二年十月一日の一般仮公開を待たねばならないのである。仮公開なる所以は、開館は土日祝祭日のみ、しかも肝心の絵は、洋画十点、日本画一点と全体の八分の一しか揃っていない状態での公開ということにある。明治神宮鎮座十年祭を迎える昭和五年時点でも、まだ半分も絵画が入らない状況を、新聞各紙は「竣工は何時のことやら　ガラン洞の絵画館」（七月三十日『東京日日新聞』）、「壁面は空隙だらけ」（十一月八日『東京毎夕新聞』）と批判

【図4−15】昭和2年10月1日絵画館一般仮公開。完成していた絵画は11点のみだった
『東京日日新聞』（昭和2年9月30日）

している【図4−15】。

このような歯抜け状態で、どのように「リニアな通史」を示し得たのか。

＊「懐かしさ」のからくり

急いで指摘しておきたいのだが、「ガラン洞の」絵画館とは、絵画が飾られるべき壁面が「空隙だらけ」なわけだが、にもかかわらず絵画館は非常に賑わっていたという事実である【表4−5】。これは、やはり外苑が東京観光コースの主要スポットとして定着していたことが大きいと思われる。

昭和十一年三月に東京施設案内所が発行した『大東京案内』では、「便利と経済と興味を主眼とする」東京見物コースのモデルが、一日、二日、三日、五日コースとしてそれぞれ紹介されており、訪問先として絵画館が組み入れられている[94]。一日コースを例に取ると、宮城から明治神宮、そして神宮外苑へ到着。そこから乃木神社、赤穂浪士の泉岳寺、銀座松坂屋方面へと向かうことになっている。また、瀧井孝作の小説『慾呆け』（昭和八年）では、

【表4－5】聖徳記念絵画館拝観者数

年度	期間	拝観者数（人）	備考
昭和2年度	1927.10.1-1928.3.31	97,371	10月1日　一般仮公開
昭和3年度	1928.4.1-1929.3.31	121,750	
昭和4年度	1929.4.1-1930.3.31	142,095	
昭和5年度	1930.4.1-1931.3.31	150,299	
昭和6年度	1931.4.1-1932.3.31	166,769	
昭和7年度	1932.4.1-1933.3.31	183,750	
昭和8年度	1933.4.1-1934.3.31	221,734	8年12月より『壁画解説』配布
昭和9年度	1934.4.1-1935.3.31	268,789	
昭和10年度	1935.4.1-1936.3.31	308,765	
昭和11年度	1936.4.1-1937.3.31	456,824	4月21日　完成記念式
昭和12年4－5月	1937.4-5	141,053	4月21日　一般本公開

出典：明治神宮所蔵『第9回明治神宮外苑経過報告』

六年十二月頃に郷里高山から上京した老父を、「ぼくは未だ一遍も見ない神宮外苑の明治絵画館」へと案内する場面が登場する[95]。東京居住者よりも、地方客の東京見物という要素が強かったのではないかとも推察される。

しかも、外苑で見た通史絵画は（数は半分であったにせよ）、訪問者にとって初めて見る絵画ばかりではないのだ。彼らは、そのいくつかを「既に」見ているからである。本章の冒頭で触れたように、教科書で見たことがある、国史の一場面を描いた挿絵としての絵画館絵画のことだ[96]。実際のところ、絵画館の画題のいくつかは、絵画館自体が本公開する前から、その下絵も含めて繰り返し教科書に使われてきた。さらに、もともとパノラマ興行で活躍した絵師である二世芳柳らの働きも無視できない。芳柳が、昭和に入っても明治天皇御事蹟画だけの展覧会を全国巡覧し、興行的要素の強い「通史」を提供し続けた事実については、美術史研究者である横田洋一氏が既に言及している[97]。さらにこれは絵画館完成後のことではあるが、昭和十二年十一月の「講談社の絵本」シリーズでは、『明治天皇御絵巻』として二世芳柳の絵画で一冊を編集している【図4－16】。この画

【図4-16】講談社の絵本シリーズ『明治天皇御絵巻』昭和12年11月　明治神宮所蔵

題及び絵画は、絵画館のモチーフをなぞってのものである。昭和十一年十二月にスタートした同シリーズは、昭和三十四年までに総部数七千万部を発行する人気企画だった。[98]「歴史画」は美術史的価値からすれば明治末で衰退したのかもしれないが、むしろ雑誌等の大衆メディアにおいて人気を博していた。絵画館絵画は教育メディアとともにこのような大衆メディアとの相互関係のなかで、人々の記憶に固着して行ったのではないか。そして、観光バスに連れられて絵画館に入り、そこに既になじみある歴史の一コマを見つけ、「懐かしく」思い出すのだ。実は、この絵画館という場こそが、何を思い出すべきかを示す絵画を発信した原点であったのだが。

「懐かしい」のは視覚においてばかりではない。画題考証過程の調査成果は、講演会等の機会を通して既に聴覚からも入っていたのだ。例えば、明治神宮創建一周年を記念して、大正十年に東京市が開催した講演会（於・憲法記念館）は、絵画館画題との関わりを考える上で興味深い。時の市長後藤新平の挨拶の後に講演したのは、金子堅太郎と藤波言忠だった。[99]彼らは国史編纂者として、また画題選定委員として、「明治天皇の事蹟」について市民に語りかけた。これが契機となり、奉賛会は絵画館の画題解説につながるような講演会を定例化することを計画するに至る。大正十一年四月には、奉賛会常議員会で「画題講演会開催趣意書」が議決されている。[100] そこでは、画題選定に関わった諸氏が事蹟、逸話について継続的に講演することにより、単に壁画の構図を説明するだけでなく、「国民教育に益ある」ということが強調されていた。

視覚や聴覚における国史教育は、天皇自身への進講という形でもっとも顕著にあらわれる。金子堅太郎、藤波言忠、三上参次らは、『明治天皇紀』編修の中間報告というかたちで、大正天皇、昭和天皇（皇太子時代から）に「明治天皇の偉業」を進講をした。[101] 昭和天皇が祖父・明治天皇を「立憲君主の範」とするにいたったのは、御進講が多大な影響を与えたといわれるように、天皇自身もまた、「国史」を教育された一人ではなかったか。

＊コメモレーション——歴史の発見

最後に、「写実」への画家の要求が、画題の地元における顕彰行為とどのように関わったかを示す例として、「西南役熊本籠城」をあげておきたい。揮毫者となった熊本出身の日本画家・近藤樵仙がこの出来事を忠実に再現するにあたっては、なんと地元をあげて明治十年の戦を再現、大正十一年十二月一日に「模擬戦」を実施するに至るのだ。[102] これには奉納者の細川護立、陸軍熊本師団あげての協力があった。実際に熊本城に籠城した軍曹や予備将兵の生存者も協力して、兵隊を当時と同じく配置。官軍側の藤崎台と薩摩軍側の花岡山にはそれぞれ旧式大砲を運び、有煙火薬を発砲するという念の入れようであった。

興味をひくのは、この模擬戦では画伯が雇った写真師のほかに、新聞記者や有志が「後世に伝えるべき」記録写真を撮影していることである。そして何より、当日は教師に引率された小学生数百名、中学生千名以上、その他大勢の地元住民が定刻前から花岡山に駆けつけ、あたかも模擬戦そのものが大きな「歴史的」イベントとなったということだ。[103] 四十五年前の戦であるから、小中学生はおろか集まった多くの人が、当時はまだ生まれていなかった。彼らはこの日、四十五年前とまさに同じ場所で「西南の役」を「体験」し、「見て」、「記憶」したのである。

明治神宮絵画館の絵画制作では、本来絵画を見る側の人々も、記憶すべき歴史の目撃者、証言者、そして記録者（記憶者）として、その制作過程に参与したという側面があった。

歴史を記録し、そして記憶する場として、二十年の歳月を費やして完成した明治神宮聖徳記念絵画館。今後、八十枚の絵画一つ一つについて、歴史考証、下絵制作、画家の表現、観覧者の印象に至るまで、丹念にその誕生までの軌跡を辿っていくなら、そこに「明治神宮造営者たち」のさらなるドラマが、必ずや待っていることだろう。

結びにかえて

春、明治神宮の神域の片隅にカタクリが咲き始める頃。四月十一日、昭憲皇太后祭。御祭神の命日にお供えするのは、七草で知られるセリやナズナ、そしてワラビにゼンマイ等、この杜で摘まれた十一種の山菜である。

六月、御祭神にゆかり深い域内の庭園、御苑の花菖蒲が百五十種約千五百株を咲き競い、見頃を迎える。巣立ったばかりの燕の雛が菖蒲田を飛び交いだすと、やがて梅雨が明け、境内は蟬時雨に包まれる。作業中の林苑技師らの耳には、閉門の刻を知らせるように、その蟬の声がすっと虫の鳴き声へと移り変わる瞬間が分かるという。夏の夕闇にはひっそりと、カラスウリが白いレースのような花を開いて。

秋。ジョウビタキはせっせと餌をついばみ、御苑ではハゼの木が赤く色づき始める。そして十一月のある日、今年もオシドリが池に帰って来た。翌春に旅立ちを迎えるまで、ここで冬を過ごすのだ。

大都会東京に広がる神宮の杜は、国内外の人々が集う祈りの杜であると同時に、鳥も虫も草花も、生きとし生けるものたちの生命の杜としても成長をとげつつある。

平成二十四年七月三十日、明治天皇崩御から百年を迎えたこの日、宮中では歴代天皇と皇族の御霊をまつる皇霊殿で、「明治天皇百年式年祭の儀」が斎行された。午前九時、束帯姿の天皇陛下が出御、内陣の御座にて御告文を読まれた。のち、皇后陛下、皇太子殿下をはじめとする皇族方の礼拝が続いた。時を同じくして、明治天皇陵である京都・伏見桃山陵でも、陛下の勅使が差遣され「明治天皇山陵百年式年祭の儀」が営まれている。その同日同時刻、明治神宮では祭神である明治天皇の聖徳を偲び、「明治天皇百年祭」が執り行われた。本殿では、中島精太郎宮司の祝詞奏上に続き、明治天皇の御製（和歌）に作曲と振付をした「明治神宮大和舞」が神職により奉奏された。


あさみどり澄みわたりたる大空の廣きをおのが心ともがな

現在、年間一千万人の参拝者を迎える明治神宮。筆者は仕事柄、訪れた方々をご案内する機会も多いのだが、その際によく交わすことになる会話がある。

「自然の森だと思っていたら、人の手でつくられたのだと知って驚きました」

「表参道？　明治神宮への表の参道という意味だとは知りませんでした」

「外苑にある神宮球場って、明治神宮の球場ということなのですか」

今、明治神宮が多くの人にとって驚きに満ちた存在であることに、筆者もまた新鮮な驚きを感じる日々だ。全国各地にある八百万の神社の「伝統」に確かに連なりながら、しかもあらゆる点で「新しい」。百年前の明治神宮誕生前夜までさかのぼり、そのような驚きの源泉を探りたい。それが本書執筆の動機となった。

全四章にわたったこれまでの議論で筆者が問うてきたことは、以下の三点に集約される。

第一に、明治神宮造営とは、祈りの杜づくりであると同時に都市東京の未来をみすえた町づくりであり、さらに近代日本の歴史継承を願い記憶の場をつくろうとする営みであったということ。そして、全国規模での造営運動展開を通じて、次代を担う人づくりをも目指していたように、まさに多面的な要素を内包した創造行為であったということ。

第二に、このような偉業をなしとげた神宮造営の主導者たち、彼らの使命感を支えた原動力として、明治神宮に世界のなかの日本を代表する姿を実現しようという気概があったということ。激動期の「明治」を生き、明治神宮をつくった主要な担い手たちは、その多くが当時にあって海を渡り、内と外から日本を知ろうと先駆けた国際人だった。異国の地に林学、建築、都市計画、美術といったそれぞれの専門領域を学び、そして「この国のかたち」を明治神宮に結実させようとした、時代の開拓者たちの奮闘を追体験することも、本書の大きなテーマの一つだった。

第三に、その多彩な顔ぶれの造営者たちが、時に火花を散らしつつ妥協なく理想を追求した試行錯誤の過程があったからこそ、内苑・外苑そして両者をつなぐ参道からなる複合的な明治神宮コンプレックスの誕生が可能になったということ。不毛原野といわれた代々木の原を代々木の森にかえる、林学者たちは内苑造成を通して、「鎮守の森」の理想型そのものを世に問うことになった。一方、外苑および参道計画の立案は、草創期の都市計画そして関東大震災後の帝都復興事業とも軌を一にしており、そこには神苑と公共空間の境に橋を架けようとするプランナーたちの悪戦苦闘があった。明治天皇とその時代を八十枚の絵画に集約しようとした外苑聖徳記念絵画館には、国史編纂者と歴史画の描き手が「史実」と「写実」をめぐって攻防を繰り広げたドラマがある。このように、明治神宮造営の現場が理想実現の可能性に挑戦する開かれた舞台となりえたのは、やはりこの前代未聞の大事業を民間の手で成し遂げたいとして持続する運動体を立ち上げた、明治神宮奉賛会の後押しがあったからであろう。

専門も分野も異なる造営者たちが一つの舞台に集い、真正面から向き合って理想を闘わせることができたからこそ、ひとつながら多重な魅力が混然一体となった、明治神宮という磁場の求心力が形成されたのではなかったか。本書の冒頭で、明治神宮の「伝統」とは創る伝統にこそあるのではないかと私論を述べたのはこのことである。ここで筆者がいう伝統の創造とは、過去に遡って装飾しようとすることではなく、むしろ今に向き合うことで未来のための拠り所を築こうとする営為のことだ。画家寺崎武男は、国史絵画の創造を夢見てヴェネツィアから「世界的な日本を描こうよ」と声をあげた。同時代と次代に向かって発せられたそのような造営者たちの真摯な呼びかけは、「未来」を生きる私たちに確かに届いたと筆者は信じるものである。

ここで正直に告白すれば、このような明治神宮の魅力、明治神宮をつくってきた人々の魅力を、その一端でも本書で描くことができたかと自問すれば、とても心もとない思いがする。ひとえに筆者の力量不足に由来するものだ。

明治神宮で研究員をしていますと人に言えば、「どのようなご専門で研究を？」と問われ、答えに窮してきた。研究と名のつく仕事に携わるようになったのは遅く、明治神宮に奉職した三十歳を過ぎてからのことである。故に明治神宮とは何か、誰がどのようにその歴史を動かし、そして時代時代の人々がこの場で何を経験してきたのか。それが博士論文のテーマになった。

明治神宮をもっと知りたい。それがそもそもの動機であったから、手探りのまま林学や建築、美術史とあれもこれもに手を出す結果になった。一宗教の枠組みに押し込めて論じるには、あまりにこぼれおちる要素が大きく、しかしその枠外にはみ出していくところにこそ明治神宮を明治神宮たらしめている魅力の源泉がある気がしてならなかったからだ。逆にいえば、それだけ多岐にわたる構成要素から明治神宮という場が成り立っているという証左でもあるのだが、果たして個々の専門分野の方々から見れば、それぞれの議論は追求が足りず物足りないと感じられるかもしれない。本書の試論が端緒となって、新たな関心から研究に取組んでくださる方が現れるなら、これにまさる喜びはない。明治神宮造営という限定された時間と空間を対象とした議論ではあったが、この時空間の生成史のなかには確かに近代日本の足跡が凝縮されていた。

本書刊行の直接の契機となったのは、平成二十二年七月に雑誌『東京人』に執筆した随筆「明

治神宮　造営者達が見た西欧」だった。発端は、第二章で紹介した林学者・本郷高徳が遺した一連のドイツ留学資料に出会ったことだ。

二十八歳で海を渡った本郷がミュンヘンで撮影した写真を見て、その肖像に思わず「若い」とつぶやいていた。明治神宮造営者といえば事成りおえて後の髭をはやした写真を目にすることが多かったが、当たり前のことながら百年前の人物にも青春があった。と同時に、西洋学問を吸収した本郷が、その経験を明治神宮造営にどう投影したのだろうかと思いが及んだ。というのは「まえがき」でも触れたことだが、筆者も明治神宮の研究者としてまた日本と海外を行き来し、内と外から明治神宮を見つめなおす作業を続けているからだ。当時客員研究員として身を置いていたパリに、このわずか四千字のエッセイを読んで連絡をくださったのが新潮選書編集部の方だった。まとまった業績もほとんどない人間にお声かけくださるというのも大胆な方だと思ったが、調査も執筆もこれからの構想段階だと知って、さすがに頭を抱えたのではないだろうか。ベテランの編集者に鍛えていただいたことは、筆者のかけがえのない財産となった。偶然にも同じ苗字で親近感を覚えた、新潮選書編集部の今泉眞一氏にこの場を借りてお詫びとお礼を申し上げたい。

二年間調査と執筆を続けるあいだには多くの得がたい出会いがあった。お世話になった方々のお名前はその都度巻末註に別記したので詳細はここでは控えるが、いくつか紹介をしたい。

造営者の西洋体験という研究テーマを筆者に与えてくれた、本郷高徳未完の自伝『吾が七十年』は、執筆の傍ら他の研究所員らとともに翻刻を進め、平成二十四年秋既に世に送り出したところだ。本郷の長男令夫人・豊氏、令孫・佐伯友子氏、曾孫・本郷幸高氏にご協力をいただいた賜物である。その本郷と本多静六が学んだミュンヘン大学では、彼らが百年前に提出した博士論文を目にすることができた。また明治期日本で林学を講じ彼らを育てた、林学者ハインリヒ・マイル教授が日本で記した膨大なフィールドノートが、ほぼ眠った状態でミュンヘン工科大学に保管されていることも分かった。これらの資料は今後専門の研究者が手にとってくれる日を待っている。

同じくドイツのベルリンで、工学者・佐野利器の足跡を求めて辿りついたのはベルリン森鷗外記念館だった。鷗外もまた、明治期ドイツに学んだ洋行者である。同記念館には日独交流史に関する研究の蓄積があり、その交流史を形づくった日本人留学生の一員として、ベルリン工科大学に在籍した佐野の記録を知ることができた。当初人となりを把握することが難しかった佐野利器を、頑固一徹「佐野鉄」と愛しく思うまでになったのは、山形県西置賜郡白鷹町の生家で、ご親族の第十一代山口三郎兵衛氏とその御家族にお会いできたことによる。この佐野利器のつながりから、日本大学理工学部科学技術史料センターと明治神宮の研究所との間で研究を通じた交流が始まったというのも本書執筆の副産物といえようか。佐野は、同学部の前身である日本大学高等工学校の初代校長を務めており、まさに耐震構造論の祖として「構造の日大」を築いた人物でもあったからだ。

日独交流史ばかりではない。造営者には、日欧の架け橋として国際交流史の分野で記憶されている人物も多い。本文でも言及したように、ヴェネツィアの寺崎武男はその一例である。寺崎武男のイタリア現地調査は、御子息で日本オペレッタ協会名誉顧問の寺崎裕則氏による全面的な協力がなければ、到底実現しなかった。裕則氏もまた、オペレッタを通して日伊交流の一翼を担ってきた方だ。同氏は、筆者と時を同じくして父・武男の生涯を『イタリア図書』に連載中であり、調査・執筆の進捗を互いに交換しあうことが大きな励みになった。

本書の初校と格闘している真っ最中に、日本青年館で「明治神宮と田澤義鋪」と題して講演をする機会があった。その名も田澤義鋪記念会からのお声がかりだ。北は北海道から南は沖縄まで、青年団の父・田澤義鋪を慕い、全国の青年団活動を永く指導してきた方々が対象だった。当日、本書でも度々引用した明治神宮造営奉仕の記録集等を持参したところ、青年団名簿に地元の先達の名前を見つけては熱心にメモをとる姿に心を打たれた。田澤義鋪は、造営奉仕という宿泊講習を通して全国の青年たちが多くを学び、そして帰郷の後は地方のリーダーとして青年団を導いてほしいという願いを抱いていた。実際に、名簿から判明した当時の奉仕青年たちは、土地の町長や学校長として青年育成に力を尽くしていたことが分かってきた。

改めて実感するのは、神宮が原点となって広がったムーブメントは今も続いているということだ。内から外から、明治神宮は現在進行形で日々つくられている。

筆者もまた内側から明治神宮の歴史生成を与る「造営者」の一人である。崩御百年から鎮座百年へ。これまでの百年史を築いてきた、歴史の担い手たちの気概とそして実践にいたる試行錯誤から学ぶことは多いはずだ。ぶつかっても可能性へ挑戦する姿勢を忘れず、次の百年の「伝統」

のために、拠ってたつべき道を模索したい。そのような試みの第一歩として本書を記した。

今泉宜子

平成二十四年十一月十三日

註

まえがき

1 明治神宮所蔵『御復興準備委員会・御復興奉賛会創立総会関係書類』明治神宮復興奉賛会・昭和二十七年―二十八年。

2 訳文は、平川祐弘「クローデルの天皇観―日本のこころを訪れる眼―」『西欧の衝撃と日本』講談社・昭和六十年・四四二頁から引用させていただいた。

3 本多静六「洋行日誌の内学位試験及び学位授与式の景況（明治二十五年）」本多静六博士を記念する会編『明治二十三年洋行日誌』五二頁。

4 折下吉延「都市の公園計画」前島康彦編『折下吉延先生業績録』折下先生記念事業会・昭和四十二年・二一三頁。

5 寺崎武男「仏国に於ける現代壁画」『明治神宮奉賛会通信』第六六号・大正十年十一月・二〇頁。

6 明治神宮所蔵『神社奉祀調査会特別委員会々議録（第一回）』大正三年五月一日・二〇頁。

第一章

1 宮内庁編『明治天皇紀』第一二・吉川弘文館・昭和五十年。

2 生方敏郎『明治大正見聞史』中央公論新社・平成十七年。

3 田山花袋「明治天皇の崩御」『東京の三十年』岩波書店・昭和五十六年・二八八頁。

4 望月小太郎『世界に於ける明治天皇』明治神宮編『明治神宮叢書』第四巻・国書刊行会・平成十三年。

5 望月前掲書五三三―五三四頁。
6 「明治天皇奉悼之辞」『法学協会雑誌』三〇(八)・大正元年八月。
7 小宮豊隆「明治天皇崩御」『夏目漱石』岩波書店・昭和十三年・七四六―七五三頁。
8 ドナルド・キーン『明治天皇』下巻・新潮社・平成十三年・五一九頁。
9 明治天皇大喪儀については、坂本辰之助『明治天皇御大喪記』至誠堂書店・大正元年、東京市役所編『明治天皇御大喪奉送始末』東京市役所・大正二年、前掲『明治天皇紀』第一二等参照。
10 『明治神宮造営誌』復興版・内務省神社局・昭和五年、『明治神宮外苑志』明治神宮奉賛会・昭和十二年、『明治神宮五十年誌』明治神宮・昭和五十四年、『明治神宮外苑七十年誌』明治神宮外苑・平成十年、『明治神宮創建を支えた心と叡智』明治神宮・平成二十三年他。以下、神宮造営について註記がなければこれらの資料による。
11 山口輝臣『明治神宮の出現』吉川弘文館・平成十七年、佐藤一伯『明治聖徳論の研究―明治神宮の神学―』国書刊行会・平成二十二年。共同研究会での発表要旨は、『神園』五・平成二十三年五月、七・平成二十四年五月、八・平成二十四年十一月を参照。明治神宮に関する先行研究については、藤田大誠「明治神宮史研究の現在―研究史の回顧と展望―」『神園』六・平成二十三年十一月所収が参考になる。青井・畔上・藤田各氏の研究成果については随時紹介していく。なお、三方には以下の著作がある。青井哲人『植民地神社と帝国日本』吉川弘文館・平成十七年、畔上直樹『「村の鎮守」と戦前日本―「国家神道」の地域社会史―』有志舎・平成二十一年、藤田大誠『近代国学の研究』弘文堂・平成十九年。
12 竜門社編「各個別青淵先生関係事業年表」『渋沢栄一伝記資料』第四一巻・渋沢栄一伝記資料刊行会・昭和三十七年・五一六頁。
13 尚友倶楽部・櫻井良樹編『阪谷芳郎東京市長日記』芙蓉書房出版・平成十二年・三一一頁。
14 佐藤前掲書一八三頁。
15 東京市会事務局編集発行『東京市会史』第三巻・昭和八年・九六九頁。
16 前掲『阪谷芳郎東京市長日記』三一一―三一二頁。
17 前掲『渋沢栄一伝記資料』第四一巻・五一四―五九〇頁、「神宮御造営奉賛有志委員会」他参照。以下、明治神宮造営における渋沢の動向に関して、註記がなければ同資料による。

18 阪谷芳郎「明治神宮奉賛会経過」『明治神宮奉賛会通信』第四号附録・大正五年四月。
19 「明治神宮建設ニ関スル覚書」『明治天皇奉祀ニ関スル建議並請願』前掲『明治神宮叢書』第一七巻・二三四—二三六頁。
20 前掲『渋沢栄一伝記資料』第四一巻・五二四頁。
21 前掲『明治神宮造営誌』九—一〇頁。
22 佐藤前掲書所収「明治天皇崩御と明治聖徳論の形成」「明治神宮創建論の形成と展開」参照。
23 城山三郎『雄気堂々』上下巻・新潮社・昭和五十一年、童門冬二『渋沢栄一—人間の礎—』学陽書房・平成十年、津本陽『小説渋沢栄一』上下巻・幻冬舎・平成十九年等。
24 以下、渋沢栄一の伝記的記述については、前掲『渋沢栄一伝記資料』の他、渋沢栄一『雨夜譚　渋沢栄一自伝』岩波書店・昭和五十九年、『青淵百話』縮刷版・同文館・大正二年、『渋沢栄一自叙伝』渋沢翁頌徳会・昭和十二年等を参照した。
25 渋沢華子『渋沢栄一、パリ万博へ』国書刊行会・平成七年、泉三郎『青年・渋沢栄一の欧州体験』祥伝社・平成二十三年。他に、日本史籍協会編『渋沢栄一滞仏日記』東京大学出版会・昭和四十二年等を参照。
26 渋沢秀雄『父　渋沢栄一』上下巻・実業之日本社・昭和三十四年・二三二—二四〇頁。
27 渋沢前掲『渋沢栄一自叙伝』一七五頁。
28 同右一八三—一八四頁。
29 同右八五〇頁。
30 東京商工会議所編『渋沢栄一　日本を創った実業人』講談社・平成二十年。
31 渋沢前掲『渋沢栄一自叙伝』八五二頁。外交及び社会公共事業における渋沢を論じた著作に、渋沢研究会編『公益の追求者・渋沢栄一』山川出版社・平成十一年、木村昌人『渋沢栄一—民間経済外交の創始者—』中央公論社・平成三年、是澤博昭『青い目の人形と近代日本—渋沢栄一とL・ギューリックの夢の行方—』世織書房・平成二十二年、大谷まこと『渋沢栄一の福祉思想—英国との対比からその特質を探る—』ミネルヴァ書房・平成二十三年、島田昌和『渋沢栄一—社会企業家の先駆者—』岩波書店・平成二十三年等がある。鹿島茂『渋沢栄一』Ⅰ・Ⅱ・文藝春秋・平成二十三年にも多くを学んだ。渋沢史料館所蔵史料閲覧では、館長・井上潤氏他にお世話になった。
32 前掲『渋沢栄一伝記資料』第二五巻・四三九—四四〇頁。

33 前掲『渋沢栄一伝記資料』第三二巻、渋沢史料館編『渋沢栄一、アメリカへ―100年前の民間経済外交―』平成二十一年等参照。

34 国立公文書館所蔵「神社奉祀調査会経過要領ノ一」「神社奉祀調査会経過要領ノ二」『公文雑纂』二A―一四―纂―一三三三、明治神宮所蔵『神社奉祀調査会会議録』『神社奉祀調査会特別委員会々議録』等参照。

35 佐藤前掲書四二一頁。

36 川田鐵彌「明治神宮の候補地・井の頭御料地」『東京朝日新聞』大正元年八月十二日、井上敬次郎「拝殿を青山に神殿を代々木に」『国民新聞』大正元年八月六日。

37 前掲『明治神宮造営誌』九―一三頁。大丸真美「明治神宮の鎮座地選定について」『明治聖徳記念学会紀要』復刊一七・平成八年他参照。

38 前掲「神社奉祀調査会経過要領ノ一」一二頁。

39 前掲『神社奉祀調査会会議録（第二回）』三―四頁。

40 同右七―一二頁。

41 山口前掲書一六〇頁。

42 故阪谷子爵記念事業会編『阪谷芳郎伝』昭和二十六年・三六二頁。

43 阪谷芳郎の伝記的記述については前掲書の他、阪谷芳直『三代の系譜』洋泉社・平成十九年等参照。

44 森俊六郎「秘書官物語（二）―蔵相・阪谷芳郎―」『財政』一八（一二）・昭和二十八年二月。

45 前掲『阪谷芳郎東京市長日記』、阪谷芳郎『明治神宮奉賛会日記』明治神宮所蔵『阪谷芳郎明治神宮関係書類』第九部『明治神宮叢書』第一七巻所収。

46 前掲『雨夜譚』九五頁。

47 前掲『阪谷芳郎伝』九五頁。

48 この外遊については前掲書の他、阪谷芳郎『洋行日記』国立国会図書館所蔵『阪谷芳郎関係文書』、専修大学蔵『阪谷先生欧米漫遊談』明治四十二年、「欧米巡遊所見」上下『東京経済雑誌』五八・一四六八―一四六九号・明治四十一年十二月等参照。なお阪谷芳郎曾孫・阪谷綾子氏には、国際的な視点から見た阪谷芳郎について貴重な助言をいただいた（前掲『明治神宮創建を支えた心と叡智』五二―五三頁参照）。
49 阪谷芳郎「都市計画ト其精神」『建築雑誌』三七（四四二）・大正十二年。
50 同右三一頁。
51 前掲『神社奉祀調査会会議録（第五回）』一五―一六頁。
52 明治神宮所蔵『神社奉祀調査会特別委員会報告』前掲『明治神宮叢書』第一七巻・一〇五―一一四頁。
53 前掲『明治神宮外苑志』二―三頁。
54 前掲『神社奉祀調査会特別委員会報告』一二七―一二九頁。
55 前掲『青淵百話』七〇二―七〇四頁。
56 阪谷二度目の洋行については、前掲『阪谷芳郎伝』の他、阪谷芳郎「万国平和財団経済会議日記（英文）」国立国会図書館所蔵『阪谷芳郎関係文書』、「カーネギー平和寄付金財団経済及歴史部に依て招集せられたるベルヌ会議の概況」『統計集誌』三六九号・明治四十四年等参照。阪谷とカーネギー国際平和基金に関しては、五十嵐卓「カーネギー国際平和基金と阪谷芳郎の日本調査会」近代日本研究会編『政府と民間―対外政策の創出―』山川出版社・平成七年等を参考にした。
57 前掲「欧米巡遊所見」下・一一一―一一二頁。
58 前掲『青淵百話』二六五頁。
59 小畑久五郎訳『アンドルー・カーネギー自叙伝』冨山房・大正十一年、前掲『渋沢栄一伝記資料』第四八巻・三四―三六頁。
60 阪谷芳郎「国際平和運動の現況」『統計集誌』三七三・明治四十五年三月・一二五―一三四頁。
61 前掲『明治神宮外苑志』四五頁、前掲『明治神宮外苑七十年誌』一二二頁。
62 前掲『明治神宮外苑志』三二頁。
63 前掲『明治神宮外苑七十年誌』一二三頁。
64 明治神宮奉賛会編『明治神宮外苑奉献概要報告』大正十五年・三九―四〇頁。
65 前掲『明治神宮奉賛会通信』第一〇号・大正五年十月・二―八頁。
66 前掲『阪谷芳郎明治神宮関係書類』第三部「明治神宮奉賛会一般に関する書類（一二）」。以下、第二奉賛会案について註記がなければ、上記資料による。

67 阪谷前掲『明治神宮奉賛会日記』七一六―七一七頁。
68 前掲『明治神宮外苑七十年誌』五一―五二頁。
69 阪谷前掲『明治神宮奉賛会日記』七六〇頁・昭和三年十一月十九日の記述参照。
70 明治神宮奉賛会『会議関係書類　自大正十二年度　至昭和四年度』明治神宮所蔵。
71 阪谷前掲『明治神宮奉賛会日記』八一八頁・昭和十一年六月十二日の記述他。
72 同右九三〇頁。
73 前掲『明治神宮外苑七十年誌』五五頁。
74 阪谷前掲『明治神宮奉賛会日記』八四七頁。
75 同右八五三頁。
76 東京商業会議所「明治神宮鎮座祭東京実業家奉祝ニ関スル報告書」、明治神宮祭奉祝会「明治神宮鎮座十年祭奉祝事業概要」、ともに前掲『明治神宮叢書』第一七巻所収。明治神宮祭奉祝会に関して、以下註記がなければ、これらの資料による。
77 前掲『渋沢栄一伝記資料』第四一巻・五七一―五七二頁。
78 前掲『阪谷芳郎明治神宮関係書類』第三部所収。
79 明治神宮所蔵『明治神宮祭奉祝会に関する記録』所収。
80 前掲『明治神宮造営誌』八四―一〇〇頁。造営経費に関しては、大丸真美「明治神宮の杜の存在意義」『神道宗教』一七三・平成十年参照。
81 九鬼三郎「明治神宮内苑造営の経費」庭園協会編『明治神宮』嵩山房・大正九年。
82 上原敬二『人のつくった森　明治神宮の森造成の記録』改訂新版・東京農大出版会・平成二十一年・五五頁。
83 中山斧吉「内苑の献木」前掲『明治神宮』所収・一〇一頁。
84 藤本頼生「内務官僚井上友一の神社観」(一)(二)『神道と社会事業の近代史』弘文堂・平成二十一年。
85 前掲『明治神宮造営誌』四〇五―四二四頁。
86 洋山樵夫「内苑御造営中の思ひ出」前掲『明治神宮』、明治神宮社務所編『明治神宮に関する美談集』前掲『明治神宮叢書』第一六巻・平成十七年等参照。

87 井下清「明治神宮参拝道路と東京市小学児童の献木」前掲『明治神宮』所収。
88 本郷高徳『明治神宮御境内林苑計画』大正十一年・前掲『明治神宮叢書』第一三巻・平成十六年・六五二―六五三頁。
89 献木と青年団奉仕については、佐藤前掲書所収「明治神宮造営と明治聖徳論の展開」等参照。
90 副島次郎・五十嵐治夫編『明治神宮御造営と青年団の奉仕』大正十二年・前掲『明治神宮叢書』第一六巻。
91 下村湖人『この人を見よ』田澤義鋪顕彰会・平成四年・三頁。田澤義鋪の伝記的記述については他に、田澤義鋪『田澤義鋪選集』田澤義鋪記念会・昭和四十二年、永杉喜輔『青年の父　田澤義鋪』田澤義鋪記念会・平成十一年等参照。
92 下村前掲書二八頁。
93 青年団と田澤に関しては、多仁照廣『青年の世紀』同成社・平成十五年、武田清子「田沢義鋪における国民主義とリベラリズム―青年団運動の形成をめぐって―」『日本リベラリズムの稜線』岩波書店・昭和六十二年、番匠健一「1910年代の内務官僚と国民統合の構想―田澤義鋪の青年論を中心に―」『Core Ethics』六・平成二十二年等参照。なお日本青年館公益事業部長・田澤義鋪記念会事務局の掛谷舁治氏には、田澤関連資料について教示いただいた。
94 田澤義鋪「青年運動の思い出」前掲『田澤義鋪選集』三六七―三七二頁。
95 永杉喜輔「田澤義鋪と蓮沼門三」修養団創立七十年記念大会実行委員会編『蓮沼門三論』修養団・昭和五十年、「修養団運動七〇年史」編纂室『修養団運動七〇年史（稿本）』昭和五十一年、修養団運動八十年史編纂委員会『修養団運動八十年史』修養団・昭和六十年等参照。なお、修養団相談役・牧原満男氏、社会活動部部長・久世郁夫氏他に、修養団関連資料の教示をいただいた。
96 足立浩『檜原湖畔における修養団天幕講習』修養団・昭和五十二年。
97 田澤義鋪「中堅青年養成の必要と天幕講習会」『向上』一一（九）・大正六年九月・六六頁。他に、田澤「中堅青年の養成」『向上』一〇（一〇）・大正五年十月、山本瀧之助「両者の関係―青年団と修養団とに就て―」『向上』一六（一二）・大正十一年十二月参照。
98 「内務書記官田沢義鋪欧米各国へ出張ヲ命セラレタルニ付通弁料其他雑費支給ノ件」（大正八年九月三日）国立公文書館所蔵『公文雑纂』二A―一四―纂一四五九。
99 下村前掲書三二頁。

100 同右。
101 田澤義鋪「青年団の使命」前掲『田澤義鋪選集』三〇五頁。
102 田澤義鋪「道の国日本の完成」前掲『田澤義鋪選集』八六頁。
103 田澤前掲「青年団の使命」二八二―三〇二頁。
104 同右三〇二頁。ボーイスカウト運動に関しては、スカウト運動史編さん特別委員会編『日本ボーイスカウト運動史』ボーイスカウト日本連盟・昭和四十八年、田中治彦『ボーイスカウト―二〇世紀青少年運動の原型―』中央公論社・平成七年等参照。
105 田中治彦「ベーデン・パウエルと武士道―ボーイスカウトの構想における日本の影響について―」『岡山大学教育学部研究集録』八七・平成三年七月。
106 田澤前掲「青年団の使命」三〇二頁。
107 田澤義鋪「東京だより」前掲『田澤義鋪選集』八〇六頁。
108 田澤前掲「青年運動の思い出」三七六頁、「明治神宮御造営の思い出」前掲『田澤義鋪選集』四六〇頁。
109 田澤義鋪「各地青年団の明治神宮御造営奉仕」前掲『明治神宮』所収、同「青年団の神宮御造営奉仕と献木」溝口白羊『明治神宮紀』日本評論社・大正九年等参照。
110 各奉仕青年団の活動については、副島・五十嵐編前掲書『明治神宮御造営と青年団の奉仕』参照。
111 田澤前掲「明治神宮御造営の思い出」四六〇頁。
112 福田晴己「御造営工事に奉仕して」日本青年館『大九報光会の歩み』昭和六十三年・二八―二九頁。
113 副島・五十嵐編前掲書、千葉県海上郡青年団に関しては二三四―二三八頁、福島県福島市青年団は四六八―四七四頁参照。
114 後藤静香「修養会館建築案提供」『向上』一四(一)・大正九年一月。田澤義鋪「時勢の要求する修養団」一四(二)・大正九年二月、同「宣伝行脚」一四(四)・大正九年四月、同「支部設立の急務」一四(六)・大正九年六月等参照。
115 下村湖人「田沢義鋪の人間像とその業績」下村前掲書所収二二一―二二二頁。
116 渋沢と修養団に関しては、前掲『渋沢栄一伝記資料』第四三巻、四四巻の該当部分を参照。
117 蓮沼門三『吾が半生を語る』昭和四十九年・修養団所蔵・一六〇―一六一頁。
118 渋沢と協調会に関しては、前掲『渋沢栄一伝記資料』第三一巻該当部分を参照。他に島田昌和前掲書、同「渋沢栄一の労使観の進化プロセス―帰一協会・協調会・修養団―」橘川武郎・島田昌和編『進化の経営史』有斐閣・平成二十年等参照。
119 田澤「労務者講習会の経験より」前掲『田澤義鋪選集』所収、同「工場青年団の提唱」『人と人』大正十一年四月号等参照。
120 田澤「ジュネーブに使して」『人と人』大正十一年十月号。
121 日本青年館史編纂委員会編『グラフ日本青年館と青年団』日本青年館・平成元年、同『財団法人日本青年館七十年史』日本青年館・平成三年他参照。
122 田澤「日本青年館開館の前後」前掲『田澤義鋪選集』七六一頁。
123 前掲『渋沢栄一伝記資料』第二五巻所収「アメリカ前大統領グラント将軍夫妻歓迎」参照。
124 穂積歌子「グラント将軍歓迎の思ひ出」前掲『渋沢栄一伝記資料』第二五巻所収・五〇四頁。
125 『東京日日新聞』明治十二年八月四日・前掲『渋沢栄一伝記資料』第二五巻所収・五一四頁。
126 渋沢栄一「グラント将軍歓迎の追憶」『竜門雑誌』五〇九・昭和六年二月・前掲『渋沢栄一伝記資料』第二五巻所収・五二九頁。

第二章

1 前掲『明治神宮造営誌』二八六―二八七頁。
2 本章は、拙論「「永遠の森」誕生の力学―はじまりとしての明治神宮―」浅見泰司他編『環境貢献都市　東京のリ・デザイン』清文社・平成二十二年の議論を発展させたものである。
3 前掲『神社奉祀調査会会議録（第二回）』参照。
4 前掲『明治神宮造営誌』二〇頁。
5 上原敬二『この目で見た造園発達史』「この目で見た造園発達史」刊行会・昭和五十八年・一三三頁。
6 明治神宮林苑造成に関しては、前掲『明治神宮造営誌』『明治神宮五十年誌』の他、松井光瑤他『大都会に造られた森―明治神宮の森に学ぶ―』第一プランニングセンター・平成四年、明治神宮社務所編『「明治神宮の森」の秘密』小学館・平成十一年等参照。

7 畔上直樹「戦前日本の神社風致論と明治天皇の「由緒」」歴史学研究会編『由緒の比較史』青木書店・平成二十二年、同「「大東京」形成期近郊農村の変貌と町名改称問題―「明治神宮以後」補遺―」『國學院大學研究開発推進センター研究紀要』六・平成二十四年三月。
8 本多静六「明治神宮の位置」『全国神職会々報』一六八・大正元年十月・七一―七二頁。
9 本多静六『人生計画の立て方』『私の財産告白』ともに実業之日本社・平成十七年。
10 本多静六の自伝的記述については、本多静六『本多静六体験八十五年』再版・橋本甚一発行・昭和五十三年、遠山益『本多静六 日本の森林を育てた人』実業之日本社・平成十八年、埼玉県菖蒲町本多静六博士顕彰事業実行委員会編集発行『日本林学界の巨星 本多静六の軌跡』平成十四年等参照。
11 本多前掲『本多静六体験八十五年』三九頁。なお久喜市所蔵資料の調査では、同市菖蒲総合支所総務管理課の森田直人氏、同市教育委員会文化財保護課・渋谷克美氏にお世話になった。
12 明治期の林学に関しては、小林富士雄『松野礀と松野クララ―明治のロマン、林学・幼稚園教育事始め―』大空社・平成二十二年、同「明治初期の林学の萌芽と発展―農学との比較において―」『山林』一五二一・平成二十三年二月、手束平三郎『森のきた道―明治から昭和へ・日本林政史のドラマ―』日本林業技術協会・平成元年等参照。
13 小林前掲「明治初期の林学の萌芽と発展」一四頁。
14 筒井迪夫『森林文化への道』朝日新聞社・平成七年。ドイツ林学については他に、カール・ハーゼル『森が語るドイツの歴史』築地書館・平成八年、清水裕子「森林管理の原典―最も美しい森はまた、最も収穫多き森林である―」『北方林業』六二(四)―六二(五)・平成二十二年等参照。また、北海道大学大学院農学研究院教授の小池孝良氏には、同大学農学部「森林美学」講義資料を提供いただいた。
15 本多前掲『本多静六体験八十五年』七一頁。
16 本多の生家折原家所蔵の折原金吾宛手紙は、渋谷克美「資料からみた青年期の本多静六―日本最初の林学博士はこうして生まれた―」『本多静六通信』四・平成六年三月に紹介されている。
17 本多前掲『本多静六体験八十五年』八〇頁。
18 彰義隊における本多敏三郎(晋)については、山崎有信『彰義隊戦史』隆文館・明治四十三年参照。

19 本多前掲『本多静六体験八十五年』八七頁。

20 本多静六『明治二十三年洋行日誌　附・学位試験及び学位授与式の景況（明治二十五年）』本多静六博士を記念する会編集発行・平成十年。ターラント留学時代に関しては、阪上信次「ターラント高等山林学校と本多静六」前掲『本多静六の軌跡』所収等を参照。

21 遠山前掲書所収「鉄道防雪林の創設と育成」「清澄演習林の創設」参照。

22 前島康彦『日比谷公園』東京都公園協会・昭和五十五年、白幡洋三郎『近代都市公園史の研究―欧化の系譜―』思文閣出版・平成七年、進士五十八『日比谷公園―一〇〇年の矜持に学ぶ―』鹿島出版会・平成二十三年等参照。

23 ハインリヒ・マイルについては、小林富士雄「明治期日本の近代林学導入に関与した外国人」『山林』一五二二・平成二十三年三月、ぎょうせい編『北のヤシの木―歌才ブナ林と新島善直の物語―』黒松内町・平成五年等参照。本多静六も「我林学界に貢献した四外人」大日本文明協会編『明治文化発祥記念誌』大日本文明協会・大正十三年でマイルに言及している。

24 Heinrich Mayr, *Monographie der Abietineen des Japanischen Reiches*, Rieger 1890, *Aus den Waldungen Japan's, Beiträge zur Beurtheilung der Anbaufähigkeit und des Werthes der Japanischen Holzarten im Deutschen Walde und Vorschläge zur Aufzucht Derselben im Forstlichen Kulturbetriebe*, Rieger 1891. マイルの日本植物帯研究については、長池敏弘「ハインリッヒ・マイルの日本山林巡回とその影響について―田中壤日記を中心として―」『林業経済』三〇（二）（四）・昭和五十二年等参照。

25 本多静六「日本森林植物帯論」『大日本山林会報』二〇五・明治三十三年・五頁。本多の日本植物帯論は、「日本ノ植物帯殊ニ森林帯ニ就テ」『東洋学芸雑誌』二一八―二二〇号・明治三十二―三十三年として、次いで上述「日本森林植物帯論」が『大日本山林会報』二〇五―二〇七号（明治三十三年）に収録されている。

26 本多前掲論文参照。

27 本多静六「我国地力ノ衰弱ト赤松」『東洋学芸雑誌』二三〇・明治三十三年十一月。

28 本多の「赤松亡国論」に関しては、深作哲太郎「赤松亡国論の周辺」『林業技術』四五〇・昭和五十四年、遠山益前掲書所収「赤松亡国論の真意」参照。

29 本多前掲「我国地力ノ衰弱ト赤松」四六八―四六九頁。

30 明治神宮所蔵「明治神宮御造営の由来を語る」前掲『明治神宮叢書』第一七巻所収、五四九―五五〇頁。

31 畔上前掲「戦前日本の神社風致論と明治天皇の「由緒」」・一七六―一七七頁。
32 修養団における本多と渋沢については、例えば前掲『渋沢栄一伝記資料』第四三巻所収「修養団会館建設協議会報告書」、埼玉学生誘掖会については、本多静六「渋沢子爵ト自分」「渋沢さんと私」『渋沢栄一伝記資料』第二七巻所収、渋沢栄一記念財団編集発行『学生寄宿舎の世界と渋沢栄一―埼玉学生誘掖会の誕生―』平成二十二年参照。
33 本多前掲『本多静六体験八十五年』二七七頁。
34 本郷高徳『明治神宮御境内林苑計画』前掲『明治神宮叢書』第一三巻所収。
35 本郷高徳の業績については、下村彰男・小野良平・西村公宏「本郷高徳―造園「学」の黎明期を支えた先駆者―」『ランドスケープ研究』五九（一）・平成七年、小野良平「本郷高徳の業績と本資料の意義」『神園』八・平成二十四年十一月を参照。
36 上原前掲『この目で見た造園発達史』五一―五二頁。
37 田村剛「我国に於ける造園学の発祥」『造園研究』四・昭和七年・八〇頁。
38 本書執筆のかたわら、同回顧録を所蔵する本郷高徳曾孫・幸高氏の快諾を得て筆者所属の研究所所員らとともに翻刻に取り組んだ。『神園』八・平成二十四年十一月にその成果を収録した。以下『吾が七十年』からの引用は翻刻版による。
39 以下、本郷高徳の伝記的記述については、前掲本郷回顧録『吾が七十年』の他、本郷高徳長男令夫人・豊氏、令孫・佐伯友子氏への聞き取りの成果による。
40 本郷高徳『明治三十九年独逸留学旅行日誌』『滞欧日誌　自明治三十九年十月十四日』『明治四十一年夏欧州見学旅行』本郷幸高氏所蔵。
41 マイル三度目の来日については、小林前掲「明治期日本の近代林学導入に関与した外国人」二一〇頁参照。
42 本郷前掲『滞欧日誌』。
43 グラフラート林業試験所とハインリヒ・マイルの関係については、ミュンヘン工科大学ベルント・シュティム氏に教示いただいた。
44 本郷前掲『吾が七十年』一六九頁。
45 本郷前掲『明治四十一年夏欧州見学旅行』。
46 本郷前掲『滞欧日誌』明治四十四年二月七日。

47 小松伸六『ミュンヘン物語』文藝春秋・昭和五十九年・一七六―一七七頁。また、Andrea Hirner, *Japanisches Bayern: Historische Kontakte*, Iudicium 2003 にも Maria Hillenbrand についての記述がある（一一二頁）。
48 本郷前掲『滞欧日誌』。
49 本郷前掲『吾が七十年』一七五頁。
50 本郷前掲『滞欧日誌』。
51 白井彦衛・西村公宏「わが国における庭園学教育の発祥に関する研究」『千葉大学園芸学部学術報告』四二・平成元年、西村公宏「千葉県立園芸専門学校における「庭園論」と校庭整備の関係について」『造園雑誌』五七（五）・平成六年。
52 田村前掲論文八六頁、本郷前掲『吾が七十年』一八〇頁。
53 上原前掲『この目で見た造園発達史』七四頁。
54 本郷前掲『明治神宮御境内林苑計画』四六三―四六四頁。
55 同右四八三頁。
56 東京都公文書館所蔵『明治神宮ニ関スル書類』東京市文書三二七―D三―六。
57 本郷前掲『明治神宮御境内林苑計画』四八〇―四八一頁。
58 森林美学については、前述北海道大学の小池孝良教授、森林風致計画研究所副理事長・清水裕子氏、東京大学大学院農学生命科学研究科准教授・小野良平氏、札幌市立大学デザイン学部助教・上田裕文氏に貴重なコメントをいただいた。四氏が参加した研究会「明治神宮の林苑計画をめぐって―造園学と森林美学の系譜から―」抄録は『神園』八・平成二十四年十一月を参照。またミュンヘン工科大学森林学部博士課程・芦田明日香氏の協力を得て、同大学森林・環境政策研究室ミハエル・ズダ教授他にも指導を仰いだ。
59 小池孝良「森林美学の源流を訪ねて」『北方林業』六二（三）・平成二十二年三月。
60 本郷前掲『滞欧日誌』明治四十年一月十日―十二日。
61 本郷高徳『社寺の林苑』雄山閣・昭和四年・六六頁。
62 上原前掲『この目で見た造園発達史』六八頁。
63 上原の伝記的記述については、前掲『この目で見た造園発達史』、同『談話室の造園学』技報堂出版・昭和五十四年、同前掲

64 上原前掲『談話室の造園学』二五頁。

65 同右二九頁。

66 上原前掲『この目で見た造園発達史』八五頁。上原敬二『神社境内の設計』嵩山房・大正八年、同『樹木根廻運搬並移植法』嵩山房・大正七年。

67 上原前掲『この目で見た造園発達史』一七〇—一七七頁、同『談話室の造園学』一四九—一五三頁。山口鋭之助の陵墓景観づくりに関しては、高木博志『陵墓と文化財の近代』山川出版社・平成二十二年・六九—七二頁参照。

68 上原前掲『談話室の造園学』二六頁。

69 この一連の騒動については、上原前掲書一二二—一二六頁、同『この目で見た造園発達史』一七五—一七七頁、同『人のつくった森』一四—一九頁。

70 上原前掲『談話室の造園学』四〇頁。

71 上原「初の外遊」については、前掲『この目で見た造園発達史』八六—八九頁、同『談話室の造園学』三—一四頁。この視察成果は、『旅から旅へ　わたり鳥の記』新光社・大正十一年、『神秘郷をたづねて』新光社・大正十二年、『造園学汎論』林泉社・大正十三年にまとめられている。

72 上原前掲『談話室の造園学』八頁。

73 同右三五—四〇頁。

74 上原前掲『旅から旅へ　わたり鳥の記』一七六頁。

75 上原前掲『この目で見た造園発達史』一〇二頁。

76 上原前掲『談話室の造園学』三九頁。

77 上原前掲『この目で見た造園発達史』一九一頁。

78 同右一九六頁。

79 上原前掲『談話室の造園学』五一—五三頁。

80 宮本輝『三十光年の星たち』上巻・毎日新聞社・平成二十三年・五八頁。
81 宮本前掲書下巻・二八九頁。宮脇昭「明治神宮の森と植生―都市林・鎮守の森としての現代的意義―」『グリーン・エージ』九五・昭和五十六年・一二頁。
82 安藤忠雄「ごみの島を海の森に 明治神宮の森を手本に日本人の心を取り戻す」『代々木』五〇（三）・平成二十一年。
83 遠山前掲書所収「埼玉県有林と本多育英会」参照。また奨学金及び森づくりについては埼玉県のホームページを参考にした。
84 上原敬二賞については、日本造園学会のホームページを参照した。
85 「明治神宮の森で生物相を探る 目録作り、30年の変遷調査」『朝日新聞』平成二十三年六月十七日、「都絶滅危惧種を確認 明治神宮調査で中間報告」『東京新聞』平成二十四年九月二十九日。
86 本郷前掲『吾が七十年』一九一頁。
87 本郷前掲『明治神宮御境内林苑計画』四四九頁。
88 本郷前掲『吾が七十年』一八〇頁。

第三章

1 前島前掲『折下吉延先生業績録』三三頁。
2 外苑造営に関しては、前掲『明治神宮造営誌』『明治神宮外苑志』『明治神宮五十年誌』『明治神宮外苑七十年誌』の他、明治神宮奉賛会『明治神宮外苑奉献概要報告』大正十五年、明治神宮造営局『明治神宮外苑工事概要』大正十五年等を参照した。外苑造営を論じた研究に、山口輝臣・佐藤一伯両氏前掲書のほか、藤田大誠「近代神苑の展開と明治神宮内外苑の造営―「公共空間」としての神社境内―」『國學院大學研究開発推進センター研究紀要』六・平成二十四年等がある。
3 越澤明「佐野利器―大正デモクラシーを生きた行動派建築学者―」『季刊アスティオン』二二・平成三年・一二七頁。奥羽越列藩同盟に関しては、星亮一『奥羽越列藩同盟』中央公論社・平成七年等参照。
4 伊東忠太の伝記的記述については、松野良寅『先人の世紀 後編―上杉鷹山公と郷土の先人―』上杉鷹山公と郷土の先人を顕彰する会・平成二年、読売新聞山形支局編『山形新人国記』高陽堂書店・昭和五十三年、岸田日出刀『建築学者伊東忠太』乾元社・昭和二十年等参照。

5 伊東忠太「「アーキテクチュール」の本義を論して其の訳字を撰定し我か造家学会の改名を望む」『建築雑誌』八(九〇)・明治二十七年。

6 佐野利器の伝記的記述については、佐野博士追想録編集委員会編集発行『佐野博士追想録』昭和三十二年、山形県生涯学習人材育成機構編『山形の先達者』二・平成十年、戸田徹『郷土の誇り・佐野利器先生』白鷹ロータリークラブ・昭和四十六年、ふるさと創生推進会議編『しらたかムック一九九二』白鷹町アルカディア財団・平成四年等を参照した。なお、山形県西置賜郡白鷹町の佐野利器生家、第十一代山口三郎兵衛氏に聞きとりを行い貴重な助言をいただいた。調査では、白鷹町産業振興課・片山正弘氏、日本大学理工学部科学技術史料センター学芸員・堀川洋子氏にお世話になった。

7 折下吉延の伝記的記述については、前島前掲『折下吉延先生業績録』参照。なお、山形県立図書館所蔵の伊東忠太・佐野利器・折下吉延関係資料調査では、同図書館の神藤幸子氏にお世話になった。

8 藤森照信編『伊東忠太動物園』筑摩書房・平成七年。

9 ワタリウム美術館「伊東忠太、三年三ヶ月の世界旅行へ旅立つ」『忠太新聞』四・平成十五年七月二十日、鈴木博之編著『伊東忠太を知っていますか』王国社・平成十五年。

10 伊東忠太の海外旅行については、村松伸氏が『東方』誌上で平成六年から八年まで二十四回にわたり連載した「忠太の大冒険」参照。

11 伊東忠太「法隆寺建築論」『建築雑誌』七(八三)・明治二十六年。

12 伊東忠太の「法隆寺建築論」に関しては、井上章一『法隆寺への精神史』弘文堂・平成六年、鈴木博之前掲書所収「伊東忠太その私的全体性」等を参照。

13 村松伸「忠太の大冒険　一九、従軍建築史家」『東方』一七六・平成七年十一月・六頁。

14 藤森前掲『伊東忠太動物園』所収「忠太という人」三八頁。

15 伊東忠太「建築進化の原則より見たる我邦建築の前途」『建築雑誌』二三(二六五)・明治四十二年。

16 伊東忠太『野帳第十三巻　英、米、日(滋賀、奈良、山口、愛媛、兵庫)』日本建築学会建築博物館所蔵より引用。伊東の建築進化論については、村松前掲「忠太の大冒険　一八、わが邦建築の前途」『東方』一七五・平成七年十月、倉方俊輔「「建築進化の原則より見たる我邦建築の前途」の主旨について」『日本建築学会計画系論文集』五八一・平成十六年、同「「建築進化論」と設計活動との関係について」『日本建築学会計画系論文集』五八九・平成十七年参照。

17 伊東忠太「将来の神社建築」『神社協会雑誌』一一（一）・明治四十五年一月。

18 伊東忠太「明治神宮の建築」『国民新聞』大正元年八月五日。

19 伊東忠太「神社建築の様式と殿内舗設に就いて」『神社協会雑誌』一三（一二）・大正三年十二月。

20 藤原惠洋「明治神宮創建にみる流造意匠の成立過程」『デザイン学研究』八九・平成四年。他の先行研究として、丸山茂『日本の建築と思想―伊東忠太小論―』同文書院・平成八年、藤岡洋保「明治神宮の建築」上『明治聖徳記念学会紀要』復刊三二号・平成十三年等がある。青井哲人氏の最近の研究成果である「「最普通ノ様式」―明治神宮と流造の近代的意義―」『國學院大學研究開発推進センター研究紀要』六・平成二十四年三月に多くを学んだ。

21 井上章一『伊勢神宮―魅惑の日本建築―』講談社・平成二十一年・二三二頁。伊東の「伊勢大神宮」は『伊東忠太建築文献』第二巻・龍吟社・昭和十一年所収。

22 以下、神社奉祀調査会及び特別委員会の議論で、特に註記がなければ下記資料による。明治神宮所蔵『神社奉祀調査会会議録』『神社奉祀調査会特別委員会々議録』。

23 前掲『神社奉祀調査会特別委員会々議録（第一回）』二五頁。

24 同右三四頁。

25 同右三八頁。

26 同右二〇―二一頁。

27 青井前掲論文及び「明治神宮から始まる二十世紀の「国民様式」」『東京人』三一九・平成二十四年十二月参照。

28 前掲国立公文書館所蔵「神社奉祀調査会経過要領ノ二」『公文雑纂』二A―一四―纂―一三三三。表参道成立過程については、永瀬節治「近代的並木街路としての明治神宮表参道の成立経緯について」『ランドスケープ研究』七三（五）・平成二十二年三月参照。

29 前掲明治神宮所蔵『阪谷芳郎明治神宮関係書類』第二部「明治神宮奉賛会一般に関する書類（一）大正四年―八年」所収。

30 伊東忠太「明治神宮社殿の建築に就て」『建築雑誌』三四（四〇九）・大正八年九月・五三五頁。

31 前掲『神社奉祀調査会特別委員会々議録（第二回）』七―八頁。
32 前島前掲書三九―四〇頁。大隈の反対については上原前掲『この目で見た造園発達史』一三七頁。
33 前島前掲書三九頁。
34 前掲『神社奉祀調査会特別委員会々議録（第一回）』四八頁。
35 「明治神宮宝物殿建築意匠の懸賞競技」『建築雑誌』二九（三四一）・大正四年五月。
36 前掲『神社奉祀調査会会議録（第三回）』二七―二八頁。
37 宝物殿前芝地の造成については、前島前掲書四一―四八頁参照。
38 前掲「明治神宮建設ニ関スル覚書」『明治天皇奉祀ニ関スル建議並請願』明治神宮編『明治神宮叢書』第一七巻・二三四―二三六頁。
39 山口前掲書八七―八八頁。
40 以下の人事に関する記述は、明治神宮奉賛会前掲『明治神宮外苑奉献概要報告』及び明治神宮造営局『明治神宮外苑工事概要』を参照した。
41 前掲『佐野博士追想録』一六頁。
42 前島前掲書五三頁。
43 阪谷前掲『明治神宮奉賛会日記』六一一頁及び六二六頁。
44 伊東忠太『野帳　大正六年』日本建築学会建築博物館所蔵。
45 東京大学大学院工学系研究科建築学専攻所蔵。閲覧にあたり同専攻技術専門職員・角田真弓氏にお世話になった。
46 伊東忠太阪谷芳郎宛書簡（大正五年三月八日付）前掲『阪谷芳郎明治神宮関係書類』第二部所収。
47 伊東前掲『野帳　大正六年』。
48 共に前掲『阪谷芳郎明治神宮関係書類』第八部所収。
49 前掲『明治神宮奉賛会通信』第一六号・大正六年四月十日所収。
50 林脩己他二名「明治神宮外苑設計ニ対スル意見書」東京大学大学院工学系研究科建築学専攻所蔵。
51 伊東忠太「明治神宮外苑設計に関する意見」前掲『阪谷芳郎明治神宮関係書類』第二部所収。

52 阪谷前掲『明治神宮奉賛会日記』六四九頁。以下、銅像問題について註記がなければ、上記資料による。また山口輝臣前掲書七五―七九頁参照。
53 阪谷前掲六二三頁。
54 宮内大臣波多野敬直田中光顕宛書簡（大正四年十月三十日付）常陽明治記念館『明治天皇御尊像奉安に関して』発行年不明・五―六頁。上記書簡は、常陽明治記念館編集発行『田中光顕伯と常陽明治記念館』昭和四十三年に再録されている。
55 阪谷前掲『明治神宮奉賛会日記』六四二頁。
56 同右七五二頁及び七五六頁。
57 明治神宮奉賛会「外苑将来ノ希望」前掲『明治神宮五十年誌』七六頁。
58 常陽明治記念館前掲『明治天皇御尊像奉安に関して』六―七頁。
59 阪谷前掲『明治神宮奉賛会日記』六三三頁及び六三六頁。
60 前掲『佐野博士追想録』一五頁。
61 阪谷前掲『明治神宮奉賛会日記』六六三頁。
62 前掲『佐野博士追想録』一七頁。
63 同右一七―一八頁。
64 同右四頁。
65 同右六頁。
66 藤森照信「佐野利器論」鈴木博之他編『材料・生産の近代』東京大学出版会・平成十七年・三七七頁。
67 佐野利器『米国加州震災談』掲載は、『建築雑誌』二〇（二三八）及び二〇（二三九）（ともに明治三十九年）、二一（二四一）（明治四十年）。引用箇所は第三回・二九頁。佐野のサンフランシスコ視察については、伊藤文四郎「追憶」前掲『佐野博士追想録』四三―四四頁も参照。
68 前掲『佐野博士追想録』所収、佐野利器「外国留学」の頁参照。
69 ベルリン工科大学での佐野利器在籍記録については、ドイツにおける日本人留学生研究が専門のルドルフ・ハルトマン氏から教示いただいた。現地調査では、当地在住のモニカ・ゴールドシュミット氏及び、ベルリン森鷗外記念館副館長ベアーテ・ヴォンデ氏にお世話になった。

70 佐野利器「家屋耐震構造要梗」『建築雑誌』二九（三四二）・大正四年。佐野の耐震構造論については、杉山英男「佐野利器と家屋耐震構造要梗」『建築技術』六四四・平成十五年、田所辰之助「佐野利器」『建築文化』五五（六三九）・平成十二年、桑原由典・小谷俊介「佐野利器の震度概念に関する歴史的考察」『日本建築学会大会学術講演梗概集』平成十年等参照。

71 佐野利器「建築家の覚悟」『建築雑誌』二五（二九五）・明治四十四年七月。佐野の「建築家の覚悟」については、藤森前掲『佐野利器論』三九五―三九八頁参照。

72 「明治神宮宝物殿懸賞競技審査批評」所収、佐野利器「用途構造を建築様姿の根本なりと見ての批評」『建築雑誌』二九（三四七）・大正四年十一月、「聖徳記念絵画館及葬場殿址紀念建造物意匠懸賞競技審査員評」『建築雑誌』三二（三八二）・大正六年十二月。

73 藤岡洋保「日本の近代を象徴する空間としての明治神宮―宝物殿と聖徳記念絵画館の建築史的価値―」『神園』六・平成二十三年十一月・二三頁。小林政一の仕事に関しては、小林政一著発行『明治神宮外苑工事に就て』第一―二輯・昭和四年参照。

74 東京府編『東京府大正震災誌』大正十四年、内務省社会局編『大正震災志』大正十五年。

75 前掲『明治神宮奉賛会通信』第七四号・大正十二年十二月・六頁。

76 東京都公文書館所蔵『非常災害情報　乙第四三号　バラックに関する調査（其の二三）』所収「共同バラックに関する調査二三　明治神宮外苑バラック」（大正十二年十一月二十四日）・大市一二・九四（八〇三・八一九）。

77 鶴見祐輔『正伝　後藤新平』八・藤原書店・平成十八年・一八二頁、後藤新平研究会編著『震災復興　後藤新平の120日』藤原書店・平成二十三年。

78 前掲『佐野博士追想録』一二一―一二三頁。

79 東京市政調査会編『帝都復興秘録』宝文館・昭和五年・二七一―二七二頁。

80 越澤前掲「佐野利器」一三〇頁。ほかに同氏が後藤新平と帝都復興計画を論じた著作に、『東京の都市計画』岩波書店・平成三年、『東京都市計画物語』筑摩書房・平成十三年、『後藤新平―大震災と帝都復興―』筑摩書房・平成二十三年等がある。

81 本多静六「後藤新平氏と私」前掲『本多静六体験八十五年』、阪谷芳郎については前掲『阪谷芳郎伝』六二八―六三〇頁他を参照。

82　前島前掲『折下吉延先生業績録』三八頁。折下については、越澤明氏の先駆的業績である前掲『東京都市計画物語』所収「水辺のプロムナード・隅田公園」「神宮外苑の銀杏並木」、明治神宮前掲『明治神宮創建を支えた心と叡智』所収「緑の都市計画のプロフェッショナル―折下吉延と外苑の銀杏並木―」から多くを学んだ。他に田邊昇學「折下吉延　実践躬行もって造園領域を確立した先駆者」『ランドスケープ研究』六〇（二）・平成八年参照。

83　折下吉延「都市計画と公園」前島前掲書六〇頁。

84　都市計画と外苑造営をめぐっては、前掲越澤明氏の業績のほか、石川幹子「大正期のパークシステム」『都市と緑地』岩波書店・平成十三年を参照。

85　前島前掲書五九頁。阪谷芳郎『明治神宮奉賛会日記』には、大正八年四月二十四日に「折下技師私費洋行ニ付嘱託手当支給方塚本局長ヨリ内話アリ」の記述がある（六五九頁）。国立公文書館所蔵「明治神宮造営局技師折下吉延休職ノ件」（大正八年五月十五日）『任免許可書』二A―一九―任B八八二一。

86　折下の帰朝報告としては、前島前掲書所収「都市計画と公園」「都市の公園計画」の他、折下吉延「公園計画」都市研究会編集発行『都市計画講習録全集』第二巻・大正十一年を参照。

87　折下前掲「公園計画」七頁。

88　折下前掲「都市の公園計画」二〇三頁。

89　同右二一〇―二一四頁。

90　田邊昇學前掲論文一〇三頁。

91　前島前掲書六八頁。外苑銀杏並木と折下吉延については、前掲越澤明氏の一連の業績を参照。

92　折下吉延「竣功した復興帝都の新公園」『都市問題』一〇（四）・昭和五年。

93　同右一七四頁。

94　同右一七五頁。

95　裏参道築造工事については、前掲『明治神宮外苑志』所収「内苑外苑連絡道路」の頁を参照。

96　同右五九四頁。

97　前掲『明治神宮奉賛会通信』第七三号・大正十二年十二月・三頁。

98 阪谷前掲『明治神宮奉賛会日記』七三三頁、七三四頁、七三九頁。

99 上原前掲『この目で見た造園発達史』一〇三―一〇四頁。同氏前掲書『談話室の造園学』にも同趣旨の言及がある（四一―四二頁）。

100 前島前掲書二一八頁。

101 折下前掲「公園計画」二頁。

102 同潤会事業については、宮澤小五郎『同潤会十八年史』一成社・昭和十七年、内田青蔵『同潤会に学べ―住まいの思想とそのデザイン―』王国社・平成十六年、マルク・ブルディエ『同潤会アパート原景』住まいの図書館出版局・平成四年等参照。

103 内田祥三「佐野先生をおもう」前掲『佐野博士追想録』五四頁他。

104 安岡章太郎『僕の東京地図』文化出版局・昭和六十年・一三四頁。

105 風致地区指定については、前掲『明治神宮外苑志』所収「風致地区の指定」の章参照。先行研究に、古賀史朗「風致の聖と俗―東京の風致地区を中心に―」原田勝正・塩崎文雄編『東京・関東大震災前後』日本経済評論社・平成九年、種田守孝・篠原修・下村彰男「戦前期における風致地区の概念に関する研究」『造園雑誌』五二（五）・平成元年三月等がある。

106 「風致地区指定ニ関スル件照会」前掲『明治神宮外苑志』五七〇頁。

107 拙編著『明治神宮　戦後復興の軌跡』鹿島出版会・平成二十年。

108 角南隆の明治神宮復興造営に関しては、角南隆「明治神宮社殿の復興計画について」『新建築』三四（三）・昭和三十四年三月、青井哲人「角南隆　技術官僚の神域―機能主義と地域主義と〈国魂神〉」『建築文化』六三九・平成十二年一月、藤岡洋保前掲論文「明治神宮の建築」上参照。

109 「第一回明治神宮復興準備専門委員会議事録」（昭和二十七年十一月二十一日）・明治神宮復興奉賛会『御復興準備委員会・御復興奉賛会創立総会関係書類』明治神宮所蔵・昭和二十七年五月―二十八年七月。

110 小林政一の発言は、「第二回明治神宮復興準備専門委員会議事録」（昭和二十七年十二月十三日）同右所収、内田祥三の発言は「第一回明治神宮造営委員会会議要録（下書）」（昭和三十年三月十一日）明治神宮造営委員会『昭和三十年以降造営委員会記録』明治神宮所蔵から引用。

111 前掲「第一回明治神宮復興準備専門委員会議事録」（昭和二十七年十一月二十一日）。

112 前掲「第二回明治神宮復興準備専門委員会議事録」(昭和二十七年十二月十三日)。
113 伊達巽「明治神宮の戦災復興造営と岸田日出刀博士」「岸田日出刀」編集委員会編『岸田日出刀』相模書房・昭和四十七年。
114 前島前掲書一三九—一四〇頁。小林の回想については、前掲『岸田日出刀』二二二頁参照。
115 岸田日出刀「木かコンクリートか」『文藝春秋』昭和三十五年五月号・四六—四七頁『明治神宮五十年誌』再録三〇七—三〇九頁。

第四章

1 文化庁「重要文化財(建造物)の指定について」報道発表・平成二十三年四月十五日。
2 明治神宮奉賛会「明治神宮外苑計画考案」前掲『明治神宮外苑志』四頁。
3 明治神宮奉賛会創立準備委員会「明治神宮外苑ニ設ケラルヘキ頌徳記念事業ニ付提案中ノ希望概要」前掲『阪谷芳郎明治神宮関係書類』第一部「明治神宮奉賛会準備委員会」所収。
4 絵画館絵画については、『明治神宮叢書』第二〇巻、打越孝明『絵画と聖蹟でたどる明治天皇のご生涯』新人物往来社・平成二十四年等参照、また絵画館設立の経緯と経過については、前掲『明治神宮外苑志』『明治神宮外苑奉献概要報告』『明治神宮外苑七十年誌』のほか、水上浩躬「壁画題撰定ノ経過及其成果」『明治神宮奉賛会通信』第六六号附録・大正十年十一月、同「絵画館壁画の消息」同八〇号附録・大正十四年九月、同「続壁画の消息」同八三号附録・大正十五年六月等参照。
5 本章の議論は、拙論 'The Making of a Mnemonic Space: Meiji Shrine Memorial Art Gallery 1912-1936' *Japan Review* 二三号・平成二十三年を発展させたものである。
6 歴史編纂行為の三段階に関しては、ミシェル・ド・セルトー『歴史のエクリチュール』法政大学出版局・平成八年、ポール・リクール『記憶・歴史・忘却』上下・新曜社・平成十六—十七年の議論を参照した。
7 阪谷芳郎「明治神宮奉賛会経過」『明治神宮奉賛会通信』第四号附録・一〇頁。
8 前掲『明治神宮奉賛会通信』第三五号・大正七年十一月・七頁。
9 国史編纂事業に関しては、小西四郎「文部省維新史料編纂会・文部省維新史料編纂事務局小史」大久保利謙・小西四郎『「維新史」と維新史料編纂会』吉川弘文館・昭和五十八年、東京大学史料編纂所編「文部省所管維新史料編纂事業」『東京大学史料編纂所史料集』所収・東京大学史料編纂所・平成十三年、箱石大「維新史料編纂会の成立過程」『栃木史学』一五・平成十三年三月、堀口修「「臨時帝室編修局」と「維新史料編纂会」」『古文書研究』五四・平成十三年十一月、岩壁義光「明治天皇紀編纂と史料公開・保存」『広島大学史紀要』六・平成十六年等参照。

10 阪谷前掲『明治神宮奉賛会日記』六二〇頁。

11 同右六三〇頁。

12 高瀬暢彦編「金子堅太郎年譜」『金子堅太郎自叙伝』第一集・日本大学精神文化研究所・平成十五年、堀口修「「明治天皇紀」編修と金子堅太郎」『日本歴史』六六一・平成十五年等参照。

13 以下、金子の伝記的記述については、前掲『金子堅太郎自叙伝』第一―二集、高瀬暢彦編『金子堅太郎研究』第一―二集・日本大学精神文化研究所・平成十三―十四年等を参照した。

14 松村正義『日露戦争と金子堅太郎―広報外交の研究―』新有堂・昭和五十五年。松村氏には欧米における金子の動きについて貴重な助言をいただいた。

15 前掲『金子堅太郎自叙伝』第一集・六三頁。金子の米国留学に関しては、金子堅太郎「米国留学懐旧録」村形明子編「金子堅太郎の「米国留学懐旧録」」『人文』三九・平成五年参照。

16 金子堅太郎『欧米議院制度取調巡回記』大淵和憲校注・信山社出版・平成十三年。他に「欧米見聞意見」『国家学会雑誌』四(四一―四二)・明治二十三年、「欧米学士の日本憲法評論」『華族同方会報告』一〇―一一号・明治二十三年等参照。

17 金子前掲『欧米議院制度取調巡回記』四八頁及び一〇八頁。金子堅太郎「国史編纂局ヲ設クルノ議」高瀬暢彦編『金子堅太郎著作集』第三集・日本大学精神文化研究所・平成九年・三一頁。

18 金子前掲「国史編纂局ヲ設クルノ議」三二頁。

19 明治神宮所蔵『阪谷芳郎明治神宮関係書類』第四部「明治神宮奉賛会絵画館画題に関する書類」、宮内省臨時帝室編修局編『聖徳記念絵画館画題説明』乾坤・宮内庁書陵部所蔵・明―五六〇。

20 水上前掲「壁画題撰定ノ経過及其成果」一一―一八頁。

21 神戸新聞社編『神戸市長　十四人の決断』神戸新聞総合出版センター・平成六年・四〇―四九頁。

22 前掲『明治神宮奉賛会通信』第六六号・二頁。
23 水上前掲「壁画題撰定ノ経過及其成果」一九頁。
24 林洋子「明治神宮聖徳記念絵画館について」『明治聖徳記念学会紀要』復刊一一号・平成六年、山本陽子「天皇を描くことをはばかる表現の終焉―『孝明天皇紀附図』と『明治天皇紀附図』における天皇の顔の表し方―」『明星大学研究紀要』九・平成十三年等。天皇の肖像に関する議論は、柏木博『肖像のなかの権力―近代日本のグラフィズムを読む―』講談社・平成十二年、多木浩二『天皇の肖像』岩波書店・平成十四年等参照。
25 阪谷前掲『明治神宮奉賛会日記』六四八頁。
26 水上前掲「壁画題撰定ノ経過及其成果」二〇頁。
27 金子堅太郎「明治天皇紀ノ概要」前掲『阪谷芳郎明治神宮関係書類』第二部「明治神宮奉賛会一般に関する書類（一）大正四年―大正八年」所収。
28 阪谷前掲『明治神宮奉賛会日記』六三七頁。
29 堀口前掲論文他、「維新史料編纂会と臨時編修局の合併問題と協定書の成立過程について―特に井上馨と金子堅太郎の動向を中心として―」『日本大学精神文化研究所紀要』三六・平成十七年三月等参照。
30 堀口前掲論文他、「『臨時帝室編修局史料「明治天皇紀」談話記録集成』について―「明治天皇紀」編修と関連させて―」堀口修監修『臨時帝室編修局史料「明治天皇紀」談話記録集成』第九巻・ゆまに書房・平成十五年等参照。他に、渡辺幾治郎「明治天皇紀編修二十年」『明治史研究』楽浪書院・昭和九年、武部敏夫「明治天皇紀の編修構想」日本歴史学会編『日本歴史別冊　伝記の魅力』昭和六十一年を参考にした。
31 堀口前掲「『明治天皇紀』編修と金子堅太郎」三頁。
32 同右七頁。
33 宮内庁書陵部所蔵「ルーズヴェルト氏より金子子爵宛の書簡」明―九八六。
34 金子堅太郎「My work on the life of Emperor Meiji」高瀬暢彦編『金子堅太郎著作集』第四集・日本大学精神文化研究所・平成十一年。
35 大久保利謙「王政復古史観と旧藩史観・藩閥史観」『日本近代史学の成立―大久保利謙歴史著作集―』七・吉川弘文館・昭和

六十三年、宮地正人「政治と歴史学—明治期の維新史研究を手掛りとして—」西川正雄・小谷汪之編『現代歴史学入門』東京大学出版会・昭和六十二年、田中彰『明治維新観の研究』北海道大学図書刊行会・昭和六十二年等参照。
36 金子堅太郎「憲法制定と維新史料編纂」「明治維新史編纂の由来」前掲『金子堅太郎著作集』第三集所収。
37 金子前掲「憲法制定と維新史料編纂」六六頁。
38 小西四郎前掲論文四三—五一頁。
39 堀口前掲「『臨時帝室編修局史料「明治天皇紀」談話記録集成』について」四九三頁他。
40 阪谷前掲『明治神宮奉賛会日記』七八六頁。
41 中條精一郎「再び絵画の壁画に就て—問題の根本を究むべし—」『美術旬報』一六六・大正七年八月。
42 佐藤道信『〈日本美術〉誕生—近代日本の「ことば」と戦略—』講談社・平成八年・二一三頁、斉藤泰嘉「佐藤慶太郎と東京府美術館」『東京都美術館紀要』一一—一三・昭和六十二年—六十四年、同「芸術文化学から見た東京府美術館の歴史」『筑波大学芸術年報』平成十一年—十二年等参照。
43 田中日佐夫『日本の戦争画—その系譜と特質—』ぺりかん社・昭和六十年等。
44 歴史画を巡る議論は、兵庫県立近代美術館・神奈川県立近代美術館編『描かれた歴史—近代日本美術にみる伝説と神話—』「描かれた歴史」展実行委員会・平成五年、山梨俊夫『描かれた歴史—日本近代と「歴史画」の磁場—』ブリュッケ・平成十七年、日本美術院百年史編纂室編『日本美術院百年史』二巻下・日本美術院・平成二年・四八六—五四三頁等参照。
45 丹尾安典・河田明久『イメージのなかの戦争—日清・日露から冷戦まで—』岩波書店・平成八年・二六頁。
46 宮内庁三の丸尚蔵館編『官展を彩った名品・話題作—大正～昭和初期の絵画と工芸—』宮内庁・平成十七年・四頁。
47 林前掲論文一〇一頁。高柳有紀子「「歴史画」としての明治神宮聖徳記念絵画館壁画」『芸術学学報』八・平成十三年・二六頁。絵画館絵画に関しては他に、林洋子「『壁画謹製記録』に見る美術界と「歴史」の出会い」前掲『明治神宮叢書』第一八巻・平成十五年、川合知子「明治神宮聖徳記念絵画館研究」『哲学会誌』二一・平成九年、小堀桂一郎「美術史上の「記念碑的絵画」の位置」『明治聖徳記念学会紀要』復刊二〇号・平成九年等参照。
48 『読売新聞』大正九年八月七日・前掲『明治神宮奉賛会通信』第五七号・大正九年九月所収。
49 二世五姓田芳柳の伝記的記述に関しては、さしま郷土館ミューズ館長・板垣隆氏に提供いただいた覚書「郷土の生んだ偉人

50 二世五姓田芳柳画伯の生涯と業績」に多くを拠った。また、茨城県坂東市にある二世芳柳の生家では、倉持希佐氏に親族としてのお話を伺った。他に、二世五姓田芳柳「私の少年時代」『美術新論』六（四）・昭和六年四月、山口正彦「二世五姓田芳柳の画業」『MUSEUM』四三八・昭和六十二年、明治神宮教学研究センター編『二世五姓田芳柳と近代洋画の系譜—近代の歴史画の開拓者—』明治神宮・平成十八年等を参考にした。

五姓田家の画業に関しては、神奈川県立歴史博物館・岡山県立美術館編集発行『特別展五姓田のすべて—近代絵画への架け橋—』平成二十年、新潟市歴史博物館編集発行『五姓田 GOSEDA—明治新潟の人々を描いた絵師—』平成二十一年、山口正彦「五姓田芳柳の肖像画」上下『MUSEUM』四〇七—四〇八・昭和六十年等参照。

51 二世五姓田芳柳「パノラマ談」『ETCHING』二七—二八・昭和十年一月—二月。パノラマに関しては、「パノラマ叢話」青木茂編『明治洋画史料　記録篇』中央公論美術出版・昭和六十一年、木下直之『美術という見世物』筑摩書房・平成十一年等参照。

52 農商務省『日英博覧会事務局事務報告』上下・明治四十五年・国会図書館所蔵、Ayako Hotta-Lister, *The Japan-British Exhibition of 1910*, Japan Library 1999, 伊藤真実子『明治日本と万国博覧会』吉川弘文館・平成二十年等参照。

53 日本美術年鑑編纂部編『明治四十三年度　日本美術年鑑』第一巻・画報社・明治四十四年・二頁。

54 *Official Report of the Japan British Exhibition 1910, at the Great White City, Shepherd's Bush, London*, Unwin Brothers 1911, p199.

55 Kotaro Mochizuki, *Japan To-day: A Souvenir of the Anglo-Japanese Exhibition held in London,1910*, Liberal New Agency 1910.

56 国立公文書館所蔵「日英博覧会書記木村武外二名英国へ派遣ノ件」『公文雑纂』二A—一三—纂一一一二、『美術新報』九（四）・明治四十三年二月・消息欄参照。なお二世五姓田の渡欧に関しては、往路をともにした洋画家三宅克己が『美術新報』で連載した「渡欧通信」、及び『欧州絵行脚』画報社・明治四十四年を参考にした。

57 二世五姓田芳柳前掲「パノラマ談」『ETCHING』二八・三一四頁。

58 前掲『明治神宮奉賛会通信』第三五号・七頁。

59 山口前掲「二世五姓田芳柳の画業」三一頁。

60 前掲『明治神宮奉賛会通信』第三〇号・大正七年六月、第三一号・同年七月、第四四号・大正八年八月、第四七号・同年十一月参照。

61 塚原家所蔵の書簡については、さしま郷土館ミューズ館長・板垣隆氏にご教示いただいた。

62 つくは祢屋所蔵資料「明治維新史料編纂ニ関スル書類」の存在については、明治神宮国際神道文化研究所主任研究員・打越孝明氏にご教示いただいた。打越孝明「絵画「農民収穫御覧」に描かれた饅頭―名古屋の老舗「つくは祢屋」の秘話―」『代々木』五一（二）・平成二十二年・二二頁参照。

63 前掲『明治天皇紀』第一・八四七―八四八頁、および明治神宮奉賛会編『壁画画題資料』前掲『明治神宮叢書』第一八巻・一三二―一三八頁参照。

64 明治神宮奉賛会『壁画画題考証図』前掲『明治神宮叢書』第二〇巻・平成十二年所収。

65 青木麻理子「茨城県近代美術館所蔵　二世五姓田芳柳作聖徳記念絵画館壁画画題考証図下絵について」『茨城県近代美術館研究紀要』一〇・平成十五年。

66 『東京日日新聞』大正七年五月六日、坂井犀水「聖徳記念絵画館に対する国民美術協会の進言」上中下『美術旬報』一六四―一六六、大正七年七月―八月。

67 坂井犀水「明治神宮絵画館の絵画」『美術旬報』一四七・大正六年十二月。

68 『報知新聞』大正九年八月四日・前掲『明治神宮奉賛会通信』第五七号所収。

69 「絵画館に付き画家三十二名の建議及回答」前掲『阪谷芳郎明治神宮関係書類』第四部所収。

70 明治神宮蔵『壁画謹製記録』前掲『明治神宮叢書』第一八巻所収・八九九―九〇〇頁。

71 前掲書八九二頁。

72 前掲書六五七―六五八頁。

73 宮内庁書陵部所蔵『明治天皇紀附図』は、平成二十四年明治神宮監修により吉川弘文館から複製版が刊行されている。他に、米田雄介編『明治天皇とその時代―『明治天皇紀附図』を読む―』吉川弘文館・平成二十四年等参照。

74 山口輝臣前掲書八七頁。

75 前掲阪谷芳郎『明治神宮奉賛会日記』六六七頁等参照。

76 前掲阪谷芳郎「明治神宮奉賛会経過」九頁。

77 Carol Duncan, *Civilizing Rituals: Inside Public Art Museums*, Routledge 1995 の議論を参考にした。

78 前掲『壁画謹製記録』六八五頁。

79 寺崎武男の伝記的記述については、御子息である寺崎裕則氏に提供いただいた資料のほか、寺崎裕則「昭和初期の日伊交流—寺崎武男と一九三〇年「羅馬開催日本美術展覧会」の軌跡—」、同「壁画家寺崎武男と「天正遣欧使節壁画」」Ⅰ・Ⅱ、同「壁画家寺崎武男　明治聖徳記念絵画館の礎となった萬代迄の壁画の調査と東西絵画融合の「軍人勅諭下賜ノ図」」『イタリア図書』四四—四七・平成二十三年—二十四年、館山市立博物館編集発行『寺崎武男の世界』平成十五年等を参照。

80 Adriana Boscaro, "Docenti Giapponesi in Laguna (1873-1923)" in *1868 Italia Giappone: Intrecci Culturali*, ed., Rosa Caroli, Libreria Editrice Cafoscarina 2008. 当時のヴェネツィアと日本については、別府貫一郎「ヴェネツィアの緒方惟直とその周辺」『Spazio』五（二）・昭和四十九年、澤田浦子『長沼守敬のことども』長沼守敬資料刊行実行委員会・平成十年、石井元章『ヴェネツィアと日本—美術をめぐる交流—』ブリュッケ・平成十一年等参照。

81 ジョゼッペ・トーレスについては、Riccardo Domenichini, *Giuseppe Torres 1872-1935*, Il Polografo 2001 参照。ヴェネツィア調査では、当地在住の大町志津子氏、中山悦子氏にお世話になった。また、美術評論家ステファノ・フランツォ氏には、イタリア画壇における寺崎武男について貴重な助言をいただいた。

82 引用は寺崎裕則氏所蔵、寺崎武男「日本最初の遣欧使節」及び切支丹祈念堂建設に関する手稿（年不詳）より。他に、正木直彦「北部伊太利考古旅行」『考古学雑誌』二（二）・明治四十四年十月、同「天正訪伊使節の事蹟」『回顧七十年』学校美術協会・昭和十二年等参照。

83 寺崎裕則氏所蔵。

84 寺崎武男「明治神宮の壁画」『校友会月報』一七（一）・大正七年七月・九—一四頁。

85 寺崎武男「仏国に於ける現代壁画」『明治神宮奉賛会通信』第六六号。

86 寺崎武男「壁画ニ対スル報告及意見」『明治神宮奉賛会通信』第六五号・大正十年八月、「古壁画　伊太利から奉賛会へ」『東京朝日新聞』大正十年七月二十日。

87 寺崎武男手稿「軍人勅諭下賜」（寺崎裕則氏所蔵）及び「(軍人勅諭下賜)製作ニ就イテ」前掲『壁画謹製記録』六七六—六八五頁。佐伯勝太郎「中田製壁画用紙ノ製造ニ就テ」前掲『明治神宮外苑志』七三八—七四〇頁他。

88 秦泉寺正一「正木先生と神宮紙—中田治三郎氏に訊く—」『美育』一六（五）・昭和十五年・四二頁。

89 「記念館の壁画に用ふる世界一の手すき和紙」『大阪朝日新聞』四国版・大正十五年三月七日。神宮紙に関しては、松尾敦子「一九二〇―三〇年代の日本画の基底材について―製紙家中田鹿次と岩野平三郎を中心に―」『美術史』五三（二）・平成十六年三月、荒井経「日本画と和紙―壁画用紙の系譜―」明治神宮宝物殿編『和紙に魅せられた画家たち』明治神宮・平成二十三年等参照。

90 寺崎武男は、ローマから母セツに宛てた葉書（昭和五年四月二十一日付・寺崎裕則氏所蔵）に、ビエンナーレ準備で「忙しい中に観音を画きベニスの大展覧会に入選致し私の顔も立ちました」と記している。

91 寺崎武男「絵画館壁画保存に対する意見」明治神宮所蔵『絵画保存委員会議事録』昭和三年十二月。

92 明治神宮外苑管理署「壁画謹製資料送附票」他・明治神宮奉賛会『絵画関係書類』大正十五年―昭和元年・明治神宮所蔵。

93 川合前掲論文四七頁。

94 東京市役所『大東京案内』昭和十一年・一六―二〇頁。

95 瀧井孝作「慾呆け」『瀧井孝作全集』第三巻・中央公論社・昭和五十三年・二八〇頁。

96 丹尾・河田前掲書三〇―三一頁。

97 横田洋一「明治天皇事蹟をめぐって―二世五姓田芳柳と岸田劉生―」『近代画説』八・平成十一年。

98 狩野雄一「講談社の出版活動」講談社野間記念館編『美のながれ―講談社野間記念館名品図録―』野間文化財団・平成十七年・二二九―二四一頁。

99 東京市編『明治天皇の御事蹟と帝国憲法の制定』東京市社会教育課・大正十一年参照。

100 前掲『明治神宮奉賛会通信』第六八号・大正十一年五月・二〇―二六頁。

101 彼らの進講に関しては、堀口修「侍従藤波言忠とシュタイン講義―明治天皇への進講に関連して―」『書陵部紀要』四六・平成六年、高橋勝浩「三上参次の進講と昭和天皇」『明治聖徳記念学会紀要』復刊一五号・平成七年等参照。

102 前掲『壁画謹製記録』所収「西南役熊本籠城」六一九―六二四頁参照。

103 「近藤画伯の為めに西南役の模擬戦」『九州新聞』大正十一年十二月二日、「西南の役の模擬戦―明治神宮記念館に寄進する戦図作製―」『九州日日新聞』大正十一年十二月二日。

新潮選書

明治神宮《めいじじんぐう》――「伝統《でんとう》」を創《つく》った大《だい》プロジェクト

著　者……………………今泉宣子《いまいずみよしこ》

発　行……………………2013年2月20日
2　刷……………………2022年9月10日

発行者……………………佐藤隆信
発行所……………………株式会社新潮社
〒162-8711 東京都新宿区矢来町71
電話　編集部 03-3266-5611
　　　読者係 03-3266-5111
http://www.shinchosha.co.jp
印刷所……………………錦明印刷株式会社
製本所……………………株式会社大進堂

乱丁・落丁本は、ご面倒ですが小社読者係宛お送り下さい。送料小社負担にてお取替えいたします。
価格はカバーに表示してあります。

ISBN978-4-10-603723-8 C0352